Beck'sche Musterverträge, Band 14

Sommer: Die Gesellschaftsverträge der GmbH & Co. KG

Die Gesellschaftsverträge der GmbH & Co. KG

von

Dr. Michael Sommer
Rechtsanwalt und Steuerberater in München

C. H. Beck'sche Verlagsbuchhandlung
München 1992

Die Deutsche Bibliothek – CIP-Einheitsaufnahme

Sommer, Michael:
Die Gesellschaftsverträge der GmbH & Co. KG / von
Michael Sommer. – München : Beck, 1992
 (Beck'sche Musterverträge ; Bd. 14)
 ISBN 3 406 36681 3
NE: GT

ISBN 3 406 36681 3

Satz und Druck: Druckerei Appl, Wemding
Gedruckt auf alterungsbeständigem (säurefreiem) Papier
gemäß der ANSI-Norm für Bibliotheken

Inhaltsverzeichnis

A. Einführung

I. Besonderheiten der GmbH & Co. KG	1
II. Erscheinungsformen der GmbH & Co. KG	1
1. Typische GmbH & Co. KG	1
2. Beteiligungsidentische GmbH & Co. KG	2
3. Einheits-GmbH & Co. KG	2
4. Einmann-GmbH & Co. KG	2
5. Doppelstöckige GmbH & Co. KG	2
6. Publikums-GmbH & Co. KG	3
7. Familien-GmbH & Co. KG	3
8. Steuerrechtliche Ausprägungen der GmbH & Co. KG	3
III. Vorteile einer GmbH & Co. KG gegenüber einer „normalen" KG	4
IV. Vorteile einer GmbH & Co. KG gegenüber einer GmbH	4
V. Zusätzliche Motive für die Gründung einer GmbH & Co. KG	5
VI. Ausgewählte steuerrechtliche Vorteile und Nachteile gegenüber einer GmbH	5
1. Ertragsteuer	5
2. Gewerbesteuer	7
3. Grunderwerbsteuer	7
4. Vermögensteuer	7
5. Kapitalverkehrsteuer	7
VII. Rechtsquellen	7
1. KG	7
2. Komplementär-GmbH	9
VIII. Zum Umgang mit diesem Buch und mit Musterverträgen	9

B. Vertragstexte

I. Gesellschaftsvertrag einer typischen GmbH & Co. KG	11
II. Zusätzliche Bestimmungen für die beteiligungsidentische GmbH & Co. KG	36
III. Zusätzliche Bestimmungen einer Einheits-GmbH & Co. KG	38
IV. Gesellschaftsvertrag einer Komplementär-GmbH	40
V. Schiedsgerichtsvertrag	51

C. Vertragstexte mit Erläuterungen

I. Gesellschaftsvertrag einer typischen GmbH & Co. KG .. 53
- § 1 Präambel 53
- § 2 Firma, Sitz, Geschäftsjahr 56
- § 3 Gegenstand des Unternehmens 57
- § 4 Gesellschafter, Einlagen, Haftsummen 58
- § 5 Änderungen der Einlagen und Haftsummen 61
- § 6 Konten der Gesellschafter, Beteiligung am Vermögen 62
- § 7 Dauer der Gesellschaft, Kündigung 66
- § 8 Geschäftsführung und Vertretung 67
- § 9 Haftungsentschädigung, Auslagenersatz 70
- § 10 Gesellschafterversammlungen 73
- § 11 Gesellschafterbeschlüsse 76
- § 12 Jahresabschluß 81
- § 13 Ergebnisverteilung 84
- § 14 Entnahmen, Auszahlungen 89
- § 15 Verfügungen über Gesellschaftsanteile und sonstige Ansprüche gegen die Gesellschaft/Belastung von Gesellschaftsanteilen 92
- § 16 Vorkaufsrecht 97
- § 17 Vererbung von Gesellschaftsanteilen 99
- § 18 Ausschluß von Gesellschaftern 105
- § 19 Ausscheiden aus der Gesellschaft 107
- § 20 Abfindung 108
- § 21 Informationsrechte 114
- § 22 Wettbewerbsverbot 116
- § 23 Liquidation 119
- § 24 Schiedsgericht 120
- § 25 Salvatorische Klausel 121
- § 26 Schlußbestimmungen 122

II. Zusätzliche Bestimmungen für die beteiligungsidentische GmbH & Co. KG 124

III. Zusätzliche Bestimmungen für die Einheits-GmbH & Co. KG 127
- § 4 Gesellschaften, Einlagen, Haftsummen 127
- § 8 Geschäftsführung und Vertretung 128
- § 8a Wahrnehmung der Gesellschafterrechte in der persönlich haftenden Gesellschafterin 129
- § 18 Ausschluß von Gesellschaftern 131

Inhaltsverzeichnis VII

IV. Gesellschaftsvertrag einer Komplementär-GmbH 132
  § 1 Firma, Sitz, Geschäftsjahr 132
  § 2 Gegenstand des Unternehmens 134
  § 3 Stammkapital 134
  § 4 Dauer der Gesellschaft, Kündigung 136
  § 5 Vertretung und Geschäftsführung 139
  § 6 Geschäftsführer 142
  § 7 Gesellschafterversammlungen 144
  § 8 Gesellschafterbeschlüsse 147
  § 9 Jahresabschluß, Gewinnverwendung,
      Gewinnverteilung 149
  § 10 Verfügungen über Geschäftsanteile und sonstige Ansprüche gegen die Gesellschaft 150
  § 11 Vorkaufsrecht 152
  § 12 Vererbung von Geschäftsanteilen 153
  § 13 Einziehung von Geschäftsanteilen 154
  § 14 Abfindung 157
  § 15 Liquidation der Gesellschaft 158
  § 16 Veröffentlichungen 159
  § 17 Schiedsgericht 160
  § 18 Schlußbestimmungen 161
V. Schiedsgerichtsvertrag 162

D. Checklisten

1. KG 169
2. Komplementär-GmbH 173
3. Schiedsgerichtsvertrag 177

E. Weiterführende Hinweise zu Literatur und Rechtsprechung . 179

F. Literaturverzeichnis 187

G. Sachregister 193

A. Einführung

I. Besonderheiten der GmbH & Co. KG

Das Bestreben, **steuerliche** Nachteile von Kapitalgesellschaften (Doppelbelastung des Gewinnes mit Körperschaftssteuer und Einkommensteuer) und das Bestreben, den **haftungsrechtlichen** Nachteil der unbeschränkten Haftung einer natürlichen Person in einer KG zu vermeiden, haben zur Entwicklung der sogenannten GmbH & Co. KG geführt. Diese Rechtsform wurde bereits 1922 vom Reichsgericht zivilrechtlich sanktioniert;[1] sie wird auch steuerrechtlich[2] als Personengesellschaft anerkannt.

Eine GmbH & Co. KG ist eine KG, deren einziger Komplementär eine GmbH ist. An Stelle einer GmbH könnte auch eine andere juristische Person Komplementär sein, zum Beispiel eine AG, dies ist jedoch nicht üblich.

Das Wesen der GmbH & Co. KG wird durch die Verbindung von Elementen einer Personengesellschaft (KG) und von Elementen einer Kapitalgesellschaft, nämlich einer GmbH, geprägt. Beide Gesellschaftstypen greifen wirtschaftlich und organisatorisch ineinander. Die weitreichende Vertragsfreiheit bei der Gestaltung des Gesellschaftsvertrages einer KG und die relativ große Freiheit bei der Gestaltung der Satzung einer GmbH eröffnen einen großen Spielraum bei der Ausgestaltung der Gesellschaftsverträge einer GmbH & Co. KG. Wegen der flexiblen Anpassung an den jeweiligen Einzelfall, ist die GmbH & Co. KG vielseitig verwendbar.

Jede Gesellschaftsform hat natürlich auch ihre Nachteile. Einer der Nachteile der GmbH & Co. KG ist eine gewisse Kompliziertheit der Vertragsgestaltung und der Handhabung.

II. Erscheinungsformen der GmbH & Co. KG

1. Typische GmbH & Co. KG

Von einer „typischen", „echten" oder „eigentlichen" oder einer GmbH & Co. „im engeren Sinn" spricht man, wenn bei einer GmbH & Co. KG der **einzige** persönlich haftende Gesellschafter eine GmbH ist, deren Zweck sich darin erschöpft, Komplementärin dieser GmbH & Co. zu sein. Notwendig ist beides jedoch nicht. Es ist aber selten, daß weitere Komplementäre vorhanden sind oder daß die GmbH eine eigenständige wirtschaftliche Tätigkeit ausübt.

2. Beteiligungsidentische GmbH & Co. KG

Von einer „beteiligungsidentischen" oder „personengleichen" GmbH & Co. KG spricht man, wenn dieselben Personen Kommanditisten der KG und im gleichen Verhältnis auch Gesellschafter der Komplementär-GmbH sind.[3] Durch eine rechtliche **Verzahnung** der beiden Gesellschaftsbeteiligungen wird darüber hinaus angestrebt, daß diese Beteiligungsidentität auch nach der Gründung bestehen bleibt, wobei sich die Beteiligung an der GmbH in der Regel nach der Beteiligung an der KG („Hauptgesellschaft") richtet.

3. Einheits-GmbH & Co. KG

Eine Einheits-GmbH & Co. KG liegt vor, wenn die Anteile der Komplementär-GmbH von der KG selbst gehalten werden.[4] Der Vorteil einer Einheits-GmbH & Co. KG besteht darin, daß die bei einer beteiligungsidentischen GmbH & Co. KG erforderliche Verzahnung der Beteiligungen an den beiden Gesellschaften nicht notwendig ist. Die Einheits-GmbH & Co. KG wirft jedoch Probleme im Zusammenhang mit der Wahrnehmung der Stimmrechte in der Gesellschafterversammlung der Komplementär-GmbH auf.

4. Einmann-GmbH & Co. KG

Eine „Einmann-GmbH & Co. KG" liegt vor, wenn dieselbe Person **alleiniger** Kommanditist der GmbH & Co. KG ist und gleichzeitig **sämtliche** Geschäftsanteile an der Komplementär-GmbH hält.[5] Auch bei der Einmann-GmbH & Co. KG kann die bei einer beteiligungsidentischen GmbH & Co. KG erforderliche Verzahnung der Gesellschaftsbeteiligungen entfallen. Erforderlich ist nur, daß der Einmann-Gesellschafter dafür sorgt, daß im Fall seines Todes die Geschäftsanteile der Komplementär-GmbH und die Beteiligung an der GmbH & Co. KG einem Rechtsnachfolger vererbt oder vermacht werden.

5. Doppelstöckige GmbH & Co. KG

Ist an einer GmbH & Co. KG als persönlich haftende Gesellschafterin wiederum eine andere GmbH & Co. KG beteiligt, spricht man von einer sogenannten „doppelstöckigen" oder einer „mehrstöckigen" GmbH & Co. KG.[6] Diese Gestaltungsform ist durch eine neuere Entscheidung des Großen Senats des Bundesfinanzhofes auch steuerrechtlich anerkannt worden.[7] In Reaktion auf diesen Beschluß des Großen Senats des BFH hat der Gesetzgeber im Steueränderungsgesetz 1992[7a] §15 Abs. 1 S1 Nr. 2 EStG geändert und den mittelbar über eine oder mehrere Personengesellschaften beteiligten Gesellschafter dem unmittelbar beteiligten Gesellschafter einkommensteuerrechtlich gleichgestellt. Die Neuregelung gilt erstmals für Wirtschaftsjahre, die **nach dem 31. 12. 1991 enden.**

6. Publikums-GmbH & Co. KG

Lebhafte Verwendung hat diese Gesellschaftsform der GmbH & Co. KG zu Zeiten des Booms der Abschreibungs- oder Verlustzuweisungsgesellschaften erlebt. Derartige Publikumsgesellschaften unterscheiden sich von dem gesetzlichen Leitbild der Kommanditgesellschaft durch zahlreiche Besonderheiten (fehlendes persönliches Vertrauensverhältnis zwischen den meist zahlreichen Kommanditisten, vorformulierter Gesellschaftsvertrag, Recht zum Ausscheiden durch einfache Kündigung, beschränkte Kontrollbefugnisse der Kommanditisten etc).[8] Diese Besonderheiten haben die Rechtsprechung veranlaßt, zum Schutze der Kapitalanleger (Kommanditisten) besondere Rechtsgrundsätze zu entwickeln.

7. Familien-GmbH & Co. KG

Von einer Familien-GmbH & Co. KG spricht man, wenn die Kommanditisten Familienangehörige (meist Ehegatten und Abkömmlinge) sind. Bei einer Familien-GmbH & Co. KG ist die **steuerrechtliche** Besonderheit zu beachten, daß die Finanzverwaltung und die Finanzgerichte bestimmte Anforderungen u. a. an die Ausgestaltung der **Rechte** der Kommanditisten und an die **Ergebnisverteilung** unter den Gesellschaftern stellen.[9] Liegen diese Voraussetzungen nicht vor, wird die gesellschaftsvertragliche Ergebnisverteilung unter den Gesellschaftern oder sogar die Stellung als Gesellschafter steuerrechtlich nicht anerkannt.

8. Steuerrechtliche Ausprägungen der GmbH & Co. KG

Unter ertragssteuerlichen Gesichtspunkten unterscheidet man zwischen einer GmbH & Co. KG mit Gewerbebetrieb und einer GmbH & Co. KG ohne Gewerbebetrieb.[10] Die Gesellschafter einer GmbH & Co. KG haben nur dann Einkünfte aus Gewerbebetrieb, wenn die KG entweder tatsächlich einen Gewerbebetrieb im Sinne von § 15 Abs. 3 EStG unterhält, oder wenn es sich um eine **gewerblich geprägte** Personengesellschaft im Sinne von § 15 Abs. 3 Nr. 2 EStG handelt.[11] Eine gewerblich geprägte Personengesellschaft setzt voraus:
- eine Personengesellschaft,
- bei der ausschließlich eine oder mehrere Kapitalgesellschaften persönlich haftende Gesellschafter sind;
- nur diese Kapitalgesellschaften oder Personen, die nicht Gesellschafter sind, zur Geschäftsführung befugt sind und
- die Tätigkeit der Personengesellschaft darauf abzielt, Einkünfte zu erzielen (§ 15 Abs. 3 Nr. 2 EStG).

Es ist im Einzelfall möglich, den Vertrag so zu **gestalten**, daß die Personengesellschaft diesen Tatbestandsmerkmalen genügt oder nicht. Die gewerbliche Prägung kann z. B. leicht dadurch beseitigt werden, daß dem (oder einem) Kommanditisten ebenfalls die Befugnis zur Geschäftsführung eingeräumt wird. Es besteht daher ein steuerliches **Wahlrecht** zwischen gewerblich geprägter Personengesellschaft und nicht gewerblich tätiger Personengesellschaft.

III. Vorteile einer GmbH & Co. KG gegenüber einer „normalen" KG

Der größte Vorteil und häufig das Motiv für die Gründung einer GmbH & Co. KG ist der Aspekt der **Haftungsbegrenzung**. Durch die Einschaltung einer GmbH als persönlich haftender Gesellschafter wird die unbeschränkte Haftung einer natürlichen Person vermieden.

Der zweite, gewichtige Vorteil einer GmbH & Co. KG besteht darin, daß kein Gesellschafter der KG gleichzeitig Geschäftsführer der Komplementär-GmbH sein muß.

Die GmbH & Co. KG kann ohne Kapitalmehrheit beherrscht werden (über die GmbH); sie kann eine Sachfirma haben, und an ihr kann nur eine natürliche Person beteiligt sein (Einmann-GmbH & Co. KG).

IV. Vorteile einer GmbH & Co. KG gegenüber einer GmbH

Ein Vorteil einer GmbH & Co. KG gegenüber einer GmbH liegt zunächst in der weitaus größeren **Gestaltungsfreiheit** im Hinblick auf die Rechtsbeziehungen der Gesellschafter untereinander. Anders als bei einer GmbH, deren innere Verfassung wesentlich stärker zwingendem Recht unterliegt, besteht für den Gesellschaftsvertrag einer KG eine nahezu unbeschränkte Gestaltungsfreiheit. Es bedarf keiner Einzahlung eines bestimmten Mindestbetrages der Kommanditeinlage, Dienstleistungen können Gegenstand einer Einlage sein, Einlagen können durch Stehenlassen von Gewinnen erbracht werden, Entnahmen sind ohne Gewinne möglich etc.

Auch unter dem Gesichtspunkt der **Mitbestimmung** hat die Gründung einer GmbH & Co. KG, zumindest in den ersten Jahren nach der Gründung, Vorteile. Bei einer GmbH mit mehr als 500 Arbeitnehmern ist ein Aufsichtsrat unter Beteiligung von Arbeitnehmern zu bilden (§ 77 BetrVG). Bei einer GmbH & Co. KG ist ein mitbestimmter Aufsichtsrat erst zu bilden, wenn die GmbH & Co. KG mehr als 2000 Arbeitnehmer beschäftigt.

Die GmbH unterliegt als Kapitalgesellschaft grundsätzlich den Vorschriften über die **Offenlegung** ihrer Jahresabschlüsse (§§ 325 ff. HGB). Für kleine Kapitalgesellschaften (§ 267 Abs. 1 HGB) und für mittelgroße Kapitalgesellschaften (§ 267 Abs. 2 HGB) gelten allerdings größenabhängige Erleichterungen bei der Offenlegung (§§ 326 und 327 HGB). Eine KG ist – noch – nicht zur Offenlegung ihrer Jahresabschlüsse verpflichtet. Dieser Vorteil einer GmbH & Co. KG gegenüber einer GmbH entfällt mit der Umsetzung der **GmbH & Co.-Richtlinie** der EG durch

VI. Ausgewählte steuerrechtliche Vorteile und Nachteile 5

den deutschen Gesetzgeber, die bis 31.12.1993 erfolgt sein muß. Nach der GmbH & Co.-Richtlinie gelten die Vorschriften der 4. und 7. Bilanzrichtlinie künftig auch für Personengesellschaften, bei denen eine Kapitalgesellschaft oder eine GmbH & Co. **alleinige** persönlich haftende Gesellschafter sind. Die Publizitätspflicht für alle GmbH & Co. KG's gilt für alle nach dem 1.1.1995 beginnenden Wirtschaftjahre.

Schließlich sprechen für die Gründung einer GmbH & Co. KG gegebenenfalls auch steuerrechtliche Vorteile gegenüber einer GmbH (siehe hierzu unten Ziffer VI).

V. Zusätzliche Motive für die Gründung einer GmbH & Co. KG

Über die vorstehend genannten Vorteile einer GmbH & Co. KG gegenüber einer reinen KG und gegenüber einer reinen GmbH hinaus besteht die Motivation für die Gründung einer GmbH & Co. KG oft auch in folgenden Umständen:

Eine GmbH & Co. KG ermöglicht die relativ problemlose Aufnahme von **Familienangehörigen** (Ehegatten, Kindern) in das Einzelunternehmen des Vaters (Familien-GmbH & Co. KG) unter gleichzeitiger Beschränkung der Haftung des bisherigen Einzelunternehmers.

Eine GmbH & Co. KG eignet sich für die Aufnahme von **Kapitalgebern**, wenn angestrebt wird, den Einfluß der Kapitalgeber auf das Management zu beschränken. Anders als bei einer GmbH besitzen die Gesellschafter einer KG keinen unmittelbaren Einfluß auf die Geschäftsführung. Lediglich bei außergewöhnlichen Rechtsgeschäften ist die Zustimmung der Kommanditisten erforderlich (§ 164 HGB), und selbst dies kann durch den Gesellschaftsvertrag wesentlich eingeschränkt werden. Die Kontrollrechte der Kommanditisten beschränken sich auf die abschriftliche Mitteilung des Jahresabschlusses und die Prüfung seiner Richtigkeit (§ 166 Abs. 1 HGB). Ein nicht abdingbares und nicht einschränkbares Auskunfts- und Einsichtsrecht, das den Gesellschaftern einer GmbH gemäß § 51a GmbH-Gesetz zusteht, existiert bei einer normalen KG, gemessen an der gesetzlichen Rechtslage, nicht.

Schließlich wird die Rechtsform einer GmbH & Co. KG gerne benutzt, wenn Mitarbeiter am Ergebnis des Unternehmens beteiligt, notleidende Unternehmen saniert sowie der Zusammenschluß mehrerer selbständiger Unternehmen organisiert werden sollen.

VI. Ausgewählte steuerrechtliche Vorteile und Nachteile gegenüber einer GmbH[12]

1. Ertragsteuer

Bei einer GmbH & Co. KG können die **Verluste**, zum Beispiel die Verluste der Anfangsphase, mit anderen Einkünften der Gesellschafter im

Rahmen von § 15a EStG verrechnet werden. Dies ist bei einer Beteiligung an einer GmbH grundsätzlich nicht möglich, da eine GmbH lediglich Gewinne ausschütten kann und nicht Verluste. Dennoch findet sich in Gesellschaftsverträgen von Gesellschaften mit beschränkter Haftung oft die Formulierung, daß Gewinn und Verlust unter den Gesellschaftern im Verhältnis ihrer Geschäftsanteile verteilt werden. Eine solche Formulierung stellt einen groben Kunstfehler dar und zeigt, daß der Verfasser sich über den Unterschied zwischen einer Personengesellschaft und einer Kapitalgesellschaft nicht im klaren war.

Wird der Anteil an einer Personengesellschaft zu einem Preis erworben, der über dem Betrag des steuerlichen Kapitalkontos des Verkäufers liegt, kann der Erwerber den Differenzbetrag in einer Ergänzungsbilanz auf die Wirtschaftsgüter der GmbH & Co. KG, bei denen stille Reserven bestehen, verteilen und auf die in der Ergänzungsbilanz aktivierten Beträge ggf. **Abschreibungen** vornehmen. Die Vornahme von Abschreibungen auf Teile des Kaufpreises beim Erwerb eines Geschäftsanteils an einer GmbH ist nicht möglich, jedenfalls dann nicht, wenn sich der Geschäftsanteil im Privatvermögen des Erwerbers befindet. Ob eine GmbH & Co. KG insgesamt ertragssteuerrechtlich günstiger ist als eine GmbH, hängt von den Umständen des Einzelfalls ab und läßt sich allgemein nicht beantworten.

Ertragssteuerliche Vorteile hat die GmbH im Hinblick auf **Sondervergütungen** an Gesellschafter und im Hinblick auf Pensionsrückstellungen. Anders als bei Personengesellschaften, bei denen die Bezüge der geschäftsführenden Gesellschafter gemäß § 15 Abs. 1 Nr. 1 EStG zu den Einkünften aus Gewerbebetrieb gehören, den Gewerbeertrag also erhöhen, sind die Geschäftsführerbezüge bei der GmbH, sofern sie angemessen und nicht als verdeckte Gewinnausschüttungen zu behandeln sind, als Betriebsausgabe abzugsfähig. Sie haben also eine niedrigere Gewerbesteuerbelastung bei der GmbH zur Folge. Allerdings drohen bei einer GmbH stets „versteckte Gewinnausschüttungen", wenn die GmbH ihren Gesellschaftern unangemessene Vorteile einräumt.

Bei Personengesellschaften können Rückstellungen für Pensionszusagen an Gesellschafter mit steuerlicher Wirkung nicht gebildet werden. Dies ist jedoch bei einer GmbH möglich, bei der durch **Pensionsrückstellungen** sowohl der Gewinn als auch der Gewerbeertrag gemindert werden können.

Ein weiterer Nachteil einer Beteiligung an einer Personengesellschaft liegt in den steuerlichen Konsequenzen der Veräußerung. Wird der Anteil an einer Personengesellschaft veräußert, ist der dabei entstehende **Veräußerungsgewinn** (Veräußerungspreis abzüglich Buchwert) stets steuerpflichtig. Bei einer Beteiligung an einer GmbH entsteht ein steuerpflichtiger Veräußerungsgewinn lediglich dann, wenn der Veräußerer in den letzten fünf Jahren an der GmbH wesentlich beteiligt war (§ 17 EStG), oder wenn es sich um sog. einbringungsgeborene Anteile i. S. v. §§ 20, 21 UmwStG handelt. Eine wesentliche Beteiligung liegt vor, wenn der Gesellschafter über mehr als 25 % des Kapitals verfügt. Auf das Stimmrecht kommt es hierbei nicht an.

2. Gewerbesteuer

Einer GmbH & Co. KG steht ein Freibetrag bei dem **Gewerbeertrag** in Höhe von DM 48 000,– (bis 1992 DM 36 000,–) zu.

3. Grunderwerbsteuer

Geht ein Grundstück von einem Alleineigentümer auf eine Personengesellschaft (Gesamthand) oder von mehreren Miteigentümern auf eine Gesamthand über, so wird keine Grunderwerbsteuer erhoben, soweit der Veräußerer am Vermögen der Gesamthand beteiligt ist, bzw. soweit der Anteil des einzelnen am Vermögen der Gesamthand seinem Bruchteil am Grundstück entspricht (§ 5 GrEStG).

Entsprechende grunderwerbsteuerrechtliche Vorteile bestehen beim Übergang eines Grundstückes von einer Gesamthand in das Miteigentum von Personen, die an der Gesamthand beteiligt sind (§ 6 GrEStG).

4. Vermögensteuer

Die GmbH & Co. KG ist nicht selbst vermögensteuerpflichtig. Vermögensteuerpflichtig sind lediglich die Gesellschafter. Die bei der GmbH vorhandene **Doppelbelastung** des Vermögens der GmbH und der Beteiligung des Gesellschafters mit Vermögensteuer **entfällt** daher.

5. Kapitalverkehrsteuer

Die GmbH & Co. KG gilt als Kapitalgesellschaft (§ 5 Abs. 2 Nr. 3 KapVStG). Der erste Erwerb von Gesellschaftsrechten unterlag bis zum 31.12.1991 der Gesellschaftssteuer. Ab dem 1.1.1992 ist die Gesellschaftssteuer entfallen. (Gesetz vom 22.2.1990, BGBl I, 266).

VII. Rechtsquellen

Spezielle gesetzliche Regelungen für eine GmbH & Co. KG gibt es – von einigen Spezialnormen abgesehen – nicht. Es sind vielmehr die jeweils für KG's und GmbH's geltenden Vorschriften anzuwenden.

1. Kommanditgesellschaft

Gesellschaftsrechtliche Regeln für die KG finden sich in erster Linie im Zweiten Buch, 2. Abschnitt des HGB (§§ 161 ff. HGB).

Auf die KG finden hilfsweise die Vorschriften für die OHG Anwendung (§ 161 Abs. 2 HGB), und für die OHG gelten hilfsweise die Vorschriften über die Gesellschaft Bürgerlichen Rechts (§ 105 Abs. 2 HGB in Verbindung mit §§ 705 ff. BGB).

Das Gesetzesrecht der Personengesellschaften des HGB ist jedoch **antiquiert**. Es ist daher üblich und aus der Sicht des beratenden Juristen unbedingt erforderlich, beim Abschluß eines Gesellschaftsvertrages die veralteten gesetzlichen Regelungen durch einen modernen Gesellschaftsvertrag zu ersetzen. Dies ist möglich, da das Gesetzesrecht weitgehend **dispositiv** ist. Gesellschaftsverträge werden daher in der Regel in Anpassung an den jeweiligen Einzelfall schriftlich ausgearbeitet.

Vorschriften über die Buchführung, die Eröffnungsbilanz und den Jahresabschluß einer GmbH & Co. KG finden sich in den Vorschriften der §§ 238 ff. HGB.

Eine weitere, wichtige – mittelbare – Quelle des Rechtes, die bei der Gestaltung des Gesellschaftsvertrages einer GmbH & Co. KG zu beachten ist, stellt **das Einkommensteuerrecht** dar, insbesondere die Vorschriften der §§ 15 und 15 a EStG sowie die zu diesen Bestimmungen ergangenen Entscheidungen des Bundesfinanzhofes. Steuerrechtlich bedeutsam ist insbesondere, ob der Gesellschafter einer gewerblich tätigen KG auch „**Mitunternehmer**" im Sinne von § 15 Abs. 1 Nr. 2 EStG ist, und ob das Steuerrecht die handelsrechtliche Ergebnisverteilung unter den Gesellschaftern anerkennt. Diese Fragen spielen insbesondere in den **Familien-GmbH & Co. KGs** eine Rolle, unter anderem, wenn Eltern Kinder im Wege einer Schenkung in eine KG aufnehmen. In diesen Fällen ist der Ausgestaltung der Rechte der Kinder besonderes Augenmerk zu schenken. Werden nämlich die Rechte, die den Kindern als Kommanditisten zustehen, im Vergleich zu ihren gesetzlichen Rechten zu stark eingeschränkt, oder wird den Kindern eine übermäßige Gewinnbeteiligung eingeräumt, so haben die Eltern die den Kindern zugedachten Gewinnanteile zu versteuern. Dies hätte zur Folge, daß die handelsrechtliche und die steuerrechtliche Ergebnisverteilung auseinanderfallen würden.

Eine gute Zusammenstellung der Fälle, in denen das Steuerrecht gesellschaftsrechtlichen Vereinbarungen nicht folgt, findet sich in den **Abschnitten 138 und 138a Einkommensteuerrichtlinien** (EStR). Eine genaue Kenntnis der dort genannten Urteile des Bundesfinanzhofes ist eine unerläßliche Voraussetzung für die Abfassung des Gesellschaftsvertrages einer GmbH & Co. KG.

Werden daher Gesellschaftsverträge ohne Rücksicht auf das Steuerrecht verfaßt, so geht der Berater das Risiko ein, die mit der Gründung von Personengesellschaften, insbesondere von Familienpersonengesellschaften, verfolgten steuerlichen Ziele zu verfehlen.

Auch der Gewinnanteil der Komplementär-GmbH unterliegt der Höhe nach bestimmten steuerlichen Anforderungen, die bei Ausgestaltung des Gesellschaftsvertrages zu beachten sind (siehe hierzu unten S. 86).

2. Komplementär-GmbH

Für die Komplementär-GmbH gilt zunächst das GmbH-Gesetz vom 20. April 1892. Vorschriften über die Buchführung, den Jahresabschluß, die Prüfung des Jahresabschlusses und die Offenlegung des Jahresabschlusses finden sich im Dritten Buch des HGB, §§ 238 ff., 264 ff. in der Fassung des Bilanzrichtliniengesetzes vom 15. Dezember 1985. Im GmbH-Gesetz finden sich nur noch solche Vorschriften für die Rechnungslegung, die speziell für die GmbH gelten.

Die Mitbestimmung wird für GmbH's und andere Kapitalgesellschaften im Mitbestimmungsgesetz vom 4.5 1956 (§§ 47 ff. BetrVG 1952), im Montanmitbestimmungsgesetz vom 21.5. 1951 in Verbindung mit dem Mitbestimmungsergänzungsgesetz vom 7.5. 1986 geregelt.

Vorschriften über die Umwandlung von Kapitalgesellschaften finden sich im Umwandlungsgesetz vom 6.11. 1969. Kapitalerhöhungen aus Gesellschaftsmitteln und die Verschmelzung von GmbH's werden geregelt im Kapitalerhöhungsgesetz vom 23.12. 1958.

VIII. Zum Umgang mit diesem Buch und mit Musterverträgen

Dieses Buch wendet sich mit seinen Vorschlägen für die Gestaltung von Gesellschaftsverträgen einer GmbH & Co. KG, den Erläuterungen der einzelnen Vertragsklauseln und den weiterführenden Hinweisen auf Literatur und Rechtsprechung an juristische und steuerliche Berater, aber auch an den interessierten Laien. Es kann die **individuelle** Beratung und die stets notwendige **individuelle** Ausgestaltung eines Gesellschaftsvertrages nicht ersetzen. Jedes Wort eines Mustertextes ist wohlüberlegt und hat seine Bedeutung. Jede Streichung oder Hinzufügung von Bestandteilen kann erhebliche rechtliche Auswirkungen haben. Andererseits ist es immer notwendig, den Gesellschaftsvertrag auf den **konkreten** Einzelfall abzustimmen. Dies zwingt dazu, jede Regelung des Mustervertrages daraufhin zu überprüfen, ob sie für den konkreten Fall paßt oder nicht.

Jedem Gesellschaftsvertrag liegen bestimmte objektive und subjektive Gegebenheiten zu Grunde, die zu beachten sind. Wesentlich für die individuelle Gestaltung des Gesellschaftsvertrages sind u.a.: Die **Beteiligungshöhe** des beratenen Gesellschafters (Mehrheitsgesellschafter oder Minderheitsgesellschafter), die **Zahl** der anderen Gesellschafter und die Höhe und Relation von deren Einlagen, **Art** des Unternehmens (mittelständisches Unternehmen, Familiengesellschaft, Großunternehmen, wenige Gesellschafter mit persönlichen Beziehungen, viele Gesellschafter mit einer kapitalistischen Struktur der Gesellschaft), **Mitarbeit** einzelner oder sämtlicher Gesellschafter in der Gesellschaft, Fremdgeschäftsführung, etc. Wesentlich ist auch, ob der Gesellschaftsvertrag aus der Interessenlage eines Minderheitsgesellschafters oder der eines künftigen

Mehrheitsgesellschafters heraus gestaltet werden soll, oder ob der Vertrag die Interessen der Beteiligten ausgewogen berücksichtigen soll etc.

Es liegt auf der Hand, daß ein Mustervertrag nicht alle diese Elemente gleichzeitig berücksichtigen kann. Bei Verwendung eines Mustervertrages ist daher jede Bestimmung daraufhin zu überprüfen, ob sie im vorliegenden Einzelfall sinnvoll und zweckmäßig ist oder nicht.

B. Vertragstexte

I. Gesellschaftsvertrag einer typischen GmbH & Co. KG

Gesellschaftsvertrag
der . . . GmbH & Co. KG mit dem Sitz in . . . .

§ 1
Präambel

- Variante 1:
(1) Die Unterzeichner dieses Vertrages beabsichtigen, sich zum Betrieb . . . in Form einer GmbH & Co. KG zu organisieren. Sie haben die . . . GmbH gegründet, die im Handelsregister des Amtsgerichts . . . unter der Nummer HRB . . . bereits eingetragen ist. Die . . . GmbH soll die Stellung des persönlich haftenden Gesellschafters in der neuen KG übernehmen.
(2) Die Gesellschafter regeln ihre Beziehungen untereinander wie folgt.

- Variante 2:
(1) Die Unterzeichner dieses Vertrages betreiben unter der Firma . . . in . . . eine KG. Gegenstand des Unternehmens ist . . . Die Gesellschafter beabsichtigen, die . . . GmbH als persönlich haftende Gesellschafterin aufzunehmen und die Stellung des Gesellschafters . . . in die eines Kommanditisten umzuwandeln.
(2) Ab dem Zeitpunkt des Eintritts der . . . GmbH als persönlich haftende Gesellschafterin regeln die Gesellschafter ihre Rechtsbeziehungen wie folgt.

§ 2
Firma, Sitz, Geschäftsjahr

(1) Die Firma der Gesellschaft lautet:

„. . . KG"

(2) Sitz der Gesellschaft ist . . .
(3) Geschäftsjahr ist das Kalenderjahr.

- Variante:
(3) Das Geschäftsjahr läuft vom . . . bis zum . . . des folgenden Kalenderjahres.

§ 3
Gegenstand des Unternehmens

(1) Gegenstand des Unternehmens ist...

(2) Die Gesellschaft ist berechtigt, Hilfs- und Nebengeschäfte zu tätigen. Sie ist weiter berechtigt, sämtliche Geschäfte zu tätigen, die geeignet sind, den Gegenstand des Unternehmens mittelbar oder unmittelbar zu fördern.

(3) Die Gesellschaft kann sich an Unternehmen mit gleichem oder ähnlichem Unternehmensgegenstand beteiligen oder solche Unternehmen gründen; sie kann Zweigniederlassungen errichten.

§ 4
Gesellschafter, Einlagen, Haftsummen

(1) Persönlich haftende Gesellschafterin (Komplementärin) ist die... GmbH. Sie ist zur Leistung einer Einlage nicht berechtigt.

- Variante:
(1) Persönlich haftende Gesellschafterin (Komplementärin) ist die... GmbH. Sie verpflichtet sich, eine Einlage in Höhe von DM... zu erbringen.

(2) Weitere Gesellschafter (Kommanditisten) sind:
    a) Herr/Frau... mit einer Einlage von DM...
    b) Herr/Frau... mit einer Einlage von DM...
    c) Herr/Frau... mit einer Einlage von DM...
    d)...

(3) Die Einlagen sind sofort in bar zu leisten.

- Variante:
(3) Die Einlagen sind auf Anforderung der Komplementärin einzuzahlen.

(4) Die Haftung der Kommanditisten gegenüber Gesellschaftsgläubigern ist auf den Betrag der Einlagen gemäß Abs. 2 (Haftsummen) beschränkt.

- Variante:
(4) Die Haftung der Kommanditisten gegenüber Gesellschaftsgläubigern ist auf folgende Beträge (Haftsummen) beschränkt:
    a) bei Herrn/Frau... auf   DM...
    b) bei Herrn/Frau... auf   DM...
    c) bei Herrn/Frau... auf   DM...
    d)...

§ 5
Änderungen der Einlagen und Haftsummen

- Variante 1:
(1) Änderungen der Einlagen können grundsätzlich nur auf Grund eines einstimmigen Gesellschafterbeschlusses erfolgen.
(2) Erhöhungen der Einlagen sollen grundsätzlich nur aus Gesellschaftsmitteln zu Lasten des Rücklagekontos gemäß § 6 Abs. 6 erfolgen.
(3) Für Änderungen der Haftsummen gilt Abs. 1 entsprechend.

- Variante 2:
(1) Die Gesellschafterversammlung kann mit einfacher Mehrheit aller Stimmen eine Erhöhung aller Einlagen beschließen, bis die Summe aller Einlagen den Betrag von DM ... erreicht hat. Die Erhöhung der Einlagen erfolgt hierbei jeweils im Verhältnis der Kapitalkonten der Gesellschafter.
(2) Im übrigen bedürfen Beschlüsse über die Erhöhung von Einlagen der Stimmen aller Gesellschafter.
(3) Für Änderungen der Haftsummen gelten Abs. 1 und 2 entsprechend.

§ 6
Konten der Gesellschafter, Beteiligung am Vermögen

(1) Bei der Gesellschaft werden Kapitalkonten, Kapitalverlustkonten, Verrechnungskonten und Rücklagekonten geführt.
(2) Auf den Kapitalkonten werden lediglich die Einlagen gebucht. Die Kapitalkonten werden nicht verzinst.
(3) Auf den Kapitalverlustkonten werden die Verlustanteile der Kommanditisten sowie alle Gewinnanteile bis zum Ausgleich des Verlustes verbucht. Die Kommanditisten sind nicht verpflichtet, Verluste auf Kapitalverlustkonten in anderer Weise als durch künftige Gewinnanteile auszugleichen.
(4) Gewinnanteile, soweit sie nicht zum Ausgleich von Verlustkonten benötigt werden oder auf Rücklagekonten zu verbuchen sind, sowie alle sonstigen Forderungen und Verbindlichkeiten zwischen der Gesellschaft und einem Gesellschafter werden auf Verrechnungskonten gebucht.
(5) Verrechnungskonten werden im Soll und Haben mit ... %-Punkten über dem jeweiligen Diskontsatz der Deutschen Bundesbank p.a. verzinst. Bemessungsgrundlage für die Zinsen ist der Stand der Verrechnungskonten zum Ende eines jeden Kalendermonats. Die Zinsen auf den Verrechnungskonten stellen im Verhältnis unter den Gesellschaftern Aufwand bzw. Ertrag dar.

- Variante 1:
  (5) Verrechnungskonten werden im Soll und Haben mit ... %-Punkten über dem jeweiligen Diskontsatz der Deutschen Bundesbank p. a. verzinst. Bemessungsgrundlage für die Zinsen ist der Stand der Verrechnungskonten zum Ende eines jeden Kalendermonats. Verzinst werden die Verrechnungskonten jedoch lediglich in Höhe desjenigen Betrages, um den die anderen Verrechnungskonten das niedrigste Verrechnungskonto übersteigen. Die Zinsen auf die Verrechnungskonten stellen im Verhältnis unter den Gesellschaftern Aufwand bzw. Ertrag dar. Gewinnanteile sind nur dann den Verrechnungskonten gutzuschreiben, wenn Verlustvortragskonten ausgeglichen sind.

- Variante 2:
  (5) Verrechnungskonten im Soll und Haben werden mit ... %-Punkten über dem jeweiligen Diskontsatz der Deutschen Bundesbank p. a. verzinst. Die Verzinsung erfolgt unter Zugrundelegung des Durchschnittsbetrages aus den Salden zum Jahresbeginn und zum Ende eines jeden Kalendermonats. Die Zinsen auf die Verrechnungskonten stellen im Verhältnis unter den Gesellschaftern Aufwand bzw. Ertrag dar. Gewinnanteile sind nur dann den Verrechnungskonten gutzuschreiben, wenn Verlustvortragskonten ausgeglichen sind.

- Variante 3:
  (5) Verrechnungskonten sind im Soll und Haben mit dem jeweiligen Kontokorrentzins der jeweiligen Hauptbankverbindung der Gesellschaft, hilfsweise mit ... %-Punkten über dem jeweiligen Bundesbankdiskontsatz zu verzinsen. Die Berechnung der Zinsen erfolgt nach der Staffelmethode. Die Zinsen auf Verrechnungskonten stellen im Verhältnis unter den Gesellschaftern Aufwand bzw. Ertrag dar.

(6) Für alle Kommanditisten wird ein gemeinsames Rücklagekonto geführt, in das von der Gesellschafterversammlung beschlossene Rücklagen eingestellt werden. Das Rücklagekonto wird nicht verzinst. Am Rücklagekonto sind die Kommanditisten im Verhältnis ihrer Kapitalkonten beteiligt.

- Variante:
  (6) Für jeden Kommanditisten wird ein Rücklagekonto geführt, auf dem der auf den jeweiligen Gesellschafter entfallende Anteil einer beschlossenen Rücklage gebucht wird. Rücklagen werden auf die Kommanditisten im Verhältnis ihrer Kapitalkonten verteilt. Rücklagekonten werden nicht verzinst.

(7) Am Vermögen der Gesellschaft sind die Gesellschafter im Verhältnis ihrer Kapitalkonten beteiligt.

§ 7
Dauer der Gesellschaft, Kündigung

(1) Die Gesellschaft wird auf unbestimmte Dauer errichtet.
(2) Die Gesellschaft kann mit einer Frist von ... Monaten zum Ende eines Geschäftsjahres gekündigt werden, erstmals jedoch zum 31. 12. 19....

- Variante:
  (2) Die Gesellschaft kann mit einer Frist von ... Monaten zum Ende eines Geschäftsjahres gekündigt werden, erstmals jedoch zum 31. 12. 19.... Wird sie nicht gekündigt, verlängert sie sich jeweils um weitere fünf Jahre.

(3) Die Kündigung hat durch eingeschriebenen Brief an die Gesellschaft zu Händen der Geschäftsführung zu erfolgen. Für die Rechtzeitigkeit der Kündigung ist der Tag der Aufgabe des Kündigungsschreibens zur Post maßgeblich. Die Geschäftsführung hat die Kommanditisten unverzüglich von der Kündigung zu verständigen.

- Variante:
  (3) Die Kündigung hat durch eingeschriebenen Brief an alle anderen Gesellschafter zu erfolgen. Für die Rechtzeitigkeit der Kündigung ist der Tag der Aufgabe des Kündigungsschreibens zur Post maßgeblich.

(4) Durch die Kündigung wird die Gesellschaft nicht aufgelöst, sondern von den verbleibenden Gesellschaftern fortgesetzt.

§ 8
Geschäftsführung und Vertretung

(1) Zur Geschäftsführung und Vertretung in der Gesellschaft ist die Komplementärin allein berechtigt und verpflichtet.
(2) Die Komplementärin ist für Rechtsgeschäfte zwischen ihr und der Gesellschaft von den Beschränkungen des § 181 BGB befreit.

- Variante:
  (2) Die Komplementärin und ihre Geschäftsführer sind für Geschäfte mit der Gesellschaft von den Beschränkungen des § 181 BGB befreit.

(3) Die Komplementärin bedarf für alle Geschäfte, die über den gewöhnlichen Geschäftsbetrieb hinausgehen, der vorherigen Zustimmung der Gesellschafterversammlung.

- Variante 1:
  (3) Die Komplementärin bedarf für folgende Angelegenheiten der vorherigen Zustimmung der Gesellschafterversammlung:
  a) Erwerb, Veräußerung oder Belastung von Grundstücken und

grundstücksgleichen Rechten sowie sonstige Verfügungen über Grundstücke und grundstücksgleiche Rechte;

b) Erwerb von Unternehmen oder Beteiligungen an solchen oder deren Veräußerung oder Belastung;

c) Errichtung und Aufgabe von Zweigniederlassungen und Betriebsstätten;

d) Abschluß und Änderung von Organschaftsverträgen sowie Betriebsübernahme- und Betriebsüberlassungsverträgen jeder Art;

e) Abschluß, Änderung und Beendigung von Dienstverträgen mit Angestellten mit jährlichen Bruttobezügen von mehr als DM . . .;

f) Abschluß, Änderung und Beendigung von Miet- und Pachtverträgen mit Miet- und Pachtzinsen von mehr als DM . . . netto pro Monat;

g) Investitionen ab einem Betrag von DM . . . ohne Mehrwertsteuer im Einzelfall, wenn sie in dem genehmigten jährlichen Investitionsplan nicht enthalten sind;

h) Aufnahme von langfristigen Darlehen und Kontokorrentkrediten über DM . . . im Einzelfall hinaus sowie über den Betrag von DM . . . insgesamt je Geschäftsjahr;

i) Übernahme von Bürgschaften, Abschluß von Garantieverträgen, Schuldbeitritten, Abgabe von Patronatserklärungen und Eingehung von ähnlichen Verpflichtungen;

j) Führung von Aktivprozessen und prozeßbeendenden Handlungen und Erklärungen, soweit der Streitwert den Betrag von DM . . . übersteigt;

k) Abschluß, Änderung und Aufhebung von Verträgen mit Gesellschaftern oder deren Angehörigen oder Gesellschaften, die mehrheitlich von Gesellschaftern und/oder deren Angehörigen im Sinne von § 15 AO beherrscht werden.

l) Aufnahme von stillen Gesellschaftern;

m) Veräußerung und Verpachtung des gesamten Gesellschaftsvermögens;

n) Sonstige Geschäfte, die über den gewöhnlichen Geschäftsbetrieb der Gesellschaft hinausgehen.

- Variante 2:

(3) Das Widerspruchsrecht der Kommanditisten gemäß § 164 HGB wird ausgeschlossen.

§ 9
Haftungsentschädigung, Auslagenersatz

(1) Zur Abgeltung ihres Haftungsrisikos erhält die Komplementärin eine jährliche Vergütung in Höhe von DM . . . (in Worten Deutsche Mark . . .).

- Variante:
  (1) Zur Abgeltung ihres Haftungsrisikos erhält die Komplementärin eine jährliche Vergütung in Höhe von ... % ihres jeweiligen gezeichneten Stammkapitals am Ende des Geschäftsjahres.
(2) Die Haftungsvergütung ist jeweils zum 31. 12. eines Kalenderjahres zur Zahlung fällig.
- Variante:
  (2) Die Haftungsvergütung ist jeweils am Ende eines Geschäftsjahres zur Zahlung fällig.
(3) Die Komplementärin hat Anspruch auf Ersatz aller ihr durch die Geschäftsführung erwachsenen Aufwendungen; für Vergütungen (einschließlich Tantiemen und Ruhegehälter) an ihre Geschäftsführer gilt dies jedoch nur, wenn und soweit die Gesellschafterversammlung vorher der Vergütung zugestimmt hat.
- Variante:
  (3) Die Komplementärin hat Anspruch auf Ersatz aller ihrer Aufwendungen, einschließlich der Vergütung für ihre Geschäftsführer, der von ihr gezahlten Vermögensteuer der von ihr gezahlten Steuerberatungskosten etc. S. 1 gilt nicht für ihre Gewerbe- und Körperschaftssteuer. Für Vergütungen (einschließlich Tantiemen und Ruhegehälter) an ihre Geschäftsführer gilt S. 1 jedoch nur, wenn und soweit die Gesellschafterversammlung der KG vorher der Vergütung zugestimmt hat.
(4) Die Haftungsvergütung und der Aufwendungersatz stellen im Verhältnis der Gesellschafter zueinander Aufwand dar.

§ 10
Gesellschafterversammlungen

(1) Beschlüsse der Gesellschafter werden auf Gesellschafterversammlungen gefaßt. Der Abhaltung einer Gesellschafterversammlung bedarf es nicht, wenn sich alle Gesellschafter mit einer schriftlichen, telegraphischen, fernmündlichen oder sonstigen Art der Abstimmung einverstanden erklären.
(2) Die Einberufung der Gesellschafterversammlung erfolgt durch die Komplementärin. Die Einberufung hat unter gleichzeitiger Bekanntgabe der Tagesordnung und des Tagungslokals mittels eingeschriebenen Briefes, der mindestens 14 Tage vor dem Termin der Gesellschafterversammlung an die Gesellschafter zur Absendung gebracht sein muß, zu erfolgen. Die Einladung ist mit ihrer Aufgabe zur Post bewirkt. Der Tag der Absendung der Einladung (Poststempel) und der Tag der Versammlung werden bei der Fristberechnung nicht mitgezählt. Ist der Aufenthalt eines Gesellschafters unbekannt, oder kann er

aus anderen Gründen nicht ordnungsgemäß geladen werden, so ruht sein Stimmrecht bis zur Beseitigung dieses Zustandes.
(3) Gesellschafterversammlungen finden jeweils am Sitz der Gesellschaft statt.
(4) Eine Gesellschafterversammlung ist beschlußfähig, wenn die anwesenden und vertretenen Gesellschafter ... % aller Stimmen auf sich vereinigen. Ist eine ordnungsgemäß einberufene Gesellschafterversammlung beschlußunfähig, so ist eine neue Gesellschafterversammlung mit gleicher Tagesordnung unter Einhaltung der in Absatz 2 genannten Form- und Fristvorschriften einzuberufen. Diese Gesellschafterversammlung ist ohne Rücksicht auf die Zahl der Stimmen der anwesenden und vertretenen Gesellschafter beschlußfähig. Hierauf ist in der Einladung hinzuweisen.
(5) Jeder Gesellschafter kann sich auf Gesellschafterversammlungen von anderen Gesellschaftern oder von einem zur Berufsverschwiegenheit verpflichteten, sachverständigen Dritten vertreten lassen.

- Variante:
(5) Jeder Gesellschafter kann sich auf Gesellschafterversammlungen nur von einem anderen Gesellschafter oder seinem Ehegatten oder von einem volljährigen Abkömmling vertreten lassen.

(6) Jeder Gesellschafter kann sich ferner von einem zur Berufsverschwiegenheit verpflichteten, sachverständigen Dritten in jeder Gesellschafterversammlung beraten lassen, wenn er dies den anderen Gesellschaftern mit einer Frist von mindestens 3 Tagen vorher schriftlich mitgeteilt hat.
(7) Die Gesellschafterversammlungen werden durch den Vorsitzenden geleitet, den die Gesellschafter/Vertreter aus ihrer Mitte mit einfacher Mehrheit der Stimmen der erschienenen und vertretenen Gesellschafter wählen. Bis zur Wahl wird die Versammlung durch den nach Lebensjahren ältesten Gesellschafter bzw. Vertreter eines Gesellschafters geleitet.

- Variante 1:
(7) Die Gesellschafterversammlung wird von dem Geschäftsführer der Komplementärin geleitet; hat diese mehrere Geschäftsführer, steht die Leitung dem jeweils ältesten anwesenden Geschäftsführer zu. Ist kein Geschäftsführer anwesend oder ist kein Geschäftsführer bereit, die Gesellschafterversammlung zu leiten, wird der Leiter durch die versammelten Gesellschafter (Vertreter) mit der einfachen Mehrheit der Stimmen der erschienenen und vertretenen Gesellschafter gewählt.

- Variante 2:
(7) Die Gesellschafterversammlung wird von dem ältesten anwesenden Gesellschafter bzw. Vertreter eines Gesellschafters geleitet, der zur Leitung bereit ist.

- Variante 3:
  (7) Die Gesellschafterversammlung wird von demjenigen der anwesenden Gesellschafter geleitet, der die höchste Kommanditeinlage hält und der zur Leitung bereit ist; bei gleichhohen Kommanditeinlagen steht die Leitung dem älteren bzw. dem ältesten Gesellschafter zu. Ist kein Gesellschafter bereit, die Versammlung zu leiten, wird sie von dem jeweils ältesten Geschäftsführer geleitet, der hierzu bereit ist.

(8) Über die Gesellschafterversammlung ist ein Protokoll zu fertigen, das von dem Leiter der Gesellschafterversammlung zu erstellen ist; Abschriften des Protokolls sind allen Gesellschaftern unverzüglich zuzuleiten. Das Protokoll hat mindestens die anwesenden und vertretenen Gesellschafter, etwaige Verzichte auf die Einhaltung von Form- und Fristvorschriften, alle Anträge und alle Beschlüsse einschließlich der jeweiligen Abstimmungsergebnisse zu enthalten.

(9) Werden Beschlüsse außerhalb von Gesellschafterversammlungen gefaßt, ist der Wortlaut des Beschlußantrages und das Ergebnis der Abstimmung in einem Protokoll festzuhalten. Das Protokoll ist von der Komplementärin zu erstellen; Abschriften des Protokolls sind allen Gesellschaftern unverzüglich zuzuleiten.

§ 11
Gesellschafterbeschlüsse

(1) Gesellschafterbeschlüsse werden mit der einfachen Mehrheit der Stimmen aller Gesellschafter gefaßt, soweit der Vertrag oder das Gesetz nicht eine andere Mehrheit zwingend vorschreibt. Die Gesellschafter beschließen mit dieser Mehrheit insbesondere über folgende Angelegenheiten:
a) Ausschluß von Gesellschaftern
b) Bestimmung des Wirtschaftsprüfers
c) Entlastung der Komplementärin
d)...

- Variante 1:
  (1) Gesellschafterbeschlüsse werden mit der einfachen Mehrheit der Stimmen der anwesenden und vertretenen Gesellschafer gefaßt, soweit der Vertrag oder das Gesetz nicht eine andere Mehrheit zwingend vorschreibt. Die Gesellschafter beschließen mit dieser Mehrheit insbesondere über folgende Angelegenheiten:
  a) Ausschluß von Gesellschaftern
  b) Bestimmung des Wirtschaftsprüfers
  c) Entlastung der Komplementärin
  d)...

- Variante 2:
  (1) Gesellschafterbeschlüsse werden mit der einfachen Mehrheit der abgebenen Stimmen gefaßt, soweit der Vertrag oder das Gesetz nicht eine andere Mehrheit zwingend vorschreibt. Die Gesellschafter beschließen mit dieser Mehrheit insbesondere über folgende Angelegenheiten:
  a) Ausschluß von Gesellschaftern
  b) Bestimmung des Wirtschaftsprüfers
  c) Entlastung der Komplementärin
  d) ...

  (2) Eine Mehrheit von ... % der Stimmen der anwesenden und vertretenen Gesellschafter ist in folgenden Angelegenheiten erforderlich:
  a) Feststellung des Jahresabschlusses
  b) Zustimmung zu zustimmungsbedürftigen Geschäften gemäß § 8 Abs. 3
  c) Bildung von Rücklagen
  d) Auszahlungen an Kommanditisten
  e) ...

- Variante 1:
  (2) Eine Mehrheit von ... % der Stimmen aller Gesellschafter ist in folgenden Angelegenheiten erforderlich:
  a) Feststellung des Jahresabschlusses
  b) Zustimmung zu zustimmungsbedürftigen Geschäften gemäß § 8 Abs. 3
  c) Bildung von Rücklagen
  d) Auszahlungen an Kommanditisten
  e) ...

- Variante 2:
  (2) Eine Mehrheit von ... % der abgegebenen Stimmen ist in folgenden Angelegenheiten erforderlich:
  a) Feststellung des Jahresabschlusses
  b) Zustimmung zu zustimmungsbedürftigen Geschäften gemäß § 8 Abs. 3
  c) Bildung von Rücklagen
  d) Auszahlungen an Kommanditisten
  e) ...

(3) Folgende Beschlüsse können in jedem Fall nur mit den Stimmen aller vorhandenen Gesellschafter gefaßt werden:
   a) Aufnahme neuer Gesellschafter,
   b) Zustimmung zur Verfügung und Belastung von Gesellschaftsanteilen und sonstigen Rechten gegen die Gesellschaft,
   c) Auflösung der Gesellschaft,

§ 12 Jahresabschluß

d) Änderungen des Gesellschaftsvertrages,
e) Beschlüsse, die eine Nachschußpflicht begründen,
f) ...

(4) Je DM 1000,- des festen Kapitalkontos gewähren eine Stimme. Das Stimmrecht der Komplementärin ist ausgeschlossen, außer in Angelegenheiten, die ihre Rechte und Pflichten innerhalb der Gesellschaft betreffen. Steht der Komplementärin ein Stimmrecht zu, hat sie ... Stimmen.

(5) Außer in den vom Gesetz angeordneten Fällen ist das Stimmrecht eines Gesellschafters auch in den Fällen des § 47 Abs. 4 GmbHG ausgeschlossen.

- Variante:
(5) Außer in den vom Gesetz angeordneten Fällen ist das Stimmrecht eines Gesellschafters auch in den Fällen des § 136 Abs. 1 AktG ausgeschlossen.

(6) Ist das Stimmrecht eines Gesellschafters in einzelnen Angelegenheiten ausgeschlossen, werden seine Stimmen bei der Ermittlung der für den Beschluß erforderlichen Stimmen nicht berücksichtigt.

(7) Die Nichtigkeit eines fehlerhaften Beschlusses der Gesellschafter ist innerhalb eines Monats seit Zugang des betreffenden Protokolls durch gerichtliche Feststellungsklage geltend zu machen.

§ 12
Jahresabschluß

(1) Die Komplementärin hat innerhalb von ... Monaten nach dem Ende eines Geschäftsjahres den Jahresabschluß für das abgelaufene Geschäftsjahr unter Beachtung handelsrechtlicher Vorschriften aufzustellen und den Gesellschaftern den Entwurf unverzüglich zu übersenden.

- Variante:
(1) Die Komplementärin hat innerhalb der gesetzlichen Frist (§ 243 Abs. 3 HGB) den Jahresabschluß für das abgelaufene Geschäftsjahr aufzustellen und den Gesellschaftern den Entwurf unverzüglich zu übersenden. Soweit nicht zwingende handelsrechtliche Vorschriften entgegenstehen, sind die steuerrechtlichen Vorschriften über die Gewinnermittlung zu beachten.

(2) Für die Gliederung des Jahresabschlusses sind die Gliederungsschemata für große Kapitalgesellschaften entsprechend anzuwenden.

(3) Die Verzinsung der Verrechnungskonten im Soll und Haben, die Kosten der Geschäftsführung und die Haftungsprämie für die Komplementärin sind als Aufwand bzw. als Ertrag zu behandeln.

(4) Der Jahresabschluß ist von einem Wirtschaftsprüfer – soweit möglich – nach den für Kapitalgesellschaften geltenden Grundsätzen zu prüfen. Eine Abschrift des Jahresabschlusses und des Prüfungsberichtes ist den Gesellschaftern unverzüglich zuzuleiten.

- Variante:
(4) Die Gesellschafter können beschließen, daß der Jahresabschluß von einem Wirtschaftsprüfer nach den für Kapitalgesellschaften geltenden Grundsätzen geprüft wird. Der Jahresabschluß und der Prüfungsbericht sind den Gesellschaftern unverzüglich zuzuleiten.

(5) Der Jahresabschluß wird von der Gesellschafterversammlung festgestellt. Der Entwurf des Jahresabschlusses ist den Gesellschaftern rechtzeitig vor der Beschlußfassung, mindestens jedoch 14 Tage vorher, zuzuleiten.

- Variante:
(5) Der Jahresabschluß wird von der Komplementärin festgestellt. Jedem Kommanditisten ist unverzüglich eine Abschrift des Jahresabschlusses zu übersenden.

§ 13
Ergebnisverteilung

(1) Der Gewinn der Gesellschaft verteilt sich auf die Kommanditisten im Verhältnis ihrer festen Kapitalkonten.

- Variante 1:
(1) Der Gewinn der Gesellschaft wird wie folgt verteilt:
a) Zunächst werden die Verrechnungskonten der Kommanditisten mit ... % p. a. nach der Zinsstaffelmethode verzinst.
b) Der verbleibende Gewinn wird auf die Kommanditisten im Verhältnis ihrer festen Kapitalkonten verteilt.

- Variante 2:
(1) Der Gewinn der Gesellschaft wird wie folgt verteilt:
a) Zunächst werden die Verrechnungskonten der Kommanditisten mit ... % p. a. verzinst; maßgeblich ist der jeweilige Stand der Verrechnungskonten am Ende eines Kalendermonats. Verzinst wird jedoch nur der Teil, der über das jeweils niedrigste Verrechnungskonto eines Kommanditisten hinausgeht.
b) Der verbleibende Gewinn wird auf die Kommanditisten im Verhältnis ihrer festen Kapitalkonten verteilt.

- Variante 3:
(1) Der Gewinn der Gesellschaft wird wie folgt verteilt:
a) Zunächst erhält die Komplementärin einen Gewinnanteil in Höhe

von . . . % ihres am jeweiligen Ende eines Geschäftsjahres vorhandenen Stammkapitals;
b) sodann werden die Verrechnungkonten der Kommanditisten mit . . . % p. a. nach der Zinsstaffelmethode verzinst;
c) der restliche Gewinn wird unter den Kommanditisten im Verhältnis ihrer festen Kapitalkonten verteilt.

(2) Gewinnanteile der Kommanditisten werden auf ihren Verrechnungskonten gutgeschrieben, sofern keine Kapitalverlustkonten aufzufüllen sind.

- Variante 1:
(2) Gewinnanteile der Kommanditisten werden jeweils zu . . . % dem Rücklagekonto (den Rücklagekonten) und zu . . . % den Verrechnungskonten gutgeschrieben. Die Gesellschafterversammlung kann mit einer Mehrheit von . . . % aller Stimmen (oder der abgegebenen Stimmen oder der Stimmen der anwesenden und vertretenen Gesellschafter) eine abweichende Aufteilung zwischen Rücklagekonto und Verrechnungskonten beschließen.

- Variante 2:
(2) Gewinnanteile der Kommanditisten werden jeweils zu . . . % dem Rücklagekonto und zu . . . % den Verrechnungskonten gutgeschrieben, bis das Guthaben auf dem (auf den) Rücklagekonto (Rücklagekonten) den Betrag erreicht hat, der der Summe aller Kapitalkonten (der dem zweifachen, dreifachen . . . der Summe aller Kapitalkonten) entspricht.

(3) Ein etwaiger Jahresfehlbetrag ist entsprechend den festen Kapitalkonten unter den Kommanditisten zu verteilen. Die Komplementärin ist – ungeachtet ihrer unbeschränkten Haftung im Außenverhältnis – an einem etwaigen Verlust nicht beteiligt; die beschränkte Haftung der Kommanditisten wird hierdurch nicht durchbrochen.
(4) Scheidet ein Gesellschafter im Laufe eines Wirtschaftsjahres aus, ist er am Ergebnis der Gesellschaft pro rata temporis beteiligt.

- Variante:
(4) Scheidet ein Gesellschafter im Laufe eines Wirtschaftsjahres aus, ist er am Ergebnis dieses Wirtschaftsjahres nicht beteiligt.

§ 14
Entnahmen, Auszahlungen

(1) Die Kosten der Geschäftsführung und die Haftungsprämie für die Komplementärin können von dieser zum jeweiligen Fälligkeitszeitpunkt entnommen werden.

(2) Auszahlungen an Kommanditisten zu Lasten ihrer Verrechnungskonten beschließt die Gesellschafterversammlung.

- Variante 1:
(2) Kommanditisten sind berechtigt, die Auszahlung ihrer Guthaben auf Verrechnungskonten mit einer Ankündigungsfrist von ... Kalendertagen zu verlangen.

- Variante 2:
(2) Kommanditisten können die Auszahlung von Guthaben auf ihren Verrechnungskonten jederzeit verlangen.

- Variante 3:
(2) Kommanditisten sind berechtigt, von der Gesellschaft die Auszahlung folgender Beträge zu Lasten ihrer Verrechnungskonten je Geschäftsjahr zu verlangen, soweit Guthaben auf ihren Verrechnungskonten vorhanden sind:
a) Bis zu ... % ihres steuerlichen Gewinnanteils aus der Gesellschaft aus dem vorangegangenen Geschäftsjahr zweckgebunden zur Bezahlung von fälligen Einkommen-, Kirchen- und Vermögensteuern.
b) Über weitere Auszahlungen beschließt die Gesellschafterversammlung.

- Variante 4:
(2) Die Kommanditisten sind berechtigt, von der Gesellschaft die Auszahlung folgender Beträge zur Lasten ihrer Verrechnungskonten zu verlangen, soweit Guthaben auf ihren Verrechnungskonten vorhanden sind:
a) Von ihnen geschuldete Einkommensteuer-, Kirchensteuer- und Vermögensteuerzahlungen; die Höhe und Fälligkeit ist der Komplementärin nachzuweisen;
b) ... % ihres steuerlichen Gewinnanteils für jedes abgelaufene Geschäftsjahr;
c) im übrigen beschließt die Gesellschafterversammlung über Auszahlungen.

- Variante 5:
(2) Die Kommanditisten sind berechtigt, von der Gesellschaft die Auszahlung folgender Beträge zu Lasten ihrer Verrechnungskonten zu verlangen, soweit Guthaben auf ihren Verrechnungskonten vorhanden sind:
a) die von ihnen geschuldeten Einkommensteuern, Kirchensteuern und Vermögensteuern, soweit sie auf Gewinnanteile aus der Beteiligung an der KG bzw. auf den Wert der Beteiligung entfallen; die Höhe und Fälligkeit ist der Komplementärin durch geeignete Unterlagen nachzuweisen;

§ 15 Verfügungen über Gesellschaftsanteile

b) ... % ihres steuerlichen Gewinnanteils für jedes abgelaufene Geschäftsjahr;
c) im übrigen beschließt die Gesellschafterversammlung über Auszahlungen.

§ 15
Verfügungen über Gesellschaftsanteile und sontige Ansprüche gegen die Gesellschaft/Belastung von Gesellschaftsanteilen

(1) Kommanditisten können über ihre Anteile an der Gesellschaft oder ihre Ansprüche gegen die Gesellschaft ganz oder teilweise frei verfügen.

- Variante 1:
(1) Entgeltliche oder unentgeltliche Verfügungen über Gesellschaftsanteile oder Ansprüche des Gesellschafters gegen die Gesellschaft bedürfen der vorherigen Zustimmung der Gesellschafterversammlung.

- Variante 2:
(1) Jeder Kommanditist kann seinen Gesellschaftsanteil oder seine Ansprüche gegen die Gesellschaft ganz oder teilweise auf seine Abkömmlinge oder andere Gesellschafter übertragen. Für Übertragungen auf andere Personen ist die Einwilligung der Gesellschafterversammlung erforderlich.

- Variante 3:
(1) Verfügungen über Gesellschaftsanteile oder über Ansprüche gegen die Gesellschaft bedürfen der vorherigen Zustimmung der Komplementärin (oder: des Gesellschafters ...).

- Variante 4:
(1) Die Übertragung von Gesellschaftsanteilen oder Teilen davon an Eltern, Abkömmlinge, Ehegatten, Gesellschafter oder Abkömmlinge von Gesellschaftern unterliegt keinen Beschränkungen. Die Übertragung von Gesellschaftsanteilen oder Teilen davon an andere als die in Satz 1 genannten Personen bedarf der vorherigen Zustimmung aller anderen Gesellschafter. Diese darf nur aus wichtigem Grund versagt werden. Die Zustimmung gilt als erteilt, wenn die Versagung dem veräußerungswilligen Gesellschafter nicht innerhalb von ... vollen Kalendermonaten ab Zugang der Erklärung über die Verkaufsabsicht und die Person des Erwerbers zugegangen ist.

- Variante 5:
(1) Die Gesellschafter können ihre Beteiligung oder einen Teil ihrer Beteiligung auf Abkömmlinge, Ehegatten, Mitgesellschafter oder Abkömmlinge oder Ehegatten von Mitgesellschaftern übertragen. Eine Übertragung auf Dritte bedarf der Zustimmung der Gesellschafterver-

sammlung. Der Beschluß bedarf der einfachen Mehrheit der Stimmen aller anderen Gesellschafter. Er kann jedoch nicht ohne Zustimmung der Komplementärin gefaßt werden. Wird die Zustimmung ohne wichtigen Grund verweigert, kann der betroffene Kommanditist verlangen, daß die anderen Kommanditisten seinen Gesellschaftsanteil im Verhältnis ihrer festen Kapitalkonten zum Ende des laufenden Geschäftsjahres erwerben. Als Kaufpreis erhält der veräußerungswillige Kommanditist den Betrag, der ihm als Abfindung gemäß § 20 dieses Gesellschaftsvertrages zustehen würde.

(2) Die entgeltliche oder unentgeltliche Abtretung von Gesellschaftsanteilen an Unternehmen, die mit dem Veräußerer gesellschaftsrechtlich so verbunden sind, daß der Veräußerer dort den bestimmenden Einfluß hat, ist ohne Zustimmung der Gesellschafterversammlung zulässig. Der Veräußerer hat jedoch dafür zu sorgen, daß bei Wegfall seines bestimmenden Einflusses die Beteiligung an der Gesellschaft auf ihn zurückübertragen wird.

(3) Die Abtretung von Gesellschaftsanteilen von einem Treuhänder an den Treugeber bedarf nicht der Zustimmung gemäß Abs. 1, wenn für den Abschluß des Treuhandvertrages die Zustimmung gem. Abs. 1 erteilt wurde.

(4) Wird nur ein Teil eines Gesellschaftsanteils übertragen, so müssen die neuen festen Kapitalkonten ein ganzzahliges Vielfaches von DM ... betragen.

(5) Die Übertragung des Gesellschaftsanteils kann nur mit Wirkung zum Ende eines Geschäftsjahres erfolgen.

(6) Verfügungen über Gesellschaftsanteile und/oder sonstige Ansprüche gegen die Gesellschaft sowie die Belastung von Gesellschaftsanteilen und von Ansprüchen gegen die Gesellschaft bedürfen der Schriftform.

(7) Abs. 1 gilt entsprechend für Belastungen des Gesellschaftsanteils. Die Einräumung eines Nießbrauchrechts am jeweiligen ausgeschütteten Gewinnanteil an Ehegatten und/oder Abkömmlinge ist ohne Einwilligung der Gesellschafterversammlung zulässig.

§ 16
Vorkaufsrecht

(1) Verkauft einer der Kommanditisten seinen Gesellschaftsanteil, steht den anderen Kommanditisten ein Vorkaufsrecht im Verhältnis ihrer Kapitalkonten zu. Für das Vorkaufsrecht gelten die Vorschriften der §§ 504 ff. BGB entsprechend, wobei das Vorkaufsrecht innerhalb des nächsten vollen Kalendermonats nach Zugang des unterzeichneten Kaufvertrages auszuüben ist. Jeder Kommanditist kann von seinem Vorkaufsrecht nur insgesamt oder gar nicht Gebrauch machen.

§ 17 Vererbung von Gesellschaftsanteilen

(2) Macht ein Gesellschafter von seinem Verkaufsrecht nicht oder nicht fristgerecht Gebrauch, geht das Vorkaufsrecht auf die vorkaufswilligen Kommanditisten im Verhältnis ihrer festen Kapitalkonten über. Abs. 1 Satz 2 und 3 gelten entsprechend, mit der Maßgabe, daß an Stelle des Zugangs des Kaufvertrages die Mitteilung tritt, daß ein Kommanditist sein Vorkaufsrecht nicht ausgeübt hat.

- Variante:
(2) Die anderen Kommanditisten können ihr Vorkaufsrecht nur gemeinschaftlich ausüben.

(3) Wird der verkaufte Gesellschaftsanteil von den anderen Kommanditisten nicht vollständig angekauft, ist der betroffene Kommanditist berechtigt, den nicht gekauften Teil seiner Beteiligung an Dritte zu verkaufen und abzutreten, ohne daß es einer Zustimmung der Gesellschafterversammlung (*oder:* der anderen Gesellschafter etc.) bedarf.

- Variante 1:
(3) Wird der verkaufte Gesellschaftsanteil von den anderen Kommanditisten nicht vollständig angekauft, ist der betroffene Kommanditist berechtigt, die Gesellschaft zum ... zu kündigen.

§ 17
Vererbung von Gesellschaftsanteilen

(1) Ein Kommanditist scheidet mit seinem Tod aus der Gesellschaft aus. Die Gesellschaft wird von den verbliebenen Gesellschaftern ohne die Erben des verstorbenen Gesellschafters fortgesetzt.

- Variante 1:
(1) Nach dem Tod eines Gesellschafters können die verbliebenen Gesellschafter beschließen, die Gesellschaft ohne die Erben des verbliebenen Gesellschafters fortzusetzen; der Beschluß kann nur innerhalb von drei Monaten ab dem Tod des Gesellschafters gefaßt werden. Wird dieser Beschluß rechtzeitig gefaßt, scheiden die Erben rückwirkend auf den Todestag aus der Gesellschaft aus.

- Variante 2:
(1) Die Gesellschaft wird mit den Erben eines verstorbenen Gesellschafters fortgesetzt.

- Variante 3:
(1) Durch den Tod eines Kommanditisten wird die Gesellschaft nicht aufgelöst, sondern mit den Erben des verstorbenen Gesellschafters fortgesetzt. Rechtsnachfolger eines verstorbenen Gesellschafters in den Gesellschaftsanteil können jedoch nur Gesellschafter, Ehegatten und/oder Abkömmlinge sein.

- Variante 4:
  (1) Verstirbt ein Kommanditist, wird die Gesellschaft mit einem seiner Abkömmlinge als Nachfolger fortgesetzt. Die Bestimmung des nachfolgenden Abkömmlings steht dem betreffenden Kommanditisten zu. Die Bestimmung erfolgt zu Lebzeiten durch Erklärung gegenüber der Gesellschaft oder durch Verfügung von Todes wegen.

- Variante 5:
  (1) Stirbt ein Kommanditist, sind die Personen, die er zu Lebzeiten durch Erklärung gegenüber der Gesellschaft oder durch Verfügung von Todes wegen bestimmt hat, berechtigt, mit Wirkung ab dem Tod des Gesellschafters in die Gesellschaft einzutreten. Das Eintrittsrecht ist innerhalb von sechs Monaten nach dem Tod des verstorbenen Gesellschafters auszuüben. Der Gesellschaftsanteil des verstorbenen Gesellschafters wird von den übrigen Gesellschaftern im Verhältnis ihrer festen Kapitalanteile so lange als Treuhänder gehalten, bis der oder die Eintrittsberechtigten von ihrem Eintrittsrecht Gebrauch gemacht haben oder die 6-Monatsfrist abgelaufen ist. Macht der Berechtigte von seinem Eintrittsrecht fristgerecht Gebrauch, haben die anderen Kommanditisten dem Eintrittsberechtigten die von ihnen anteilig gehaltene Beteiligung des verstorbenen Gesellschafters unentgeltlich zu übertragen.

(2) Sind mehrere Erben vorhanden, so ist ihnen die Ausübung der Gesellschafterrechte nur durch einen Bevollmächtigten gestattet. Dieser Bevollmächtigte ist von der Erbengemeinschaft gegenüber der Gesellschaft innerhalb von drei Monaten nach dem Tode des Gesellschafters zu benennen. Bis zur Benennung des Bevollmächtigten ruht das Stimmrecht aus den Gesellschaftsanteilen, die auf die Erben übergegangen sind.
(3) Wird die Gesellschaft von den verbliebenen Gesellschaftern allein fortgesetzt, erhalten die Erben eine Abfindung nach Maßgabe von § 20 dieses Vertrages.

- Variante 1:
  (3) Wird die Gesellschaft von den verbliebenen Gesellschaftern allein fortgesetzt, erhalten die Erben keine Abfindung.

- Variante 2:
  (3) Wird die Gesellschaft von den verbliebenen Gesellschaftern fortgesetzt, erhalten die Erben lediglich ... % der Abfindung gemäß § 20 dieses Vertrages.

- Variante 3:
  (3) Wird die Gesellschaft von den verbliebenen Gesellschaftern fortgesetzt, erhalten die Erben als Abfindung lediglich den Buchwert des Gesellschaftsanteils des verstorbenen Kommanditisten.

(4) Hat ein verstorbener Gesellschafter Testamentsvollstreckung hinsichtlich seiner Beteiligung angeordnet, so werden die Rechte des in die Gesellschaft eintretenden Erben in seinem Namen durch den Testamentsvollstrecker ausgeübt. Der Bestellung eines Bevollmächtigten gemäß Abs. 2 bedarf es in diesen Fällen erst mit dem Ende der Testamentsvollstreckung.
(5) Vermächtnisnehmer stehen Erben gleich.

§ 18
Ausschluß von Gesellschaftern

(1) Die anderen Gesellschafter sind auf Grund eines von ihnen mit einfacher Mehrheit aller Stimmen gefaßten Beschlusses berechtigt, einen Gesellschafter aus der Gesellschaft auszuschließen,
  a) wenn in seiner Person ein wichtiger Grund gegeben ist, der nach den Vorschriften der §§ 133, 140 HGB seinen Ausschluß aus der Gesellschaft ermöglichen würde,
  b) wenn eine Auflösungsklage eines Gesellschafters gemäß § 140 HGB rechtskräftig abgewiesen wurde,
  c) wenn ein Gesellschafter geheiratet hat, ohne mit seinem Ehegatten rechtswirksam zu vereinbaren, daß bei Beendigung des Güterstandes die Beteiligung an der Gesellschaft für die Berechnung des Zugewinns des Gesellschafters außer Betracht bleiben soll, oder wenn er eine solche Vereinbarung mit seinem Ehegatten rückgängig macht.
(2) Die Komplementärin kann ausgeschlossen werden, wenn der Gesellschafter ... nicht mehr mehrheitlich an der Komplementärin beteiligt ist.
(3) Der Kommanditist ...-GmbH kann ausgeschlossen werden, wenn Herr ... nicht mehr über einen bestimmten Einfluß bei der ...-GmbH verfügt, insbesondere, wenn er aus der GmbH ausgeschieden ist.
(4) Statt des Ausschlusses können die anderen Gesellschafter beschließen, daß der Gesellschaftsanteil des betroffenen Gesellschafters ganz oder teilweise auf einen oder mehrere Gesellschafter und/oder Dritte abzutreten ist. In diesen Fällen ist der betroffene Gesellschafter verpflichtet, seinen Gesellschaftsanteil unverzüglich gemäß dem gefaßten Beschluß abzutreten. Die Komplementärin wird bevollmächtigt, die Abtretung vorzunehmen. Das Recht zum Ausschluß des betroffenen Gesellschafters bleibt unberührt.
(5) Ein Ausschließungs- und Abtretungsbeschluß kann nur gefaßt werden
  a) im Falle des Absatzes 1 lit. a innerhalb von sechs Monaten ab dem Zeitpunkt, ab dem der zur Ausschließung berechtigende Tatbestand den anderen Gesellschaftern bekannt geworden ist;

b) im Falle von Absatz 1 lit. b innerhalb von drei Monaten nach Rechtskraft des Urteils;
c) in den Fällen des Absatzes 1 lit. c und des Absatzes 2 und 3 jederzeit und ohne Rücksicht darauf, wann der zur Ausschließung berechtigende Tatbestand eingetreten oder den übrigen Gesellschaftern bekannt geworden ist, und unabhängig davon, wieviel Zeit seither verstrichen ist.

(6) Der betroffene Gesellschafter hat bei der Fassung des Ausschließungs- und/oder Abtretungsbeschlusses kein Stimmrecht.

§ 19
Ausscheiden aus der Gesellschaft

(1) Ein Gesellschafter scheidet u. a. aus der Gesellschaft mit dem Eintritt der folgenden Ereignisse aus, ohne daß es eines Beschlusses der anderen Gesellschafter bedarf:
a) mit dem Ablauf der Kündigungsfrist;
b) mit der Eröffnung des Konkursverfahrens oder mit der Ablehnung der Eröffnung des Konkursverfahrens mangels Masse oder mit dem Antrag auf Eröffnung eines gerichtlichen Vergleichsverfahrens über sein Vermögen;
c) mit der Einzelzwangsvollstreckung in seine Gesellschaftsanteile oder eines seiner sonstigen Gesellschaftsrechte oder seiner Ansprüche gegen die Gesellschaft, und zwar mit dem Ablauf einer Frist von drei Monaten ab Zustellung des Pfändungs- und Überweisungsbeschlusses, falls die Zwangsvollstreckungmaßnahme nicht zu diesem Zeitpunkt aufgehoben worden ist;
d) ...

(2) In den Fällen des Absatzes 1 wird die Gesellschaft unter Beibehaltung der bisherigen Firma von den verbleibenden Gesellschaftern fortgesetzt.

§ 20
Abfindung

(1) In den Fällen des Ausscheidens eines Gesellschafters hat der ausscheidende Gesellschafter Anspruch auf eine Abfindung nach Maßgabe der Bestimmungen dieses Vertrages.

(2) Zum Zwecke der Ermittlung des Abfindungsguthabens ist von der Komplementärin eine Abfindungsbilanz nach Maßgabe der nachfolgenden Vorschriften aufzustellen. Die Abfindung entspricht dem Saldo aus dem Kapitalkonto des betroffenen Gesellschafters in der Auseinandersetzungsbilanz und dem Bestand auf seinem Verrechnungskonto zum Zeitpunkt seines Ausscheidens.
a) Fällt der Stichtag des Ausscheidens nicht mit dem Ende eines Ge-

§ 20 Abfindung

schäftsjahres zusammen, ist der Berechnung der Abfindung die letzte, dem Ausscheiden vorangehende Jahresbilanz zugrunde zu legen. Die zwischen dem Bilanzstichtag und dem Stichtag des Ausscheidens entstandenen Gewinne oder Verluste sind bei der Ermittlung der Abfindung nicht zu berücksichtigen. Die der Berechnung der Abfindung zugrunde zu legende Bilanz bleibt auch dann maßgeblich, wenn diese Bilanz nachträglich (z. B. auf Grund einer steuerlichen Außenprüfung) geändert wird.

b) In der Auseinandersetzungsbilanz ist das Grundvermögen mit den Verkehrswerten anzusetzen. Wenn sich die Parteien nicht einigen, ist der Verkehrswert durch einen vereidigten Sachverständigen, der einvernehmlich von der Gesellschaft und dem betroffenen Gesellschafter zu bestimmen ist, zu ermitteln. Können sich die Beteiligten über die Person des Sachverständigen nicht einigen, ist dieser von dem Präsidenten der für die Gesellschaft zuständigen Industrie- und Handelskammer zu bestimmen. Jeder Beteiligte kann den so bestimmten Sachverständigen beauftragen. Der Sachverständige entscheidet auch darüber, welche Beteiligten seine Kosten zu tragen haben und in welcher Höhe, und zwar nach billigem Ermessen.

- Variante 1 zu Abs. 2 lit. b:
  b) In der Auseinandersetzungsbilanz ist das Grundvermögen mit ... % des Verkehrswertes anzusetzen. Können sich die Parteien nicht einigen, ist der Verkehrswert durch einen vereidigten Sachverständigen, der einvernehmlich von der Gesellschaft und dem betroffenen Gesellschafter zu bestimmen ist, zu ermitteln. Können sich die Beteiligten über die Person des Sachverständigen nicht einigen, ist dieser von dem Präsidenten der für die Gesellschaft zuständigen Industrie- und Handelskammer zu bestimmen; jeder Beteiligte kann den so bestimmten Sachverständigen zu üblichen Konditionen beauftragen. Der Sachverständige entscheidet auch darüber, welche Beteiligten seine Kosten zu tragen haben und in welcher Höhe, und zwar nach billigem Ermessen.

- Variante 2 zu Abs. 2 lit. b:
  b) In der Auseinandersetzungsbilanz ist das Grundvermögen mit dem steuerlichen Einheitswert (140 %) anzusetzen.
  c) Für Beteiligungen an Personengesellschaften ist an Stelle des Buchwertes der anteilige steuerliche Einheitswert des Betriebsvermögens anzusetzen. Ist ein solcher nicht festgestellt, ist der Wert zugrunde zu legen, der in Anwendung der steuerrechtlichen Bestimmungen zu errechnen ist.
  d) Für Beteiligungen an Kapitalgesellschaften ist der nach den jeweiligen steuerlichen Vorschriften ermittelte gemeine Wert anzusetzen.

e) Alle anderen Aktiva sind mit ihren Buchwerten anzusetzen.
f) Firmenwerte bleiben in jedem Fall außer Ansatz; dasselbe gilt für schwebende Geschäfte.
g) Für Passiva sind die Buchwerte maßgeblich.

- Variante 1 zu Abs. 2:

(2) Das Abfindungsguthaben entspricht dem Saldo aus dem Anteil des ausgeschiedenen Gesellschafters am steuerlichen Einheitswert der Gesellschaft und dem Bestand auf seinem Verrechnungskonto zum Zeitpunkt seines Ausscheidens. Erfolgt das Ausscheiden zum Ende eines Geschäftsjahres, ist der steuerliche Einheitswert maßgebend, der für den darauffolgenden ersten Januar des folgenden Kalenderjahres ermittelt wird. Erfolgt das Ausscheiden im Laufe eines Geschäftsjahres, ist der steuerliche Einheitswert am Beginn des jeweiligen Geschäftsjahres maßgeblich. Der Einheitswert bleibt auch bei einer späteren Änderung (z. B. anläßlich einer Außenprüfung) maßgeblich, mit der Folge, daß später festgestellte Vermögens- oder Ertragsänderungen, Steuerzahlungen oder Steuererstattungen etc. die Abfindung nicht beeinflussen und nur die verbleibenden Gesellschafter betreffen.

- Variante 2 zu Abs. 2:

(2) Die Abfindung bemißt sich nach der Summe aus dem Saldo aller Konten (ausgenommen das Kapitalkonto) des ausgeschiedenen Gesellschafters und dessen Anteil am Ertragswert. Der Ertragswert ist nach der Methode zu ermitteln, die das Institut der Wirtschaftsprüfer in Düsseldorf jeweils am Stichtag des Ausscheidens empfiehlt. Ein Kapitalverlustkonto kann nur mit positiven Beständen auf dem Verrechnungskonto und/oder dem Rücklagekonto verrechnet werden.

(3) Können sich die Beteiligen nicht über die Höhe des Abfindungsguthabens einigen, so ist das Abfindungsguthaben für alle Beteiligten verbindlich durch einen Schiedsgutachter zu ermitteln. Können sich die Parteien nicht über die Person des Schiedsgutachters einigen, so wird dieser durch den Präsidenten der für die Gesellschaft zuständigen Industrie- und Handelskammer bestimmt. Der Schiedsgutachter entscheidet auch über die Tragung der Kosten für die Ermittlung des Abfindungsguthabens nach billigem Ermessen.

(4) In den Fällen der §§ 18 und 19 Abs. 1 lit. b, c dieses Vertrages erhält der betroffene Gesellschafter als Abfindung lediglich den Saldo seiner Konten in der letzten ordentlichen Jahresbilanz, die seinem Ausscheiden vorangeht oder auf den Stichtag des Ausscheidens aufgestellt wird (Buchwert). Ein Kapitalverlustkonto kann dabei nur mit positiven Beständen auf dem Verrechnungskonto und/oder Rücklagekonto verrechnet werden. Sollte diese Abfindungsbeschränkung unwirksam sein, erhält der betreffende Gesellschafter 50 % der Abfindung gemäß Abs. 2.

(5) Die Auszahlung der Abfindung erfolgt in ... gleichen Jahresraten, von denen die erste ... Monate nach dem Stichtag des Ausscheidens zur Zahlung fällig wird.
(6) Sollte die Einhaltung der Jahresraten nicht ohne schweren Schaden für die Gesellschaft möglich sein, ermäßigt sich die Höhe der Jahresraten auf den Betrag, der für die Gesellschaft ohne schwere Schädigung tragbar ist, wobei sich die Zahl der Jahresraten entsprechend erhöht. Entsteht darüber, ob die Einhaltung der Jahresraten ohne schweren Schaden für die Gesellschaft möglich ist und/oder um welche Zahl sich die Jahresraten erhöhen, eine Meinungsverschiedenheit zwischen den Beteiligten, so wird diese von einem Wirtschaftsprüfer als Schiedsrichter nach billigem Ermessen entschieden. Können sich die Parteien nicht über die Person des Schiedsrichters einigen, so wird dieser durch den Präsidenten der für den Sitz der Gesellschaft zuständigen Industrie- und Handelskammer bestimmt. Der Schiedsgutachter entscheidet auch über die Tragung seiner Kosten nach billigem Ermessen.
(7) Das Abfindungsguthaben ist ab Fälligkeit der ersten Rate mit ... Prozentpunkten über dem jeweiligen Diskontsatz der Deutschen Bundesbank zu verzinsen. Die aufgelaufenen Zinsen sind mit dem jeweiligen Hauptsachebetrag zu bezahlen. Die Gesellschaft ist berechtigt, die Abfindung ganz oder teilweise früher zu bezahlen.
(8) Weitere Ansprüche des Ausscheidenden bestehen nicht. Sicherheit wegen der Inanspruchnahme durch Gesellschaftsgläubiger oder Befreiung von den Gesellschaftsschulden kann er nicht verlangen. Jedoch steht ihm die Gesellschaft dafür ein, daß er für die Schulden der Gesellschaft nicht in Anspruch genommen wird.

§ 21
Informationsrechte

(1) Den Kommanditisten stehen abweichend von § 166 Abs. 2 HGB auch die Rechte des § 118 HGB zu. Angelegenheiten der Gesellschafter sind auch Angelegenheiten von Gesellschaften, an denen die Gesellschaft beteiligt ist. Die Kommanditisten können ihr Informationsrecht auch durch sachverständige Dritte, die berufsrechtlich zur Verschwiegenheit verpflichtet sind, ausüben lassen.

- Variante:
  (1) § 51a GmbHG findet entsprechende Anwendung. Bei der Beschlußfassung über die Verweigerung des Auskunfts- oder Einsichtsrechts hat der betroffene Gesellschafter kein Stimmrecht.

(2) Treugebern von Treuhandgesellschaftern, Nießbrauchern an Gesellschaftsanteilen und Testamentsvollstreckern stehen die gleichen Rechte zu, die Kommanditisten nach Abs. 1 zustehen.

§ 22
Wettbewerbsverbot

- Variante 1:
(1) Kein Gesellschafter darf während seiner Zugehörigkeit zur Gesellschaft mittelbar oder unmittelbar, gelegentlich oder gewerbsmäßig, unter eigenem oder fremdem Namen, auf eigene oder fremde Rechnung auf dem Tätigkeitsgebiet der Gesellschaft Geschäfte machen oder ein Unternehmen, das Geschäfte auf dem Tätigkeitsgebiet der Gesellschaft betreibt, erwerben, sich an einem solchen Unternehmen beteiligen oder es auf andere Weise unterstützen, soweit dies ohne Verstoß gegen gesetzliche Vorschriften vereinbart werden kann.
(2) Das Wettbewerbsverbot gemäß Abs. 1 gilt auch bis zum Ablauf von ... Kalendermonaten ab dem Ausscheiden des Gesellschafters aus der Gesellschaft bzw. aus der Geschäftsführung.
(3) Durch Gesellschafterbeschluß können Kommanditisten von dem Wettbewerbsverbot befreit werden. Betroffene Kommanditisten haben hierbei kein Stimmrecht.
(4) Im Falle der Verletzung dieses Verbotes gilt § 113 HGB entsprechend.

- Variante 2:
(1) Die Vorschriften der §§ 112 und 113 HGB gelten auch für Kommanditisten, soweit dies gesetzlich zulässig ist.
(2) Das Wettbewerbsverbot gemäß Abs. 1 gilt für alle Gesellschafter auch auf die Dauer von ... vollen Kalendermonaten ab dem Stichtag ihres Ausceidens aus der Gesellschaft bzw. ab dem Ausscheiden aus der Geschäftsführung.

§ 23
Liquidation

(1) Die Liquidation der Gesellschaft erfolgt durch die Komplementärin, soweit die Gesellschafterversammlung nichts Abweichendes beschließt.
(2) Das nach Befriedigung der Gläubiger verbleibende Vermögen der Gesellschaft ist im Verhältnis der Kapitalkonten unter den Kommanditisten zu verteilen.

§ 24
Schiedsgericht

Zur Entscheidung über alle Streitigkeiten, die sich zwischen der Gesellschaft auf der einen Seite und den Gesellschaftern auf der anderen Seite oder zwischen Gesellschaftern untereinander auf Grund des Gesellschaftsverhältnisses – auch über die Rechtswirksamkeit des Gesellschaftsvertrages oder einzelner seiner Bestimmungen – ergeben, ist unter Ausschluß des ordentlichen Rechtswegs ein Schiedsgericht zu berufen. Über die Zuständigkeit, die Zusammensetzung und das Verfahren haben die Gesellschafter in einer gesonderten Urkunde eine Vereinbarung getroffen.

§ 25
Salvatorische Klausel

Sollte eine Bestimmung dieses Vertrages unwirksam sein oder werden, so gelten die übrigen Bestimmungen gleichwohl. Die Gesellschafter verpflichten sich, die nichtige Bestimmung durch eine solche zu ersetzen, die dem wirtschaftlichen Zweck der unwirksamen Bestimmung am nächsten kommt. Entsprechendes gilt, wenn der Vertrag eine Lücke aufweisen sollte.

§ 26
Schlußbestimmungen

(1) Änderungen und Ergänzungen dieses Vertrages bedürfen zu ihrer Wirksamkeit der Schriftform, soweit nicht im Gesetz eine notarielle Beurkundung vorgeschrieben ist.
(2) Die Kosten dieses Vertrages werden von der Gesellschaft getragen.

II. Zusätzliche Bestimmungen für die beteiligungsidentische GmbH & Co. KG

§ 7
Dauer der Gesellschaft, Kündigung

(1)–(4) wie Vertragsmuster I

Zusätzlich:
(5) Kündigt ein Gesellschafter die Komplementär-GmbH, so gilt dies gleichzeitig als Kündigung der Hauptgesellschaft.

§ 15
Verfügungen über Gesellschaftsanteile und sonstige Ansprüche gegen die Gesellschaft/Belastung von Gesellschaftsanteilen

(1)–(7) wie Vertragsmuster I

Zusätzlich:
(8) Verfügungen über Gesellschaftsanteile insgesamt oder Teile von Gesellschaftsanteilen sind nur wirksam, wenn der verfügende Gesellschafter gleichzeitig und im gleichen Verhältnis über seinen Geschäftsanteil an der Komplementär-GmbH zugunsten des gleichen Erwerbers verfügt.

§ 16
Vorkaufsrecht

(1)–(3) wie Vertragsmuster I

Zusätzlich:
(4) Das Vorkaufsrecht kann nur gleichzeitig mit dem Vorkaufsrecht hinsichtlich des Geschäftsanteils des betroffenen Kommanditisten an der Komplementär-GmbH ausgeübt werden.

§ 17
Vererbung von Gesellschaftsanteilen

(1)–(5) wie Vertragsmuster I

Zusätzlich:
(6) Erbe kann nur werden, wer gleichzeitig und im selben Umfang Erbe des verstorbenen Gesellschafters hinsichtlich seines Geschäftsanteils an der Komplementär-GmbH wird.

§ 18
Ausschluß von Gesellschaftern

(1)–(1 c) wie Vertragsmuster I

Zusätzlich:
   d) wenn ein Kommanditist nicht mehr Gesellschafter der Komplementär-GmbH ist.

III. Zusätzliche Bestimmungen einer Einheits-GmbH & Co. KG

§ 4
Gesellschafter, Einlagen, Haftsummen

(1)–(4) wie Vertragsmuster I

Zusätzlich:

(5) Zusätzlich zu der Geldeinlage gemäß Abs. 2 verpflichtet sich jeder Kommanditist, seinen Geschäftsanteil an der Komplementärin voll einbezahlt und frei von Rechten Dritter in der gesetzlich vorgeschriebenen Form an die KG abzutreten, und zwar
a) Herr/Frau ... seinen/ihren Geschäftsanteil
    mit einer Stammeinlage von DM ...
b) Herr/Frau ... seinen/ihren Geschäftsanteil
    mit einer Stammeinlage von DM ...
c) Herr/Frau ... seinen/ihren Geschäftsanteil
    mit einer Stammeinlage von DM ...
d) ...

§ 8
Geschäftsführung und Vertretung

(1) Zur Geschäftsführung und Vertretung in der Gesellschaft ist die Komplementärin allein berechtigt und verpflichtet, soweit in § 8 a nicht etwas anderes bestimmt ist.

(2)–(3) wie Vertragsmuster I

- Variante 1 zu Abs. 3 *(zusätzlich):*

o) Verfügungen über die Geschäftsanteile der Komplementär-GmbH

Zusätzlich:

§ 8 a
Wahrnehmung der Gesellschafterrechte in der persönlich haftenden Gesellschafterin

(1) Die Komplementärin ist von der Geschäftsführung und Vertretung ausgeschlossen, soweit es um die Wahrnehmung der Gesellschafterrechte an der persönlich haftenden Gesellschafterin selbst geht. Die Wahrnehmung der Rechte der Gesellschaft in der persönlich haftenden Gesellschafterin wird den Kommanditisten übertragen und diesen insoweit Geschäftsführungsbefugnis und Vertretungsmacht eingeräumt.

§ 18 Ausschluß von Gesellschaftern

(2) Die Geschäftsführung und die Vertretung der KG bei der Wahrnehmung der Rechte in der Komplementär-GmbH regelt sich wie folgt: Die Kommanditisten haben über die zu treffende Maßnahme einen Beschluß zu fassen. Der Beschluß wird anschließend von einem oder mehreren Kommanditisten, die hierzu von den Kommanditisten bestimmt werden, ausgeführt.

(3) Für die Einberufung der Versammlung der Kommanditisten, den Tagungsort, die Beschlußfähigkeit, die Vertretung/Beratung durch Dritte, die Leitung der Gesellschafterversammlung, die Protokollierung etc. gilt § 10 des Gesellschaftervertrages der KG entsprechend.

(4) Beschlüsse in der Kommanditistenversammlung werden mit folgenden Mehrheiten gefaßt:
  a) soweit nachstehend nichts anderes bestimmt ist, werden Beschlüsse mit der einfachen Mehrheit der Stimmen aller anwesenden oder vertretenen Kommanditisten gefaßt;
  b) folgende Beschlüsse bedürfen einer Mehrheit von drei Vierteln aller in der Gesellschaft vorhandenen Stimmen:
    – Bestellung und Abberufung von Geschäftsführern der persönlich haftenden Gesellschafterin,
    – Weisungen an die Geschäftsführer der persönlich haftenden Gesellschafterin, soweit sie die Unternehmensführung und Unternehmenspolitik der KG betreffen;
  c) Beschlüsse der Kommanditisten, die Verfügungen über Geschäftsanteile an der persönlich haftenden Gesellschafterin, die Änderung des Gesellschaftsvertrages der persönlich haftenden Gesellschafterin oder deren Auflösung zum Gegenstand haben, bedürfen der Einstimmigkeit.

(5) Je DM ... des festen Kapitalkontos eines Kommanditisten gewähren eine Stimme.

§ 18
Ausschluß von Gesellschaftern

(1)–(6) wie Vertragsmuster 1

Zusätzlich:

(7) Die Komplementärin kann ausgeschlossen werden, wenn an der Komplementärin eine andere Person als die Gesellschaft beteiligt ist, ohne daß alle anderen Kommanditisten der Beteiligung vorher zugestimmt haben.

IV. Gesellschaftsvertrag einer Komplementär-GmbH

§ 1
Firma, Sitz, Geschäftsjahr

(1) Die Firma der Gesellschaft lautet:

„..."

(2) Sitz der Gesellschaft ist ...
(3) Geschäftsjahr ist das Kalenderjahr.

- Variante:
 (3) Das Geschäftsjahr beginnt am ... und endet am ... des darauffolgenden Kalenderjahres.

§ 2
Gegenstand des Unternehmens

Gegenstand des Unternehmens ist die Geschäftsführung und Vertretung der ... GmbH & Co. KG mit dem Sitz in ... (im folgenden „Hauptgesellschaft") genannt, als deren persönlich haftende Gesellschafterin. Gegenstand der Hauptgesellschaft ist ....

§ 3
Stammkapital

(1) Das Stammkapital der Gesellschaft beträgt DM ... (in Worten Deutsche Mark ...).
(2) An dem Stammkapital sind beteiligt:
  a) Herr/Frau ...
   mit einer Stammeinlage von   DM ...
  b) Herr/Frau
   mit einer Stammeinlage von   DM ...
  c) Herr/Frau
   mit einer Stammeinlage von   DM ...
(3) Die Stammeinlagen sind vor Anmeldung zum Handelsregister in voller Höhe einzuzahlen.

- Variante:
 (3) Die Stammeinlagen sind in Höhe von ... % vor Anmeldung zum Handelsregister, im übrigen auf Anforderung der Geschäftsführung einzuzahlen.

§ 4 Dauer der Gesellschaft, Kündigung

Zusätzlich für die beteiligungsidentische GmbH:
(4) Der Anteil des jeweiligen Gesellschafters am Stammkapital soll seinem jeweiligen prozentualen Anteil am Kommanditkapital der Hauptgesellschaft entsprechen. Jeder Gesellschafter ist verpflichtet, allen Maßnahmen zuzustimmen und alle Handlungen vorzunehmen, die erforderlich sind, um diese Beteiligungsgleichheit zu erhalten oder wiederherzustellen, wenn sie verlorengegangen ist, wobei Maßstab die jeweilige Beteiligung an der Hauptgesellschaft ist.

§ 4
Dauer der Gesellschaft, Kündigung

(1) Die Gesellschaft beginnt mit der Eintragung im Handelsregister. Ihre Dauer ist unbestimmt.

(2) Die Gesellschaft kann mit einer Frist von ... Monaten zum Ende eines Geschäftsjahres gekündigt werden, erstmals jedoch zum 31.12. ....

- Variante:
(2) Die Gesellschaft kann mit einer Frist von ... Monaten zum Ende eines Geschäftsjahres gekündigt werden, erstmals jedoch zum 31.12. .... Wird sie nicht gekündigt, verlängert sie sich jeweils um weitere fünf Jahre.

(3) Die Kündigung hat durch eingeschriebenen Brief an die Gesellschaft zu Händen der Geschäftsführung zu erfolgen. Für die Rechtzeitigkeit der Kündigung ist der Tag der Aufgabe des Kündigungsschreibens zur Post maßgeblich. Die Geschäftsführung hat die anderen Gesellschafter unverzüglich von der Kündigung zu verständigen.

- Variante:
(3) Die Kündigung hat durch eingeschriebenen Brief an die anderen Gesellschafter zu erfolgen. Für die Rechtzeitigkeit der Kündigung ist der Tag der Aufgabe des Kündigungsschreibens zur Post maßgeblich.

(4) Durch die Kündigung wird die Gesellschaft nicht aufgelöst. Der Geschäftsanteil des Gesellschafters, der gekündigt hat, ist vielmehr einzuziehen oder gemäß § 13 Abs. 3 dieses Vertrages abzutreten. Kündigt ein Gesellschafter, so sind die übrigen Gesellschafter verpflichtet, zum Zeitpunkt der Wirksamkeit der Kündigung den Geschäftsanteil des kündigenden Gesellschafters entweder einzuziehen oder gemäß § 13 Abs. 3 dieses Vertrages abzutreten. Wird der Geschäftsanteil nicht bis zum Ablauf der Kündigungsfrist eingezogen oder abgetreten, so hat der betroffene Gesellschafter das Recht zu verlangen, daß sein Geschäftsanteil von den anderen Gesellschaftern im Verhältnis ihrer Geschäftsanteile oder – soweit dies rechtlich möglich ist – von der Gesell-

schaft erworben wird; für die Berechnung des Kaufpreises, die Fälligkeiten etc. gilt § 14 dieses Vertrages entsprechend.

§ 5
Vertretung und Geschäftsführung

(1) Die Gesellschaft hat einen oder mehrere Geschäftsführer. Durch Beschluß der Gesellschafterversammlung kann jedem Geschäftsführer auch Einzelvertretungsbefugnis erteilt werden. Ist nur ein Geschäftsführer bestellt, vertritt dieser die Gesellschaft allein.

(2) Durch Beschluß der Gesellschafterversammlung kann jedem Geschäftsführer generell oder im Einzelfall Befreiung von den Beschränkungen des § 181 BGB erteilt werden. Für Geschäfte zwischen der Hauptgesellschaft und der GmbH sind sie in jedem Fall von den Beschränkungen des § 181 BGB befreit.

(3) Bei der Führung der Geschäfte der Hauptgesellschaft haben die Geschäftsführer das Gesetz, den jeweiligen Gesellschaftsvertrag der Hauptgesellschaft und der GmbH und die Weisungen der Gesellschafterversammlung zu beachten.

- Variante:

(3) Bei der Führung der Geschäfte der Hauptgesellschaft haben die Geschäftsführer das Gesetz, den jeweiligen Gesellschaftsvertrag der Hauptgesellschaft und die Weisungen der Gesellschafterversammlung zu beachten. Die Gesellschafter können den Geschäftsführern jedoch hinsichtlich der Geschäftsführung der Hauptgesellschaft keine Weisungen gemäß §§ 37 Abs. 1, 46 Ziff. 6 GmbHG erteilen.

(4) Geschäfte der GmbH mit Dritten, die nicht der Geschäftsführung der Hauptgesellschaft zuzuordnen sind, bedürfen der vorherigen Zustimmung der Gesellschafterversammlung.

(5) Sind mehrere Geschäftsführer bestellt, führen sie die Geschäfte gemeinschaftlich; Beschlüsse werden mit der Mehrheit aller Stimmen gefaßt. Jeder Geschäftsführer hat eine Stimme.

- Variante:

(5) Sind mehrere Geschäftsführer bestellt, führt jeder Geschäftsführer, unbeschadet seiner Verantwortlichkeit für das Wohl der gesamten Gesellschaft, die Geschäfte innerhalb der ihm zugewiesenen Aufgaben allein.

Zusätzlich für die Einheits-GmbH:

(6) Gehören die Geschäftsanteile an der Gesellschaft einer Kommanditgesellschaft, deren persönlich haftende Gesellschafterin die GmbH ist, wird die Wahrnehmung der Gesellschafterrechte den jeweiligen Kommanditisten der GmbH & Co. KG übertragen, soweit dies ge-

setzlich zulässig ist. Insbesondere ist den Kommanditisten die Wahrnehmung der Rechte aus den Geschäftsanteilen zu übertragen, wenn es sich handelt um:
a) Feststellung des Jahresabschlusses und Verwendung des Ergebnisses,
b) Einforderung von Einzahlungen auf die Stammeinlagen,
c) Bestellung und Abberufung von Geschäftsführern sowie deren Entlastung,
d) Erteilung von Weisungen an die Geschäftsführung.
(7) In den Fällen des Absatzes 6 sind ... Kommanditisten der GmbH & Co. KG zur Vertretung der GmbH & Co. KG als Gesellschafterin der Gesellschaft bei der Beschlußfassung berechtigt. Die Rechtsstellung der vertretungsberechtigten beschlußfassenden Kommanditisten der GmbH & Co. KG ergibt sich aus deren Eintragung im Handelsregister der GmbH & Co. KG.

§ 6
Geschäftsführer

(1) Geschäftsführer werden von der Gesellschafterversammlung bestellt und abberufen, soweit dieser Vertrag nichts Abweichendes bestimmt.
(2) Gesellschafter, die allein oder zusammen über mindestens ... % des Stammkapitals verfügen, haben das Recht, jeweils einen Geschäftsführer zu bestellen und abzuberufen.
(3) Der Gesellschafter ... hat Anspruch darauf, als Geschäftsführer bestellt zu werden; er kann nicht vor der Vollendung seines ... Lebensjahres abberufen werden, es sei denn, es liegt ein wichtiger Grund für seine Abberufung vor.

§ 7
Gesellschafterversammlungen

(1) Eine Gesellschafterversammlung ist alljährlich innerhalb der jeweiligen gesetzlichen Fristen (§ 42a Abs. 2, Abs. 1 GmbHG, ordentliche Gesellschafterversammlung) abzuhalten, im übrigen nach Bedarf. Der Abhaltung einer Gesellschafterversammlung bedarf es nicht, wenn sich alle Gesellschafter mit einer schriftlichen, fernmündlichen oder sonstigen Art der Abstimmung einverstanden erklären.
(2) Jeder Geschäftsführer kann eine Gesellschafterversammlung einberufen. Die Einberufung hat unter gleichzeitiger Bekanntgabe der Tagesordnung und des Tagungslokals mittels eingeschriebenen Briefes, der mindestens 14 Tage vor dem Termin der Gesellschafterversammlung an die Gesellschafter zur Absendung gebracht sein muß, zu erfolgen. Die Einladung ist mit ihrer Aufgabe zur Post bewirkt. Der

Tag der Absendung der Einladung (Poststempel) und der Tag der Versammlung werden bei der Fristberechnung nicht mitgezählt. Ist der Aufenthalt eines Gesellschafters unbekannt oder kann er aus anderen Gründen nicht ordnungsgemäß geladen werden, so ruht bis zur Beseitigung dieses Zustandes sein Stimmrecht.

(3) Gesellschafterversammlungen finden jeweils am Sitz der Gesellschaft statt.

(4) Die Gesellschafterversammlung ist beschlußfähig, wenn die anwesenden und vertretenen Gesellschafter ...% aller Stimmen auf sich vereinigen. Ist eine ordnungsgemäß einberufene Gesellschafterversammlung beschlußunfähig, so ist eine neue Gesellschafterversammlung mit gleicher Tagesordnung unter Einhaltung der in Abs. 2 genannten Form- und Fristvorschriften einzuberufen. Diese Gesellschafterversammlung ist ohne Rücksicht auf die Zahl der Stimmen der anwesenden und vertretenen Gesellschafter beschlußfähig. Darauf ist in der Einladung hinzuweisen.

(5) Jeder Gesellschafter kann sich auf Gesellschafterversammlungen nur durch einen anderen Gesellschafter oder seinen Ehegatten oder durch einen Abkömmling vertreten lassen.

- Variante:
  (5) Jeder Gesellschafter kann sich auf Gesellschafterversammlungen von anderen Gesellschaftern oder von einem zur Berufsverschwiegenheit verpflichteten, sachverständigen Dritten vertreten lassen.

(6) Die Gesellschafterversammlungen werden von dem ältesten anwesenden Gesellschafter geleitet, der zur Leitung bereit ist. Ist kein Gesellschafter bereit, die Leitung zu übernehmen, wird die Gesellschafterversammlung von dem ältesten anwesenden Geschäftsführer geleitet, der zur Übernahme der Leitung bereit ist.

- Variante 1:
  (6) Die Gesellschafterversammlungen werden durch den Vorsitzenden geleitet, den die Gesellschafter/Vertreter aus ihrer Mitte mit einfacher Mehrheit der Stimmen der erschienenen und vertretenen Gesellschafter wählen. Bis zur Wahl wird die Versammlung von dem ältesten anwesenden Gesellschafter bzw. Vertreter eines Gesellschafters geleitet.

- Variante 2:
  (6) Die Gesellschafterversammlung wird von dem ältesten anwesenden Gesellschafter bzw. Vertreter eines Gesellschafters geleitet, der zur Leitung bereit ist.

(7) Über die Gesellschafterversammlung ist ein Protokoll zu fertigen, das von dem Leiter der Gesellschafterversammlung zu erstellen ist. Abschriften des Protokolls sind allen Gesellschaftern unverzüglich

§ 9 Jahresabschluß, Gewinnverwendung, Gewinnverteilung 45

zuzuleiten. Das Protokoll hat mindestens die anwesenden und vertretenen Gesellschafter, etwaige Verzichte auf die Einhaltung von Form- und Fristvorschriften, alle Anträge und alle Beschlüsse einschließlich der jeweiligen Abstimmungsergebnisse zu enthalten.

(8) Werden Beschlüsse außerhalb von Gesellschafterversammlungen gefaßt, ist der Wortlaut des Beschlußantrages und das Ergebnis der Abstimmung in einem Protokoll festzuhalten. Das Protokoll ist von der Geschäftsführung zu erstellen; Abschriften des Protokolls sind den Gesellschaftern unverzüglich zuzuleiten.

§ 8
Gesellschafterbeschlüsse

(1) Gesellschafterbeschlüsse werden mit der einfachen Mehrheit der abgegebenen Stimmen gefaßt, soweit der Vertrag oder das Gesetz nicht eine andere Mehrheit zwingend vorschreibt.

(2) Folgende Beschlüsse können in jedem Fall nur mit den Stimmen aller vorhandenen Gesellschafter gefaßt werden:
a) Aufnahme neuer Gesellschafter,
b) Zustimmung zu Verfügungen über Geschäftsanteile, zur Belastung von Geschäftsanteilen und zu Verfügungen über sonstige Ansprüche gegen die Gesellschaft,
c) Auflösung der Gesellschaft,
d) Änderungen des Gesellschaftsvertrages,
e) Beschlüsse, die eine Nachschußpflicht begründen.

(3) Je DM 100,– eines Geschäftsanteils gewähren eine Stimme.

(4) Die Stimmen eines Gesellschafters, dessen Stimmrecht ausgeschlossen ist, werden bei der Abstimmung nicht berücksichtigt.

(5) Gesellschafterbeschlüsse können nur innerhalb von einem Monat nach Zugang des Protokolls durch Klage angefochten werden.

§ 9
Jahresabschluß, Gewinnverwendung, Gewinnverteilung

(1) Die Aufstellung des Jahresabschlusses erfolgt unter Beachtung der Grundsätze ordnungsgemäßer Buchführung innerhalb der gesetzlichen Fristen.

(2) Für die Verwendung des Ergebnisses gelten die Vorschriften des GmbH-Gesetzes, insbesonders § 29 GmbHG.

(3) Die Verteilung des Gewinns erfolgt nach dem Verhältnis der Geschäftsanteile.

§ 10
Verfügungen über Geschäftsanteile und sonstige Ansprüche gegen die Gesellschaft

(1) Jede entgeltliche oder unentgeltliche Verfügung über Gesellschaftsanteile oder Ansprüche des Gesellschafters gegen die Gesellschaft bedürfen der vorherigen Zustimmung der Gesellschaft, wobei im Innenverhältnis die vorherige Zustimmung der Gesellschafterversammlung erforderlich ist. Verfügungen sind jedoch nur mit Wirkung zum Ende eines Geschäftsjahres der Gesellschaft zulässig.

(2) Abs. 1 gilt nicht für Verfügungen zugunsten von anderen Gesellschaftern.

(3) § 17 GmbHG bleibt unberührt.

Zusätzlich für die beteiligungsidentische GmbH:
(4) Ein Gesellschafter kann über seinen Geschäftsanteil nur verfügen, wenn er gleichzeitig zugunsten desselben Erwerbers im gleichen Verhältnis über seinen Anteil an der Hauptgesellschaft verfügt.

§ 11
Vorkaufsrecht

(1) Veräußert einer der Gesellschafter seinen Geschäftsanteil, steht den anderen Gesellschaftern ein Vorkaufsrecht im Verhältnis ihrer Stammeinlagen zu. Für das Vorkaufsrecht gelten die Vorschriften der §§ 504 ff. BGB entsprechend, wobei das Vorkaufsrecht innerhalb von einem Monat nach Zugang der Mitteilung über den rechtswirksamen Abschluß und den gesamten Inhalt des gesamten Kaufvertrages auszuüben ist.

(2) Macht ein Gesellschafter von seinem Vorkaufsrecht nicht oder nicht fristgerecht Gebrauch, geht das Vorkaufsrecht auf vorkaufswillige Kommanditisten im Verhältnis ihrer Stammeinlagen über. Abs. 1 Satz 2 gilt entsprechend.

Zusätzlich für die beteiligungsidentische GmbH:
(3) Das Vorkaufsrecht gemäß Abs. 1 und 2 kann nur zusammen mit dem Vorkaufsrecht gemäß § 16 des Gesellschaftsvertrages der Hauptgesellschaft ausgeübt werden.

§ 12
Vererbung von Geschäftsanteilen

(1) Im Falle des Todes eines Gesellschafters wird die Gesellschaft mit seinen Erben oder Vermächtnisnehmern hinsichtlich des Geschäftsanteils fortgesetzt.

§ 13 Einziehung von Geschäftsanteilen

- Variante:
(1) Geht ein Geschäftsanteil von Todes wegen auf eine oder mehrere Personen über, die nicht Gesellschafter, Ehegatten oder Abkömmlinge eines Gesellschafters oder Ehegatten von Abkömmlingen eines Gesellschafters sind, so kann die Gesellschafterversammlung unter Ausschluß des Stimmrechts des betroffenen Gesellschafters innerhalb von drei Monaten nach Kenntnis des Erbfalls und der Erben die Einziehung oder die Übertragung des Geschäftsanteils beschließen. § 13 Abs. 3 dieses Vertrages gilt entsprechend.

(2) Sind mehrere Rechtsnachfolger vorhanden, so ist ihnen die Ausübung der Gesellschaftsrechte nur durch einen Bevollmächtigten gestattet. Dieser Bevollmächtigte ist von der Gemeinschaft der Rechtsnachfolger gegenüber der Gesellschaft innerhalb von drei Monaten nach dem Tod des Gesellschafters zu benennen. Bis zur Benennung des Bevollmächtigten ruht das Stimmrecht aus den Geschäftsanteilen, die auf die Rechtsnachfolger übergegangen sind.

(3) Hat ein verstorbener Gesellschafter Testamentsvollstreckung hinsichtlich seiner Beteiligung angeordnet, so werden die Rechte des in die Gesellschaft eingetretenen Nachfolgers in seinem Namen durch den Testamentsvollstrecker ausgeübt. Der Bestellung eines Bevollmächtigten bedarf es in diesen Fällen erst ab dem Ende der Testamentsvollstreckung.

§ 13
Einziehung von Geschäftsanteilen

(1) Mit Zustimmung des betroffenen Gesellschafters kann der Geschäftsanteil jederzeit eingezogen werden.

(2) Die Gesellschafterversammlung kann die Einziehung eines Geschäftsanteils beschließen, wenn
a) ein wichtiger Grund im Sinne von § 133 HGB in der Person eines Gesellschafters eintritt;
b) eine Auflösungsklage eines Gesellschafters rechtskräftig abgewiesen worden ist;
c) über das Vermögen eines Gesellschafters das Konkursverfahren eröffnet wird oder die Eröffnung des Konkursverfahrens mangels Masse abgelehnt wird, oder wenn ein Gesellschafter ein gerichtliches Vergleichsverfahren über sein Vermögen beantragt;
d) die Einzelzwangsvollstreckung in den Geschäftsanteil eines Gesellschafters oder eines seiner sonstigen Gesellschaftsrechte oder seine Ansprüche gegen die Gesellschaft betrieben wird, und zwar mit Ablauf einer Frist von drei Monaten nach Zustellung des Pfändungs- oder/und Überweisungsbeschlusses, falls die Zwangsvollstreckung nicht innerhalb dieses Zeitraumes aufgehoben worden ist;

e) ein Gesellschafter verstirbt, insbesondere wenn ein Dritter ganz oder teilweise Rechtsnachfolger hinsichtlich des Geschäftsanteils wird, der nicht Gesellschafter, Ehegatte oder Abkömmling des verstorbenen Gesellschafters ist.

Zusätzlich für beteiligungsidentische GmbH:
f) ein Rechtsnachfolger nicht im selben Umfang gleichzeitig Gesellschafter der Hauptgesellschaft wird, soweit dies zur Herstellung von gleichen Beteiligungsverhältnissen in beiden Gesellschaften erforderlich ist;
g) der Gesellschafter seinen Gesellschaftsanteil an der Hauptgesellschaft ganz oder teilweise abtritt, ohne gleichzeitig seinen Geschäftsanteil im selben Verhältnis an den gleichen Erwerber abzutreten;
h) der Gesellschafter nicht mehr Gesellschafter der Hauptgesellschaft ist;
i) der prozentuale Gesellschaftsanteil eines Gesellschafters am Kommanditkapital der Hauptgesellschaft niedriger oder höher ist als sein prozentualer Anteil am Stammkapital dieser Gesellschaft, soweit dies zur Herstellung von gleichen Beteiligungsverhältnissen in beiden Gesellschaften erforderlich ist.

(3) Statt der Einziehung kann die Gesellschafterversammlung beschließen, daß der Anteil ganz oder teilweise auf einen oder mehrere Gesellschafter und/oder Dritte abgetreten wird. In diesen Fällen ist der betroffene Gesellschafter verpflichtet, seinen Geschäftsanteil ganz oder teilweise unverzüglich gemäß dem gefaßten Beschluß in notarieller Form abzutreten. Der betroffene Gesellschafter bevollmächtigt bereits jetzt für diesen Fall die jeweiligen Geschäftsführer jeweils einzeln, die Abtretung vorzunehmen. Das Recht zur Einziehung des ganzen Geschäftsanteils oder eines Teils des Geschäftsanteils des betroffenen Gesellschafters bleibt unberührt.

§ 14
Abfindung

(1) Wird ein Geschäftsanteil ganz oder teilweise eingezogen oder gemäß § 13 Abs. 3 dieses Vertrages an einen Gesellschafter oder an einen Dritten ganz oder teilweise abgetreten, so erhält der betroffene Gesellschafter bzw. seine Rechtsnachfolger eine Abfindung.
(2) Die Abfindung entspricht dem Saldo des auf die betreffende Stammeinlage eingezahlten Nominalbetrages zuzüglich bzw. abzüglich des auf die betroffene Stammeinlage entfallenden Anteils des Gesellschafters an Rücklagen sowie an etwaigen Gewinnvorträgen bzw. Verlustvorträgen.

(3) Wird ein Geschäftsanteil im Laufe eines Jahres eingezogen oder abgetreten, ist der betroffene Gesellschafter am Ergebnis des laufenden Geschäftsjahres nicht beteiligt.
(4) Das Abfindungsguthaben ist innerhalb von sechs Wochen ab dem Zeitpunkt der Einziehung bzw. ab dem Zeitpunkt der Abtretung auszuzahlen. Bis zum Ablauf der 6-Wochen-Frist ist es nicht zu verzinsen.

§ 15
Liquidation der Gesellschaft

(1) Die Liquidation erfolgt durch die Geschäftsführer, soweit die Gesellschafterversammlung nichts Abweichendes beschließt.
(2) Das nach Befriedigung der Gläubiger verbleibende Vermögen der Gesellschaft ist im Verhältnis der Stammeinlagen auf die Gesellschafter zu verteilen.

§ 16
Veröffentlichungen

Bekanntmachungen der Gesellschaft erfolgen nur im Bundesanzeiger.

§ 17
Schiedsgericht

Zur Entscheidung über alle Streitigkeiten, die sich zwischen der Gesellschaft auf der einen Seite und den Gesellschaftern auf der anderen Seite oder zwischen Gesellschaftern untereinander auf Grund des Gesellschaftsverhältnisses – auch über die Rechtswirksamkeit des Gesellschaftsvertrages oder einzelner seiner Bestimmungen – ergeben, ist unter Ausschluß des ordentlichen Rechtswegs ein Schiedsgericht zu berufen. Über die Zuständigkeit, die Zusammensetzung und das Verfahren haben die Gesellschafter in einer gesonderten Urkunde eine Vereinbarung getroffen.

§ 18
Schlußbestimmungen

(1) Sollten einzelne oder mehrere Bestimmungen dieses Vertrages ganz oder teilweise nichtig, anfechtbar oder nicht durchführbar sein, so gelten die übrigen Bestimmungen gleichwohl. Eine unwirksame oder nichtige Bestimmung ist durch Gesellschafterbeschluß durch eine solche Bestimmung zu ersetzen, die die Parteien bei Kenntnis des Mangels zum Zeitpunkt des Vertragsabschlusses vereinbart hätten, um den gleichen wirtschaftlichen Erfolg zu erzielen.
(2) Im übrigen gelten die gesetzlichen Bestimmungen. Zwingende gesetzliche Vorschriften gehen der Satzung vor.

(3) Die Kosten der Beurkundung des Gesellschaftsvertrages, der Bekanntmachung, der Anmeldung der Gesellschaft und ihrer Eintragung im Handelsregister, die anfallenden Steuern und die Kosten der Gründungsberatung trägt die Gesellschaft bis zu einem geschätzten Betrag von DM .... Etwa darüber hinausgehende Gründungskosten tragen die Gesellschafter.

V. Schiedsgerichtsvertrag

1. Herr/Frau ...
2. Herr/Frau ...
3. Herr/Frau ...
4. ...

sind Gesellschafter oder GmbH & Co. KG und haben in § ... des Gesellschaftsvertrages der ... GmbH & Co. KG die ausschließliche Zuständigkeit eines Schiedsgerichts vereinbart. Demgemäß vereinbaren die Gesellschafter – für sich und ihre jeweiligen Rechtsnachfolger – folgenden Schiedsgerichtsvertrag:

§ 1

Alle Streitigkeiten, die sich zwischen der Gesellschaft und einem oder mehreren ihrer Gesellschafter untereinander oder unmittelbar oder mittelbar aus dem jeweiligen Gesellschaftsvertrag der ... GmbH & Co. KG, seiner Auslegung und/oder seiner Ausführung ergeben sollten, werden unter Ausschluß der ordentlichen Gerichtsbarkeit – soweit ein solcher Ausschluß möglich ist – ausschließlich und abschließend durch ein Schiedsgericht entschieden. Das Schiedsgericht entscheidet auch über seine eigene Zuständigkeit und die Wirksamkeit seiner Einsetzung.

§ 2

Das Schiedsgericht besteht aus drei Personen, nämlich aus zwei Schiedsrichtern (Beisitzern) und einem Obmann (Vorsitzender). Jede Partei (Parteiengruppe) ernennt einen Schiedsrichter. Sind sich mehrere Gesellschafter untereinander einig, bilden sie eine Parteiengruppe. Die Schiedsrichter benennen ihrerseits den Obmann. Können sie sich über die Person des Obmanns nicht einigen, so hat auf ihren Antrag der Präsident der Anwaltskammer für ... den Obmann zu benennen. Der Obmann muß die Befähigung zum Richteramt haben.

§ 3

Die das Schiedsgericht anrufende Partei hat der Gegenpartei ihren Schiedsrichter schriftlich unter gleichzeitiger Darlegung ihres Anspruchs zu bezeichnen und sie aufzufordern, binnen einer Frist von drei Wochen ihrerseits einen Schiedsrichter zu bestellen. Wird innerhalb dieser Frist von der anderen Partei der Schiedsrichter nicht benannt, so benennt ihn auf Antrag der betreibenden Partei der Präsident der Anwaltskammer für ....

§ 4

Das Schiedsgericht tagt am Ort des Sitzes der Gesellschaft.

§ 5

Das Schiedsgericht entscheidet nach freiem und billigem Ermessen. Zwingende gesetzliche Vorschriften der ZPO hinsichtlich des Verfahrens hat das Schiedsgericht zu beachten.

§ 6

Der Schiedsspruch ist schriftlich niederzulegen und zu begründen. Das Schiedsgericht entscheidet auch über die Kostentragung und die Festsetzung der Kosten unter Anwendung der Vorschriften der ZPO, des Gerichtskostengesetzes und der BRAGO.

§ 7

Gericht der Niederlegung und das für das sonstige Verfahren zuständige staatliche Gericht ist das für den Sitz der GmbH zuständige Landgericht.

§ 8

Wird ein Schiedsspruch aufgehoben, gilt der Schiedsvertrag weiter.

§ 9

Sollten einzelne oder mehrere Bestimmungen dieses Schiedsvertrages unwirksam oder nichtig sein oder werden, so gelten die übrigen Bestimmungen gleichwohl. An die Stelle einer unwirksamen oder nichtigen Bestimmung tritt diejenige wirksame, die die Parteien bei Kenntnis des Mangels zum Zeitpunkt des Vertragsabschlusses vereinbart hätten, um den gleichen Erfolg zu erzielen. Gleiches gilt, wenn der Schiedsvertrag eine Lücke enthält.

C. Vertragstexte mit Erläuterungen

I. Gesellschaftsvertrag einer typischen GmbH & Co. KG

Gesellschaftsvertrag
der ... GmbH & Co. KG mit dem Sitz in ... .

§ 1
Präambel

- Variante 1:
(1) Die Unterzeichner dieses Vertrages beabsichtigen, sich zum Betrieb ... in Form einer GmbH & Co. KG zu organisieren. Sie haben die ... GmbH gegründet, die im Handelsregister des Amtsgerichts ... unter der Nummer HRB ... bereits eingetragen ist. Die ... GmbH soll die Stellung des persönlich haftenden Gesellschafters in der neuen KG übernehmen.
(2) Die Gesellschafter regeln ihre Beziehungen untereinander wie folgt.

- Variante 2:
(1) Die Unterzeichner dieses Vertrages betreiben unter der Firma ... in ... eine KG. Gegenstand des Unternehmens ist ... Die Gesellschafter beabsichtigen, die ... GmbH als persönlich haftende Gesellschafterin aufzunehmen und die Stellung des Gesellschafters ... in die eines Kommanditisten umzuwandeln.
(2) Ab dem Zeitpunkt des Eintritts der ... GmbH als persönlich haftende Gesellschafterin regeln die Gesellschafter ihre Rechtsbeziehungen wie folgt.

Erläuterungen zu § 1:
1. Gründungsvarianten
2. Form des KG-Vertrages
3. Status der Kommanditgesellschaft im Gründungsstadium
4. Gesellschafter
5. Minderjährige als Gesellschafter
6. Vormundschaftliche Genehmigung
7. Schenkung einer KG-Beteiligung
8. Zugewinngemeinschaft
9. Vertragsvarianten

1. Gründungsvarianten

Die Gründung einer GmbH & Co. KG kann auf verschiedene Weise erfolgen.[21] Sie kann eine **Neugründung** sowohl der KG als auch der Komplementär-GmbH sein. Besteht bereits eine KG, kann nach Gründung der Komplementär-GmbH diese als Komplementärin in die KG aufgenommen werden; gleichzeitig wird die Rechtsposition des bisherigen Komplementärs in die eines Kommanditisten umgewandelt. Soll eine OHG in eine GmbH & Co. KG umgewandelt werden, tritt eine GmbH als Komplementärin in die OHG ein, die bisherigen Gesellschafter werden zu Kommanditisten. Besteht bereits eine GmbH, kann diese ihre Gesellschafter in ihr Handelsgeschäft aufnehmen, indem sie mit ihren Gesellschaftern einen KG-Vertrag abschließt und ihr Unternehmen in die Kommanditgesellschaft einbringt.[22] Eine **Vor-GmbH**, das ist eine GmbH, deren Satzung zwar bereits notariell beurkundet wurde, die aber noch nicht im Handelsregister eingetragen ist, kann bereits Gesellschafter der KG sein.[23] Es muß nicht die Eintragung der GmbH im Handelsregister abgewartet werden.

2. Form des KG-Vertrages

Ein KG-Vertrag ist grundsätzlich **formlos** gültig. In der Regel wird er jedoch schriftlich abgeschlossen. Eine notarielle Beurkundung des KG-Vertrages ist nur erforderlich, wenn sich die Formbedürftigkeit aus anderen Vorschriften ergibt, zum Beispiel, wenn sich ein Gesellschafter zur Übertragung von Grundstücken auf die KG verpflichtet (§ 313 BGB), oder wenn er sich verpflichtet, Geschäftsanteile an einer GmbH auf die KG zu übertragen (§ 15 Abs. 4 GmbH-Gesetz).[24] Der Gesellschaftsvertrag einer **beteiligungsidentischen** GmbH & Co. KG bedarf der notariellen Beurkundung, wenn sich die Gesellschafter der KG verpflichten, in bestimmten Fällen auch ihre Geschäftsanteile der Komplementär-GmbH abzutreten.

3. Status der Kommanditgesellschaft im Gründungsstadium[25]

Ist die Kommanditgesellschaft noch nicht im Handelsregister eingetragen, und will die KG ein vollkaufmännisches Grundgewerbe nach § 1 HGB ausüben, so ist die Gesellschaft bereits eine KG und nicht nur eine Gesellschaft bürgerlichen Rechts (§§ 123 Abs. 2, 161 Abs. 2 HGB). Ist die Kommanditgesellschaft noch nicht eingetragen und fällt ihre Tätigkeit unter § 2 oder unter § 3 HGB, so liegt keine Kommanditgesellschaft vor, sondern eine Gesellschaft bürgerlichen Rechts, und zwar so lange, bis die Gesellschaft im Handelsregister eingetragen wurde. Die bis zur Eintragung vorliegende BGB-Gesellschaft wirft **Haftungsprobleme** auf, die umstritten sind.[26] Es empfiehlt sich daher in diesen Fällen, den Geschäftsbetrieb erst dann aufzunehmen, wenn die KG im Handelsregister eingetragen ist. Ab der Eintragung gilt in jedem Fall das Recht der Kommanditgesellschaft (§§ 161 ff. HGB).

4. Gesellschafter

Gesellschafter einer GmbH & Co. KG können sein: Jede natürliche oder juristische Person und jede Personenhandelsgesellschaft, nicht jedoch eine Gesellschaft bürgerlichen Rechts.[27]

5. Minderjährige als Gesellschafter[28]

Minderjährige werden beim Abschluß des KG-Vertrages durch ihre Eltern vertreten, wenn die Eltern nicht gleichzeitig Gesellschafter der KG sind. Handelt es sich um ein **Familienunternehmen**, muß zum Zwecke des Abschlusses des Gesellschaftsvertrages für jedes minderjährige Kind ein Pfleger bestellt werden. Eine Dauerpflegschaft für die Zeit bis zu dem Zeitpunkt, zu dem der Minderjährige volljährig wird, ist nicht erforderlich. Auch bei Änderungen des Gesellschaftsvertrages muß kein Pfleger bestellt werden, es sei denn, die Änderungen des Gesellschaftsvertrages werden durch eine Bestimmung der §§ 1821, 1822 BGB erfaßt.

6. Vormundschaftliche Genehmigung

In der Regel bedarf der mit Minderjährigen geschlossene Gesellschaftsvertrag der vormundschaftlichen Genehmigung gemäß § 1822 Ziff. 3 BGB, da der Gesellschaftsvertrag den Betrieb eines Erwerbsgeschäftes zum Gegenstand haben wird, es sei denn, die Beteiligung des Minderjährigen am **Verlust** wird ausgeschlossen.[29]

7. Schenkung einer KG-Beteiligung

Die Schenkung einer Beteiligung an einer KG ist zivilrechtlich möglich.[30] Die Schenkung bedarf der **notariellen** Form (§ 518 Abs. 1 S. 1 BGB). Jedoch wird der Mangel dieser Form gemäß § 518 Abs. 2 BGB durch das Bewirken der Leistung geheilt. Bei einer KG als einer Außengesellschaft wird nach herrschender Meinung die Schenkung durch Umbuchung der Einlagen vom Kapitalkonto des Schenkers auf das Kapitalkonto des Beschenkten bewirkt.[31] Diese Rechtsauffassung wird auch von der Finanzverwaltung für das Steuerrecht akzeptiert.[32] Bei der vertraglichen Gestaltung ist darauf zu achten, daß der Beschenkte erst mit seiner **Eintragung** als Kommanditist im Handelsregister Gesellschafter wird; hierdurch wird eine unbeschränkte Haftung des Beschenkten für Verbindlichkeiten vermieden, die im Unternehmen zwischen dem Abschluß des Vertrages und der Eintragung des Beschenkten im Handelsregister entstehen. Bei der Gestaltung von **Familienpersonengesellschaften** ist die Rechtsprechung des BFH zur steuerlichen **Anerkennung** einer Familienpersonengesellschaft und zur **Angemessenheit** der Gewinnverteilung (s. u. S. 86 ff.) zu beachten.

8. Zugewinngemeinschaft

Ist ein Gesellschafter verheiratet, und lebt er im gesetzlichen Güterstand der Zugewinngemeinschaft, bedarf der Gesellschaftsvertrag der Zustimmung des anderen Ehegatten, wenn der Gesellschafter sich zur Einbringung seines ganzen oder nahezu ganzen Vermögens in die KG verpflichtet (§ 1365 BGB).

9. Vertragsvarianten

Die erste Variante in § 1 des Mustervertrages geht von einem Sachverhalt aus, in dem sowohl die KG als auch die GmbH neu gegründet werden. Die GmbH ist bereits im Handelsregister eingetragen.

In der zweiten Variante soll eine GmbH & Co. KG dadurch gebildet werden, daß eine GmbH als persönlich haftende Gesellschafterin in die bestehende KG eintritt und die Stellung des bisherigen Gesellschafters (eine natürliche Person) in die eines Kommanditisten umgewandelt wird.

§ 2
Firma, Sitz, Geschäftsjahr

(1) Die Firma der Gesellschaft lautet:

„... KG"

(2) Sitz der Gesellschaft ist ...
(3) Geschäftsjahr ist das Kalenderjahr.

- Variante:
(3) Das Geschäftsjahr läuft vom ... bis zum ... des folgenden Kalenderjahres.

Erläuterungen zu § 2:
1. Firma   3. Geschäftsjahr
2. Sitz

1. Firma[33]

Die Firma einer KG muß den Namen wenigstens eines **persönlich haftenden** Gesellschafters mit einem Hinweis auf die KG enthalten (§ 19 Abs. 2 HGB). Dies gilt auch für die Firma der GmbH & Co. KG. Sie muß die

§ 3 Gegenstand des Unternehmens

Firma der Komplementär-GmbH enthalten, wegen § 18 Abs. 2 HGB ohne irreführende Teile, sofern der Rest zur Individualisierung der GmbH ausreicht. In der Regel enthält die Firma der Komplementär-GmbH einen Zusatz wie „Verwaltungs-", „Geschäftsführungs-", „Betriebs-", der in der Firma der KG weggelassen werden kann. Ist die GmbH alleinige persönlich haftende Gesellschafterin, muß die Firma eine Bezeichnung erhalten, die die **Haftungsbeschränkung** kennzeichnet (§ 19 Abs. 5 HGB). Typische Zusätze zur Kennzeichnung der Haftungsbeschränkung sind „GmbH & Co." oder „GmbH & Co. KG".

Tritt eine GmbH als persönlich haftende Gesellschafterin in eine bereits bestehende Personengesellschaft oder in ein einzelkaufmännisches Unternehmen ein und wird dieses in eine GmbH & Co. umgewandelt, kann die bisherige Firma grundsätzlich unverändert fortgeführt werden (§ 24 Abs. 1 HGB). § 19 Abs. 5 HGB ist jedoch zu beachten (Hinweis auf Haftungsbeschränkung).

2. Sitz

Jede Gesellschaft muß einen Sitz haben (§§ 161 Abs. 2, 106 Abs. 1 HGB). Der Sitz bestimmt die Zuständigkeit des Registergerichtes (§§ 106, 13, 13a, 13c HGB) sowie den allgemeinen Gerichtsstand der KG gemäß § 17 Abs. 1 Satz 1 ZPO. Der Sitz der KG und der Sitz der GmbH sind auf **Geschäftsbriefen** der GmbH & Co. KG anzugeben (§§ 125a, i. V. m. 177a HGB, 35a GmbHG).

3. Geschäftsjahr

Ein Geschäftsjahr kann kürzer, aber nicht länger als 12 Monate sein (§ 240 Abs. 2 Satz 2 HGB, § 8b EStDV). Handelsrechtlich können Gesellschafter bei der Gründung der GmbH & Co. KG oder später ein vom Kalenderjahr **abweichendes** Geschäftsjahr wählen. Steuerrechtlich sind die Gesellschafter nur bei der Neugründung frei. Wollen sie vom Kalenderjahr später abweichen, können sie dies nur im Einvernehmen mit dem Finanzamt (§§ 4a Abs. 1 Nr. 2 EStG, 8b S. 2 EStDV).

§ 3
Gegenstand des Unternehmens

(1) Gegenstand des Unternehmens ist ...
(2) Die Gesellschaft ist berechtigt, Hilfs- und Nebengeschäfte zu tätigen. Sie ist weiter berechtigt, sämtliche Geschäfte zu tätigen, die geeignet sind, den Gegenstand des Unternehmens mittelbar oder unmittelbar zu fördern.

(3) Die Gesellschaft kann sich an Unternehmen mit gleichem oder ähnlichem Unternehmensgegenstand beteiligen oder solche Unternehmen gründen; sie kann Zweigniederlassungen errichten.

Erläuterungen zu § 3:

1. Allgemeines 2. Zweck

1. Allgemeines

Die Formulierung des Gegenstandes des Unternehmens ist aus mehreren Gründen wichtig. Der Gegenstand des Unternehmens muß erkennen lassen, ob die Gesellschaft ein Handelsgewerbe im Sinne von § 1 Abs. 2 oder § 2 HGB betreiben will. Der Gegenstand des Unternehmens bestimmt ferner den Umfang der **Geschäftsführungsbefugnis** (§ 116 Abs. 1 und 2 HGB), nicht jedoch den Umfang der Vertretungsmacht (§ 126 HGB).

2. Zweck

Der Zweck einer KG muß in jedem Fall auf den Betrieb eines Handelsgewerbes unter gemeinschaftlicher Firma gerichtet sein (§ 161 Abs. 1 HGB).

§ 4
Gesellschafter, Einlagen, Haftsummen

(1) Persönlich haftende Gesellschafterin (Komplementärin) ist die ... GmbH. Sie ist zur Leistung einer Einlage nicht berechtigt.

- Variante:
(1) Persönlich haftende Gesellschafterin (Komplementärin ist die ... GmbH. Sie verpflichtet sich, eine Einlage in Höhe von DM ... zu erbringen.
(2) Weitere Gesellschafter (Kommanditisten) sind:
    a) Herr/Frau ... mit einer Einlage von DM ...
    b) Herr/Frau ... mit einer Einlage von DM ...
    c) Herr/Frau ... mit einer Einlage von DM ...
    d) ...
(3) Die Einlagen sind sofort in bar zu leisten.

- Variante:
(3) Die Einlagen sind auf Anforderung der Komplementärin einzuzahlen.
(4) Die Haftung der Kommanditisten gegenüber Gesellschaftsgläubigern ist auf den Betrag der Einlagen gemäß Abs. 2 (Haftsumme) beschränkt.

§ 4 Gesellschafter, Einlagen, Haftsummen

- Variante:
(4) Die Haftung der Kommanditisten gegenüber Gesellschaftsgläubigern ist auf folgende Beträge (Haftsummen) beschränkt:
a) bei Herrn/Frau ... auf   DM ...
b) bei Herrn/Frau ... auf   DM ...
c) bei Herrn/Frau ... auf   DM ...
d) ...

Erläuterungen zu § 4:

1. Gesellschafter
2. Einlage des Komplementärs
3. Pflichteinlage – Haftsumme
4. Kapitalanteil
5. Höhe der Einlagen
6. Geldeinlagen – Sacheinlagen

1. Gesellschafter

Die Gesellschafter einer KG haften entweder unbeschränkt oder beschränkt auf ihre Einlage. Das Gesetz bezeichnet den unbeschränkt haftenden Gesellschafter als persönlich haftenden Gesellschafter und den beschränkt haftenden Gesellschafter als Kommanditisten (§ 161 Abs. 1 HGB). Für den persönlich haftenden Gesellschafter hat sich die Bezeichnung „Komplementär" eingebürgert.

2. Einlage des Komplementärs

Der Komplementär einer GmbH & Co. KG leistet in der Regel keine Einlage. Falls er eine Einlage leistet, hat dies Auswirkungen auf die Gewinnverteilung (siehe hierzu S. 87).

3. Pflichteinlage – Haftsumme

Begrifflich ist zwischen der Pflichteinlage des Kommanditisten und der Haftsumme des Kommanditisten zu unterscheiden.[34] Unter der Pflichteinlage versteht man die Einlage, zu der sich der Gesellschafter der Gesellschaft gegenüber verpflichtet. Haftsumme ist der Betrag, mit dem der Gesellschafter gegenüber Gläubigern der Gesellschaft haftet. Die Haftsumme kann höher oder niedriger sein als die Pflichteinlage. In der Regel sind Einlage und Haftsumme gleich hoch.[35] Die Formulierung der Bestimmungen über die Pflichteinlagen und die Haftsummen der Kommanditisten macht jedoch Schwierigkeiten, weil das Gesetz die Begriffe „Pflichteinlage" und „Haftsumme" nicht verwendet.

Im Gesetz finden sich vielmehr Begriffe wie „Betrag einer bestimmten Vermögenseinlage" (§ 161 Abs. 1 HGB), „Einlagen" (§ 162 HGB), „bedungene Einlage" (§ 167 Abs. 2 HGB), „rückständige Einlagen" (§ 167 Abs. 3 HGB), die „aus dem Handelsregister" ersichtliche Einlage (§ 172 Abs. 2 HGB). Für die Formulierung der Bestimmung über die Einlagen

bestehen verschiedene Möglichkeiten. Die erste Möglichkeit besteht darin, die Begriffe Pflichteinlage und Haftsumme zu verwenden. Die Formulierung könnte wie folgt lauten:
„Kommanditisten sind
a) Herr... mit einer Pflichteinlage und Haftsumme in Höhe von DM...,
b) Frau... mit einer Pflichteinlage und Haftsumme in Höhe von DM...,
usw."
Mehr an den Gesetzeswortlaut (§§ 161 Abs. 1, 162 Abs. 1 HGB) halten sich jedoch Formulierungen wie sie in § 4 Abs. 2 und Abs. 4 des Mustervertrages verwendet werden. Das Gesetz unterscheidet nämlich zwischen Gesellschaftern, deren Haftung gegenüber den Gesellschaftsgläubigern auf den Betrag einer bestimmten Vermögenseinlage beschränkt ist und Gesellschaftern, bei denen eine Beschränkung der Haftung nicht stattfindet (§ 161 Abs. 1 HGB). An diese Unterscheidung lehnt sich die Formulierung in § 4 Abs. 2 und 4 des Mustervertrages an. Die Variante zu Abs. 4 des Mustervertrages kann in Fällen verwandt werden, in denen die Haftsumme der Kommanditisten niedriger sein soll als ihre jeweilige Pflichteinlage.

4. Kapitalanteil

In Gesellschaftsverträgen findet sich oft die Formulierung, daß Kommanditisten mit einem „Kapitalanteil in Höhe von DM..." an der Gesellschaft beteiligt sind. Mit dem Begriff „Kapitalanteil" ist in diesen Fällen offenbar die Pflichteinlage und Haftsumme des Kommanditisten gemeint. Diese Formulierung halte ich für unzutreffend. Das Gesetz verwendet diesen Begriff zwar in einer Vielzahl von Vorschriften. Der Kapitalanteil ist maßgebend für die Verteilung einer Vorausdividende, für Entnahmen, für die Berechnung des Abfindungsguthabens (§§ 121, 122, 155, 168 Abs. 1, 169 Abs. 1 Satz 2 HGB). Der Kapitalanteil nach dem Gesetz ist jedoch eine **Rechengröße**, die Aufschluß über die Vermögensbeteiligung des Gesellschafters geben soll.[36] Der Kapitalanteil ist nicht mit einem Bruchteil am Gesellschaftsvermögen identisch, und er ist auch keine Forderung des Gesellschafters gegen die Gesellschaft. Der Kapitalanteil wird definiert als eine **Bilanzziffer**, die den gegenwärtigen Stand der Einlage des Gesellschafters angibt, so wie er sich nach den Methoden der kaufmännischen Buchführung und Bilanzierung errechnet. Der Kapitalanteil ist daher als Maßstab für die Bemessung der Einlage und der Haftung von Kommanditisten ungeeignet.

5. Höhe der Einlagen

Im Gegensatz zum GmbHG setzt das HGB für die KG **kein Mindestkapital** fest. Die Gesellschafter sind daher in der Bemessung der Höhe ihrer Einlagen vollkommen frei. Zu beachten ist allerdings, daß die Einlagen bei der GmbH nach den Vorschriften des GmbH-Gesetzes und die Einlagen der Kommanditisten nach den Vorschriften des HGB zu erbringen sind. Die Einlage eines Kommanditisten kann daher nicht dadurch erbracht werden, daß er seine Anteile an der persönlich haftenden Gesellschafterin als Einlage in die KG einbringt (§ 172 Abs. 6 Satz 1 HGB).

6. Geldeinlagen – Sacheinlagen

Einlagen sind Leistungen der Gesellschafter, die zur Mehrung der Haftungsmasse geleistet werden. Im einzelnen werden Geldeinlagen (Bareinlagen) und Sacheinlagen unterschieden. Geldeinlagen werden durch bare und unbare Zahlungen geleistet. Als Sacheinlage wird jede Einlage bezeichnet, die nicht in Geld zu erbringen ist. Sacheinlagen können sein das Eigentum an einer beweglichen oder unbeweglichen Sache, an Aktien oder GmbH-Anteilen, Maschinen, Fahrzeuge, Patente, Einzelfirmen etc.

Anders als bei Sacheinlagen in Kapitalgesellschaften findet bei Personengesellschaften eine externe **Prüfung** des Wertes der Einlagen nicht statt. Die Gesellschafter sind grundsätzlich in der Bewertung ihrer Sacheinlagen frei.[37] Es empfiehlt sich jedoch, Sacheinlagen **objektiv** zu bewerten. Eine Überbewertung einer Sacheinlage ist zwar zwischen den Gesellschaftern im Hinblick auf ihre Pflichteinlagen unschädlich. Eine Überbewertung einer Sacheinlage wird jedoch in Zusammenhang mit der jeweiligen Haftsumme nicht anerkannt. Umgekehrt muß sich ein Kommanditist, dessen Sacheinlage im Rahmen der Pflichteinlage unterbewertet worden ist, eine derartige Unterbewertung im Rahmen der Haftsumme nicht anrechnen lassen, er kann sich daher im Haftungsfall auf den objektiven Wert der Sacheinlage berufen.

§ 5
Änderungen der Einlagen und Haftsummen

- Variante 1:
(1) Änderungen der Einlagen können grundsätzlich nur auf Grund eines einstimmigen Gesellschafterbeschlusses erfolgen.
(2) Erhöhungen der Einlagen sollen grundsätzlich nur aus Gesellschaftsmitteln zu Lasten des Rücklagekontos gemäß § 6 Abs. 6 erfolgen.
(3) Für Änderungen der Haftsummen gilt Abs. 1 entsprechend.

- Variante 2:
(1) Die Gesellschafterversammlung kann mit einfacher Mehrheit aller Stimmen eine Erhöhung aller Einlagen beschließen, bis die Summe aller Einlagen den Betrag von DM ... erreicht hat. Die Erhöhung der Einla-

gen erfolgt hierbei jeweils im Verhältnis der Kapitalkonten der Gesellschafter.
(2) Im übrigen bedürfen Beschlüsse über die Erhöhung von Einlagen der Stimmen aller Gesellschafter.
(3) Für Änderungen der Haftsummen gelten Abs. 1 und 2 entsprechend.

Erläuterungen zu § 5:

1. Allgemeines
2. Erste Variante
3. Zweite Variante

1. Allgemeines

Bestimmungen über Kapitalerhöhungen bei Personengesellschaften werfen folgende Probleme auf: Mit welcher **Mehrheit** wird über eine Erhöhung der Einlagen Beschluß gefaßt, können Gesellschafter gegen ihre Stimme zu einer Einlagenerhöhung verpflichtet werden und wenn ja, bis zu welcher Grenze, und können durch eine Einlagenerhöhung die Beteiligungsverhältnisse der Gesellschafter untereinander verändert werden? Vergleichbare Fragen stellen sich hinsichtlich der Haftsumme des jeweiligen Kommanditisten.

2. Erste Variante

Die erste Variante des Mustervertrages gestattet eine Erhöhung der Einlage eines jeden Kommanditisten nur mit seiner Zustimmung und schreibt vor, daß Erhöhungen der Einlagen grundsätzlich aus Gesellschaftsmitteln zu Lasten des Rücklagekontos zu erfolgen haben.

3. Zweite Variante

Die zweite Variante erlaubt eine Erhöhung der Kommanditeinlagen auch gegen den Willen eines Gesellschafters, jedoch nur bis zu einem bestimmten Betrag. Das Risiko eines Kommanditisten ist in diesem Fall voraussehbar.

§ 6
Konten der Gesellschafter, Beteiligung am Vermögen

(1) Bei der Gesellschaft werden Kapitalkonten, Kapitalverlustkonten, Verrechnungskonten und Rücklagekonten geführt.
(2) **Auf den Kapitalkonten werden lediglich die Einlagen gebucht. Die Kapitalkonten werden nicht verzinst.**

§ 6 Konten der Gesellschafter

(3) Auf den Kapitalverlustkonten werden die Verlustanteile der Kommanditisten sowie alle Gewinnanteile bis zum Ausgleich des Verlustes verbucht. Die Kommanditisten sind nicht verpflichtet, Verluste auf Kapitalverlustkonten in anderer Weise als durch künftige Gewinnanteile auszugleichen.

(4) Gewinnanteile, soweit sie nicht zum Ausgleich von Verlustkonten benötigt werden oder auf Rücklagekonten zu verbuchen sind, sowie alle sonstigen Forderungen und Verbindlichkeiten zwischen der Gesellschaft und einem Gesellschafter werden auf Verrechnungskonten gebucht.

(5) Verrechnungskonten werden im Soll und Haben mit ...Prozentpunkten über dem jeweiligen Diskontsatz der Deutschen Bundesbank p.a. verzinst. Bemessungsgrundlage für die Zinsen ist der Stand der Verrechnungskonten zum Ende eines jeden Kalendermonats. Die Zinsen auf den Verrechnungskonten stellen im Verhältnis unter den Gesellschaftern Aufwand bzw. Ertrag dar.

- Variante 1:

(5) Verrechnungskonten werden im Soll und Haben mit ...Prozentpunkten über dem jeweiligen Diskontsatz der Deutschen Bundesbank p.a. verzinst. Bemessungsgrundlage für die Zinsen ist der Stand der Verrechnungskonten zum Ende eines jeden Kalendermonats. Verzinst werden die Verrechnungskonten jedoch lediglich in Höhe desjenigen Betrages, um den die anderen Verrechnungskonten das niedrigste Verrechnungskonto übersteigen. Die Zinsen auf die Verrechnungskonten stellen im Verhältnis unter den Gesellschaftern Aufwand bzw. Ertrag dar. Gewinnanteile sind nur dann den Verrechnungskonten gutzuschreiben, wenn Verlustvortragskonten ausgeglichen sind.

- Variante 2:

(5) Verrechnungskonten werden im Soll und Haben mit ...Prozentpunkten über dem jeweiligen Diskontsatz der Deutschen Bundesbank p.a. verzinst. Die Verzinsung erfolgt unter Zugrundelegung des Durschschnittsbetrages aus den Salden zum Jahresbeginn und zum Ende eines jeden Kalendermonats. Die Zinsen auf die Verrechnungskonten stellen im Verhältnis unter den Gesellschaftern Aufwand bzw. Ertrag dar. Gewinnanteile sind nur dann den Verrechnungskonten gutzuschreiben, wenn Verlustvortragskonten ausgeglichen sind.

- Variante 3:

(5) Verrechnungskonten sind im Soll und Haben mit dem jeweiligen Kontokorrentzinssatz der jeweiligen Hauptbankverbindung der Gesellschaft, hilfsweise mit ...% über dem jeweiligen Bundesbankdiskontsatz zu verzinsen. Die Berechnung der Zinsen erfolgt nach der Staffelmethode. Die Zinsen auf Verrechnungskonten stellen im Verhältnis unter den Gesellschaftern Aufwand bzw. Ertrag dar.

(6) Für alle Kommanditisten wird ein gemeinsames Rücklagekonto geführt, in das von der Gesellschafterversammlung beschlossene Rücklagen eingestellt werden. Das Rücklagekonto wird nicht verzinst. Am Rücklagekonto sind die Kommanditisten im Verhältnis ihrer Kapitalkonten beteiligt.

• Variante:
(6) Für jeden Kommanditisten wird ein Rücklagekonto geführt, auf dem der auf den jeweiligen Gesellschafter entfallende Anteil einer beschlossenen Rücklage gebucht wird. Rücklagen werden auf die Kommanditisten im Verhältnis ihrer Kapitalkonten verteilt. Rücklagekonten werden nicht verzinst.

(7) Am Vermögen der Gesellschaft sind die Gesellschafter im Verhältnis ihrer Kapitalkonten beteiligt.

Erläuterungen zu § 6:

1. Kapitalkonten   4. Rücklagekonten
2. Verrechnungskonten   5. Literaturhinweis
3. Kapitalverlustkonten

1. Kapitalkonten[38]

In der Rechtspraxis spielt der – bewegliche – Kapitalanteil kaum noch eine Rolle. In modernen Gesellschaftsverträgen übernimmt das Kapitalkonto weitgehend die Funktion des Kapitalanteils. Auf dem Kapitalkonto wird der Betrag der Einlage des Gesellschafters verbucht. Das Konto bleibt auf die Dauer der Beteiligung des Gesellschafters bzw. auf die Dauer der Gesellschaft unverändert. Das Konto ist **Maßstab** für den Gewinnanteil des Gesellschafters, für die Berechnung des Abfindungsguthabens und für die Anzahl der Stimmen des Gesellschafters bei Abstimmungen etc.

2. Verrechnungskonten

Für jeden Gesellschafter wird in der Regel ein weiteres Konto geführt, das Verrechnungskonto. Dieses ist **variabel**. Auf ihm werden Gewinnanteile und Entnahmen des Gesellschafters gebucht. Sollen Verrechnungskonten verzinst werden, sollte der Gesellschaftsvertrag bestimmen, ob **Zinsen** auf Verrechnungskonten handelsrechtlich als Aufwand bzw. Ertrag behandelt werden sollen, oder ob Habenzinsen erst bei der Gewinnverteilung berücksichtigt werden sollen. **Steuerrechtlich** stellen Habenzinsen auf Verrechnungskonten in jedem Fall einen Gewinn des betreffenden Gesellschafters dar, und zwar auch dann, wenn sie handelsrechtlich als Aufwand der Gesellschaft behandelt worden sind. Ein Problem bei der Formulierung der Bestimmung des Gesellschaftsvertrages über die Verrechnungskonten ist die Berechnung der Zinsen. Der Mustervertrag bietet in den Varianten 1 und 3 zu Abs. 5 verschiedene Alternativen an.

3. Kapitalverlustkonten

Ein Kommanditist nimmt nach der gesetzlichen Regelung zwar nur bis zum „Betrag seines Kapitalanteils und seiner noch rückständigen Einlage" am Verlust teil (§ 167 III HGB). Nach herrschender Meinung bedeutet dies jedoch nicht, daß sein Kapitalanteil handelsrechtlich nicht negativ werden kann; ihm können daher handelsrechtlich Verluste über seinen Kapitalanteil und seine etwa noch rückständige Einlage hinaus belastet werden.[39] Etwaige Verlustanteile des Gesellschafters werden Kapitalverlustkonten[40] zugeschrieben. Spätere Gewinnanteile müssen zunächst dazu verwandt werden, dieses Konto auszugleichen. Steuerrechtlich gilt folgendes: Außerhalb des zeitlichen und sachlichen Anwendungsbereiches des § 15a EStG ist einem Kommanditisten ein Verlustanteil, der nach dem allgemeinen Verteilungsschlüssel der KG auf ihn entfällt, einkommensteuerrechtlich grundsätzlich auch insoweit zuzurechnen, als er in der Steuerbilanz der Gesellschaft zu einem negativen Kapitalkonto führt.[41] Steht jedoch bei Aufstellung der Bilanz fest, daß ein Ausgleich des negativen Kapitalkontos mit künftigen Gewinnanteilen nicht mehr in Betracht kommt, ist der Gewinnanteil nicht mehr den Kommanditisten, sondern den übrigen Gesellschaftern zuzurechnen.[42] Soweit § 15a EStG anwendbar ist, ist einem Kommanditisten der auf ihn entfallende Anteil am Verlust[43] nicht nur bis zur Höhe seiner Haftsumme, sondern auch soweit zuzurechnen, als er zu einem negativen Kapitalkonto führt.[44] Der Verlustanteil ist jedoch nicht ausgleichs- und abzugsfähig, sondern nur mit künftigen Gewinnanteilen verrechenbar.

4. Rücklagekonten

Rücklagekonten können entweder als ein gemeinsames Konto für **alle** Gesellschafter geführt werden, oder es kann für **jeden** Gesellschafter ein Rücklagekonto bestehen.[45] Rücklagekonten sind in der Regel unverzinslich.

5. Literaturhinweis

Einen lesenswerten Überblick über die handelsrechtlichen Probleme von Kapitalkonten enthält der Aufsatz von Huber, Gesellschafterkonten in der Personengesellschaft, ZGR 1988, 1 ff., auch wenn die gesellschaftssteuerrechtlichen Probleme wegen des Wegfalls der Kapitalverkehrsteuer ab 1.1.1992 nicht mehr aktuell sind.

§ 7
Dauer der Gesellschaft, Kündigung

(1) Die Gesellschaft wird auf unbestimmte Dauer errichtet.

(2) Die Gesellschaft kann mit einer Frist von ... Monaten zum Ende eines Geschäftsjahres gekündigt werden, erstmals jedoch zum 31.12.19... .

- Variante:

   (2) Die Gesellschaft kann mit einer Frist von ... Monaten zum Ende eines Geschäftsjahres gekündigt werden, erstmals jedoch zum 31.12.19... . Wird sie nicht gekündigt, verlängert sie sich jeweils um weitere fünf Jahre.

(3) Die Kündigung hat durch eingeschriebenen Brief an die Gesellschaft zu Händen der Geschäftsführung zu erfolgen. Für die Rechtzeitigkeit der Kündigung ist der Tag der Aufgabe des Kündigungsschreibens zur Post maßgeblich. Die Geschäftsführung hat die Kommanditisten unverzüglich von der Kündigung zu verständigen.

- Variante:

   (3) Die Kündigung hat durch eingeschriebenen Brief an alle anderen Gesellschafter zu erfolgen. Für die Rechtzeitigkeit der Kündigung ist der Tag der Aufgabe des Kündigungsschreibens zur Post maßgeblich.

(4) Durch die Kündigung wird die Gesellschaft nicht aufgelöst, sondern von den verbleibenden Gesellschaftern fortgesetzt.

Erläuterungen zu § 7:

1. Gesetzliche Kündigungsregeln
2. Folgen der Kündigung
3. Form und Frist der Kündigung

1. Gesetzliche Kündigungsregeln

Die §§ 161 ff. HGB enthalten keine besonderen Kündigungsvorschriften für die KG. Es gelten daher die Kündigungsregelungen für die OHG entsprechend (§ 161 Abs. 2 HGB). Hiernach gilt folgendes: Ist eine Gesellschaft für unbestimmte Zeit eingegangen, kann die Kündigung formlos mit einer Frist von mindestens **sechs** Monaten zum Ende eines Geschäftsjahres erfolgen (§ 132 HGB). Von dieser gesetzlichen Regelung können die Gesellschafter abweichen.[50] Zulässig ist unter anderem der zeitweilige Ausschluß der Kündigung oder die Erschwerung zum Beispiel durch Anordnung des Ausscheidens des Kündigenden oder die Beschränkung der Abfindung etc. Unzulässig ist dagegen die Vereinbarung einer übermäßig langen Kündigungsfrist bzw. der Ausschluß der Kündigung auf Dauer oder die Bindung der Kündigung an die Zustimmung von Mitgesellschaftern.

2. Folgen der Kündigung

Nach dem Gesetz wird die Gesellschaft durch die Kündigung aufgelöst (§§ 161 Abs. 2, 131 Nr. 6 HGB). Diese Bestimmung ist jedoch dispositiv. Soll keine Auflösung im Falle einer Kündigung eintreten, muß der Gesellschaftsvertrag bestimmen, daß die Gesellschaft durch die Kündigung des Gesellschafters nicht aufgelöst, sondern von den verbleibenden Gesellschaftern fortgesetzt wird (vgl. Abs. 4 des Mustervertrages).

3. Form und Frist der Kündigung

Der Gesellschaftsvertrag sollte zur Vermeidung von Streitigkeiten regeln, in welcher Form eine Kündigung zu erfolgen hat (schriftlich, per Einschreiben, per Einschreiben mit Rückschein usw.) und an wen die Kündigung zu richten ist (an die Gesellschaft selbst, an alle anderen Gesellschafter). Ferner sollte der Vertrag regeln, mit welcher Frist und zu welchem Zeitpunkt der Vertrag gekündigt werden kann, wenn von der gesetzlichen 6-Monatsfrist abgewichen werden soll.

§ 8
Geschäftsführung und Vertretung

(1) Zur Geschäftsführung und Vertretung in der Gesellschaft ist die Komplementärin allein berechtigt und verpflichtet.

(2) Die Komplementärin ist für Rechtsgeschäfte zwischen ihr und der Gesellschaft von den Beschränkungen des § 181 BGB befreit.

- Variante:
  (2) Die Komplementärin und ihre Geschäftsführer sind für Geschäfte mit der Gesellschaft von den Beschränkungen des § 181 BGB befreit.

(3) Die Komplementärin bedarf für alle Geschäfte, die über den gewöhnlichen Geschäftsbetrieb hinausgehen, der vorherigen Zustimmung der Gesellschafterversammlung.

- Variante 1:
  (3) Die Komplementärin bedarf für folgende Angelegenheiten der vorherigen Zustimmung der Gesellschafterversammlung:
  a) Erwerb, Veräußerung oder Belastung von Grundstücken und grundstücksgleichen Rechten sowie sonstige Verfügungen über Grundstücke und grundstücksgleiche Rechte;
  b) Erwerb von Unternehmen oder Beteiligungen an solchen oder deren Veräußerung oder Belastung;

c) Errichtung und Aufgabe von Zweigniederlassungen und Betriebsstätten;
d) Abschluß und Änderung von Organschaftsverträgen sowie Betriebsübernahme- und Betriebsüberlassungsverträgen jeder Art;
e) Abschluß, Änderung und Beendigung von Dienstverträgen mit Angestellten mit jährlichen Bruttobezügen von mehr als DM ...;
f) Abschluß, Änderung und Beendigung von Miet- und Pachtverträgen mit Miet- und Pachtzinsen von mehr als DM ... netto pro Monat;
g) Investitionen ab einem Betrag von DM ... ohne Mehrwertsteuer im Einzelfall, wenn sie in dem genehmigten jährlichen Investitionsplan nicht enthalten sind;
h) Aufnahme von langfristigen Darlehen und Kontokorrentkrediten über DM ... im Einzelfall hinaus sowie über den Betrag von DM ... insgesamt je Geschäftsjahr;
i) Übernahme von Bürgschaften, Abschluß von Garantieverträgen, Schuldbeitritten, Abgabe von Patronatserklärungen und Eingehung von ähnlichen Verpflichtungen;
j) Führung von Aktivprozessen und prozeßbeendenden Handlungen und Erklärungen, soweit der Streitwert den Betrag von DM ... übersteigt;
k) Abschluß, Änderung und Aufhebung von Verträgen mit Gesellschaftern oder deren Angehörigen oder Gesellschaften, die mehrheitlich von Gesellschaftern und/oder deren Angehörigen im Sinne von § 15 AO beherrscht werden;
l) Aufnahme von stillen Gesellschaftern;
m) Veräußerung und Verpachtung des gesamten Gesellschaftsvermögens;
n) Sonstige Geschäfte, die über den gewöhnlichen Geschäftsbetrieb der Gesellschaft hinausgehen.

- Variante 2:
(3) Das Widerspruchsrecht der Kommanditisten gemäß § 164 HGB wird ausgeschlossen.

Erläuterungen zu § 8:

1. Gesetzliche Rechtslage
2. Selbstkontrahieren
3. Zustimmungspflichtige Geschäfte
4. Widerspruchsrecht

1. Gesetzliche Rechtslage

Kommanditisten sind von der Geschäftsführung und von der Vertretung der Gesellschaft **ausgeschlossen** (§§ 164 Satz 1 1.HS, 170 HGB). Einer Geschäftsführungshandlung können Kommanditisten nur widersprechen, wenn die Handlung über den gewöhnlichen Betrieb des Handelsgewerbes der Gesellschaft hinausgeht (§ 164 Satz 1 2.HS HGB). Dieser Wortlaut des Gesetzes ist mißverständlich. Geht eine Handlung über den

§ 8 Geschäftsführung und Vertretung

gewöhnlichen Betrieb des Handelsgewerbes der Gesellschaft hinaus, kann ein Kommanditist nicht nur widersprechen, sondern die Vornahme einer solchen Handlung bedarf eines Gesellschafterbeschlusses.[51]

2. Selbstkontrahieren

Nach der Vorschrift des § 181 BGB kann ein Vertreter, soweit ihm nicht ein anderes gestattet ist, im Namen des Vertretenen mit sich im eigenen Namen oder als Vertreter eines Dritten kein Rechtsgeschäft vornehmen, es sei denn, daß das Rechtsgeschäft ausschließlich in der Erfüllung einer Verbindlichkeit besteht. Das Problem des Selbstkontrahierungsverbotes stellt sich bei einer GmbH & Co. KG in **doppelter** Weise. Es ist für Geschäfte zwischen der Komplementär-GmbH und der KG sowie für Geschäfte zwischen dem Geschäftsführer der Komplementär-GmbH und der KG zu beachten.[52] Sowohl die GmbH als auch die KG werden nämlich durch den oder die Geschäftsführer der GmbH vertreten. Der Verfasser der Gesellschaftsverträge der GmbH und der KG muß sich daher zunächst darüber klar werden, ob der oder die Geschäftsführer berechtigt sein sollen, sowohl Geschäfte zwischen der KG und der GmbH abzuschließen, oder/und ob auch Geschäfte zwischen den jeweiligen Geschäftsführern persönlich und der KG gestattet sein sollen. Sollen der oder die Geschäftsführer Verträge zwischen der GmbH und der KG abschließen können, müssen **beide** Gesellschaftsverträge den oder die Geschäftsführer vom Verbot des § 181 befreien. Soll der Geschäftsführer berechtigt sein, Verträge mit sich selbst und der KG abzuschließen, muß ihm dies im Gesellschaftsvertrag der KG ausdrücklich gestattet werden (vgl. die Variante zu Abs. 2 des Mustervertrages).

3. Zustimmungspflichtige Geschäfte

Gesellschaftsverträge von Kommanditgesellschaften enthalten in der Regel einen Katalog von Geschäften, zu deren Vornahme die Komplementärin im Innenverhältnis der vorherigen Zustimmung der Gesellschafterversammlung bedarf. Der Katalog der zustimmungspflichtigen Geschäfte ist bei der Abfassung des Gesellschaftervertrages auf die Bedürfnisse der jeweils betroffenen Gesellschaft und auf die Bedürfnisse der Gesellschafter abzustimmen. Der Mustervertrag enthält in Variante 1 zu Abs. 3 eine Aufzählung der Geschäfte, die üblicherweise an die Zustimmung der Gesellschafterversammlung gebunden werden. Im Außenverhältnis sind derartige Geschäfte allerdings in der Regel auch dann wirksam, wenn die Komplementärin die Zustimmung der Gesellschafterversammlung der KG nicht eingeholt hatte. Die Komplementärin bzw. ihr Geschäftsführer macht sich jedoch schadensersatzpflichtig.

4. Widerspruchsrecht

Das Widerspruchsrecht gemäß § 164 HGB ist dispositiv und kann **ausgeschlossen werden.**

§ 9
Haftungsentschädigung, Auslagenersatz

(1) Zur Abgeltung ihres Haftrisikos erhält die Komplementärin eine jährliche Vergütung in Höhe von DM ... (in Worten Deutsche Mark ...).

- Variante:

(1) Zur Abgeltung ihres Haftungsrisikos erhält die Komplementärin eine jährliche Vergütung in Höhe von ... % ihres jeweiligen gezeichneten Stammkapitals am Ende des Geschäftsjahres.

(2) Die Haftungsvergütung ist jeweils zum 31.12. eines Kalenderjahres zur Zahlung fällig.

- Variante:

(2) Die Haftungsvergütung ist jeweils am Ende eines Geschäftsjahres zur Zahlung fällig.

(3) Die Komplementärin hat Anspruch auf Ersatz aller ihr durch die Geschäftsführung erwachsenden Aufwendungen; für Vergütungen (einschließlich Tantiemen und Ruhegehälter) an ihre Geschäftsführer gilt dies jedoch nur, wenn und soweit die Gesellschafterversammlung vorher der Vergütung zugestimmt hat.

- Variante:

(3) Die Komplementärin hat Anspruch auf Ersatz aller ihrer Aufwendungen, einschließlich der Vergütung für ihre Geschäftsführer, der von ihr gezahlten Vermögensteuer, der von ihr gezahlten Steuerberatungskosten etc. S. 1 gilt nicht für ihre Gewerbe- und Körperschaftssteuer. Für Vergütungen (einschließlich Tantiemen und Ruhegehälter) an ihre Geschäftsführer gilt S. 1 jedoch nur, wenn und soweit die Gesellschafterversammlung der KG vorher der Vergütung zugestimmt hat.

(4) Die Haftungsvergütung und der Aufwendungsersatz stellen im Verhältnis der Gesellschafter zueinander Aufwand dar.

Erläuterungen zu § 9:

1. Haftungsvergütung
2. Aufwendungsersatz
3. Aufwand/Gewinnvoraus
4. Ertragsteuern
5. Umsatzsteuer

§ 9 Haftungsentschädigung, Auslagenersatz

1. Haftungsvergütung

Eine Komplementär-GmbH, die keine Einlage in die KG leistet, muß aus steuerlichen Gründen neben dem Ersatz ihrer Auslagen für die Geschäftsführung ein Entgelt für die Übernahme des Haftungsrisikos erhalten, dessen Höhe in etwa einer banküblichen **Avalprovision** entspricht.[53] Die Haftungsvergütung wird üblicherweise in Prozent des Stammkapitals der Komplementär-GmbH ausgedrückt und beträgt in der Regel 1,5 bis 3 % des jeweiligen Stammkapitals. Eine entsprechende Formulierung findet sich in der Variante zu Abs. 1 des Mustervertrages. Es empfiehlt sich zu regeln, wann die Haftungsprämie fällig wird. Eine **Fälligkeitsregelung** wie in Abs. 2 des Mustervertrages ist zweckmäßig, wenn das Geschäftsjahr dem Kalenderjahr entspricht. Weicht das Geschäftsjahr vom Kalenderjahr ab, sollte wie in der Variante zu Abs. 2 des Mustervertrages auf das Ende des Geschäftsjahres abgestellt werden.

2. Aufwendungsersatz

§ 110 HGB bestimmt, daß die Gesellschaft einem Gesellschafter Aufwendungen zu ersetzen hat, die er in Gesellschaftsangelegenheiten den Umständen nach für erforderlich hält. Aus § 110 HGB läßt sich jedoch für den Komplementär selbst kein Anspruch auf eine Vergütung für seine Tätigkeit als geschäftsführender Gesellschafter einer GmbH & Co. herleiten.[54] Auch die Ausgaben der GmbH für Gehälter und Tantiemen ihrer Geschäftsführer sind keine Aufwendungen im Sinne des § 110 HGB. Soll die GmbH & Co. jedoch vertraglich verpflichtet werden, der GmbH die Kosten der Geschäftsführung zu erstatten, muß dies im Gesellschaftsvertrag der KG vereinbart werden. Bei der entsprechenden Formulierung im Gesellschaftsvertrag ist darauf zu achten, daß klargestellt wird, welche Aufwendungen der Komplementär-GmbH zu erstatten sind. Insbesondere ist zu regeln, ob die KG der Komplementär-GmbH nur den Ersatz der durch die Geschäftsführung **unmittelbar** erwachsenden Aufwendungen schuldet (so die Formulierung in Abs. 3 des Mustervertrages), oder ob die KG der Komplementär-GmbH auch **mittelbare** Aufwendungen wie von der GmbH gezahlte Vermögensteuer, Steuerberatungskosten usw. (so die Formulierung in der Variante zu Abs. 3 des Mustervertrages) zu erstatten hat. Die von der GmbH & Co. KG gezahlten Körperschafts- und Gewerbesteuern sollten von der Erstattungspflicht ausgenommen werden; Erstattungen führen zu einem Ertrag bei der KG und im Hinblick auf Körperschafts- und Gewerbesteuern zu einer komplizierten „Insich-Rechnung".
Aus steuerlichen Gründen ist es geboten, der Komplementär-GmbH einen Anspruch auf Ersatz der unmittelbaren Auslagen vertraglich einzuräumen, weil andernfalls das Steuerrecht die Gewinnverteilung innerhalb der GmbH & Co. KG in Frage stellen würde.[55]

Bei einer **nichtbeteiligungsidentischen** GmbH & Co. KG ergibt sich das weitere Problem, daß es das Interesse der Gesellschafter der KG sein kann, die Festsetzung der Höhe der Vergütung der Geschäftsführer einschließlich etwaiger Tantiemen und Ruhegelder nicht den Gesellschaftern der Komplementär-GmbH zu überlassen. In diesem Fall empfiehlt es sich, die Erstattungspflicht der KG hinsichtlich der Vergütungen an Geschäftsführer davon abhängig zu machen, ob die Gesellschafterversammlung der KG den jeweiligen Vergütungen vorher **zugestimmt** hat; eine entsprechende Formulierung findet sich in Abs. 3 des Mustervertrages.

3. Aufwand/Gewinnvoraus

Gesellschaftsrechtlich kann die Haftungsvergütung und der Auslagenersatz als **Aufwand** oder als **Gewinnvoraus** ausgestaltet werden. Der wesentliche Unterschied zwischen beiden Möglichkeiten ist der, daß die Komplementär-GmbH die Haftungsentschädigung bzw. den Auslagenersatz auch in den Jahren erhält, in denen die GmbH & Co. KG einen Verlust erleidet, wenn er als Aufwand ausgestaltet ist. Soll die Haftungsvergütung und der Auslagenersatz als Gewinn voraus gestaltet werden, ist Abs. 4 des Mustervertrages zu streichen.

4. Ertragsteuern

Feste oder gewinnabhängige Vergütungen, die die Komplementär-GmbH von der KG erhält, sind Vergütungen im Sinne von § 15 Abs. 1 Satz 1 Nr. 2. 2. Halbsatz EStG und deshalb bei der Ermittlung des Gewinns der KG und ihres Gewerbeertrages nicht abzugsfähig. Auslagenersatz und Haftungsentschädigung stellen somit **steuerrechtlich** stets einen Gewinn der GmbH aus der Beteiligung an der KG dar. Dies gilt unabhängig davon, ob die GmbH die Vergütungen von der KG gesondert ersetzt erhält oder aus ihrem allgemeinen Gewinnanteil bestreitet. Überhöhte Tätigkeitsvergütungen können mittelbare **verdeckte Gewinnausschüttungen** sein.[56] Gehaltszahlungen, die die Komplementär-GmbH an ihren beherrschenden Gesellschafter-Geschäftsführer zahlt, der zugleich Kommanditist ist, sind verdeckte Gewinnausschüttungen, wenn sie nicht im voraus klar vereinbart sind.[57] Tätigkeitsvergütungen für den Geschäftsführer oder Arbeitnehmer der Komplementär-GmbH, der nicht Mitunternehmer der KG ist, sind Sonderbetriebsausgaben der Komplementär-GmbH.[58] Diese Grundsätze gelten sinngemäß für die doppelstöckige GmbH und Co. KG bei mittelbarer Beteiligung des Geschäftsführers der Komplementär-GmbH an der KG.[59]

5. Umsatzsteuer

KG und Komplementär-GmbH können miteinander Leistungen austauschen. Streitig war jedoch, ob die Übernahme der Geschäftsführung gegen Entgelt einen Leistungsaustausch im umsatzsteuerrechtlichen Sinne be-

§ 10 Gesellschafterversammlungen

gründet.⁵⁹ᵃ Der BFH hat unter Abweichung von seiner früheren Rechtsprechung entschieden, daß die Geschäftsführung durch die Komplementär-GmbH in einer GmbH & Co. KG keine Leistung im Sinne von § 1 Abs. 1 Nr. 1 UStG darstellt.⁵⁹ᵇ Für die Komplementär-GmbH folgt hieraus der **Verlust** des **Vorsteuerabzugs** gem. § 15 UStG. In der Praxis sollten daher die Leistungsbeziehungen zur Komplementär-GmbH so gering wie möglich gehalten werden. Eine Komplementär-GmbH kann nicht Organ der GmbH & Co. sein.⁵⁹ᶜ Fraglich ist, ob diese Entscheidung auch im Falle einer Einheitsgesellschaft gilt.⁵⁹ᵈ Der gleichzeitige Wechsel aller Gesellschafter einer GmbH & Co. gilt als **Geschäftsveräußerung** im ganzen.⁵⁹ᵉ

§ 10
Gesellschafterversammlungen

(1) Beschlüsse der Gesellschafter werden auf Gesellschafterversammlungen gefaßt. Der Abhaltung einer Gesellschafterversammlung bedarf es nicht, wenn sich alle Gesellschafter mit einer schriftlichen, telegraphischen, fernmündlichen oder sonstigen Art der Abstimmung einverstanden erklären.

(2) Die Einberufung der Gesellschafterversammlung erfolgt durch die Komplementärin. Die Einberufung hat unter gleichzeitiger Bekanntgabe der Tagesordnung und des Tagungslokals mittels eingeschriebenen Briefes, der mindestens 14 Tage vor dem Termin der Gesellschafterversammlung an die Gesellschafter zur Absendung gebracht sein muß, zu erfolgen. Die Einladung ist mit ihrer Aufgabe zur Post bewirkt. Der Tag der Absendung der Einladung (Poststempel) und der Tag der Versammlung werden bei der Fristberechnung nicht mitgezählt. Ist der Aufenthalt eines Gesellschafters unbekannt, oder kann er aus anderen Gründen nicht ordnungsgemäß geladen werden, so ruht sein Stimmrecht bis zur Beseitigung dieses Zustandes.

(3) Gesellschafterversammlungen finden jeweils am Sitz der Gesellschaft statt.

(4) Eine Gesellschafterversammlung ist beschlußfähig, wenn die anwesenden und vertretenen Gesellschafter ... % aller Stimmen auf sich vereinigen. Ist eine ordnungsgemäß einberufene Gesellschafterversammlung beschlußunfähig, so ist eine neue Gesellschafterversammlung mit gleicher Tagesordnung unter Einhaltung der in Absatz 2 genannten Form- und Fristvorschriften einzuberufen. Diese Gesellschafterversammlung ist ohne Rücksicht auf die Zahl der Stimmen der anwesenden und vertretenen Gesellschafter beschlußfähig. Hierauf ist in der Einladung hinzuweisen.

(5) Jeder Gesellschafter kann sich auf Gesellschafterversammlungen von anderen Gesellschaftern oder von einem zur Berufsverschwiegenheit verpflichteten, sachverständigen Dritten vertreten lassen.

- Variante:
    (5) Jeder Gesellschafter kann sich auf Gesellschafterversammlungen nur von einem anderen Gesellschafter oder seinem Ehegatten oder von einem volljährigen Abkömmling vertreten lassen.
  (6) Jeder Gesellschafter kann sich ferner von einem zur Berufsverschwiegenheit verpflichteten, sachverständigen Dritten in jeder Gesellschafterversammlung beraten lassen, wenn er dies den anderen Gesellschaftern mit einer Frist von mindestens 3 Tagen vorher schriftlich mitgeteilt hat.
  (7) Die Gesellschafterversammlungen werden durch den Vorsitzenden geleitet, den die Gesellschafter aus ihrer Mitte mit einfacher Mehrheit der Stimmen der erschienenen und vertretenen Gesellschafter wählen. Bis zur Wahl wird die Versammlung durch den nach Lebensjahren ältesten Gesellschafter bzw. Vertreter eines Gesellschafters geleitet.

- Variante 1:
  (7) Die Gesellschafterversammlung wird von dem Geschäftsführer der Komplementärin geleitet; hat diese mehrere Geschäftsführer, steht die Leitung dem jeweils ältesten anwesenden Geschäftsführer zu. Ist kein Geschäftsführer anwesend oder ist kein Geschäftsführer bereit, die Gesellschafterversammlung zu leiten, wird der Leiter durch die versammelten Gesellschafter (Vertreter) mit der einfachen Mehrheit der Stimmen der erschienenen und vertretenen Gesellschafter gewählt.

- Variante 2:
  (7) Die Gesellschafterversammlung wird von dem ältesten anwesenden Gesellschafter oder Vertreter eines Gesellschafters geleitet, der zur Leitung bereit ist.

- Variante 3:
  (7) Die Gesellschafterversammlung wird von demjenigen der anwesenden Gesellschafter/Vertreter geleitet, der die höchste Kommanditeinlage hält und der zur Leitung bereit ist; bei gleichhohen Kommanditeinlagen steht die Leitung dem älteren bzw. ältesten Gesellschafter zu. Ist kein Gesellschafter bereit, die Versammlung zu leiten, wird sie von dem jeweils ältesten Geschäftsführer geleitet, der hierzu bereit ist.
  (8) Über die Gesellschafterversammlung ist ein Protokoll zu fertigen, das von dem Leiter der Gesellschafterversammlung zu erstellen ist; Abschriften des Protokolls sind allen Gesellschaftern unverzüglich zuzuleiten. Das Protokoll hat mindestens die anwesenden und vertretenen Gesellschafter, etwaige Verzichte auf die Erhaltung von Form- und Fristvorschriften, alle Anträge und alle Beschlüsse einschließlich der jeweiligen Abstimmungsergebnisse zu enthalten.
  (9) Werden Beschlüsse außerhalb von Gesellschafterversammlungen gefaßt, ist der Wortlaut des Beschlußantrages und das Ergebnis der Abstimmung in einem Protokoll festzuhalten. Das Protokoll ist von der Komplemen-

tärin zu erstellen; Abschriften des Protokolls sind allen Gesellschaftern unverzüglich zuzuleiten.

Erläuterungen zu § 10:

1. Allgemeines
2. Beschlußfähigkeit
3. Vertretung
4. Leitung
5. Protokoll

1. Allgemeines

Das HGB sieht für eine KG keine Gesellschafterversammlungen vor. Solche sind jedoch empfehlenswert. Der **Gesellschaftsvertrag** sollte daher die Form der Einberufung, die Einberufungsfristen, die Einberufungskompetenz, den Ort der Gesellschafterversammlung, die Vertretung von Gesellschaftern auf der Gesellschafterversammlung, die Leitung der Gesellschafterversammlung und die Erstellung des Protokolls über die Gesellschafterversammlung regeln.

2. Beschlußfähigkeit

Regeln über die Beschlußfähigkeit können Gesellschafter davor schützen, daß Beschlüsse auf Gesellschafterversammlungen gefaßt werden, bei denen sie nicht anwesend oder vertreten sind. Andererseits muß darauf geachtet werden, daß Minderheitsgesellschafter die Fassung von Beschlüssen nicht dadurch verhindern können, daß sie der Gesellschafterversammlung fernbleiben. In der Regel wird hier **zweistufig** verfahren. Ist die sogenannte erste Gesellschafterversammlung beschlußunfähig, so ist eine neue Gesellschafterversammlung mit gleicher Tagesordnung einzuberufen, die ohne Rücksicht auf die Zahl der Stimmen der anwesenden und vertretenen Gesellschafter beschlußfähig ist. Die Gesellschafterversammlung ist auch dann beschlußfähig, wenn zwar die Form- und Fristvorschriften für die Einberufung der Gesellschafterversammlung nicht eingehalten wurden, aber alle Gesellschafter anwesend oder vertreten sind. In diesem Fall entsteht das zusätzliche Problem, ob allein die Tatsache, daß alle Gesellschafter anwesend oder vertreten sind, die Beschlußfähigkeit herbeiführt, oder ob die anwesenden Gesellschafter und die Vertreter von Gesellschaftern noch zusätzlich **erklären** müssen, daß sie auf die Einhaltung der Form- und Fristvorschriften verzichten.

3. Vertretung

Eine weitere wichtige Frage ist es, welche Personen Gesellschafter auf Gesellschafterversammlungen vertreten können (nur andere Gesellschafter, Ehegatten, Abkömmlinge, zur Berufsverschwiegenheit verpflichtete, sachverständige Dritte, Treugeber, Testamentsvollstrecker usw.?). Insbesondere **Familiengesellschaften** scheuen sich, andere Vertreter als Gesellschafter, Abkömmlinge oder Ehegatten zuzulassen. Ein weiteres Problem, das geregelt werden sollte, ist das **Teilnahmerecht** von Beratern gemeinsam mit dem Gesellschafter auf Gesellschafterversammlungen. Insbesondere wenn Gesellschafter geschäftlich unerfahren sind, empfiehlt es sich, die Teilnahme Dritter zu gestatten, jedenfalls dann, wenn die anderen Gesellschafter von der Absicht, einen Berater mitzubringen, vorab informiert worden sind.

4. Leitung

Bei einer größeren Anzahl von Gesellschaftern erfordert die Durchführung der Gesellschafterversammlung einen Versammlungsleiter. Dieser wird durch die Gesellschafterversammlung gewählt, wobei die Wahl in der Regel durch den an Jahren ältesten Anwesenden geleitet wird. Ein generelles Recht zur Versammlungsleitung steht weder dem Geschäftsführer noch dem Alleingesellschafter der Komplementär-GmbH zu. Wird dieses Verfahren von den Gesellschaftern nicht gewünscht, müssen sie die Bestimmung des Leiters der Versammlung im **Gesellschaftsvertrag** abweichend regeln. Der Mustervertrag bietet vier Varianten hierzu (Abs. 7).

5. Protokoll

Vom Gesetz wird die Erstellung eines Versammlungsprotokolls nicht gefordert, ein solches ist aber aus **Beweisgründen** zu empfehlen. Der Inhalt des Protokolls muß dem Zweck gerecht werden, den Verlauf der Versammlung so genau wiederzugeben, daß Abwesende sich ohne Schwierigkeiten über den Inhalt der Veranstaltung unterrichten können und bei Streit über Vorgänge und gefaßte Beschlüsse durch das Protokoll Klarheit geschaffen wird. Eine gesonderte Bestimmung über die Erstellung eines Protokolls empfiehlt sich für den Fall, daß Beschlüsse außerhalb von Gesellschafterversammlungen gefaßt werden können.

§ 11
Gesellschafterbeschlüsse

(1) Gesellschafterbeschlüsse werden mit der einfachen Mehrheit der Stimmen aller Gesellschafter gefaßt, soweit der Vertrag oder das Gesetz nicht eine andere Mehrheit zwingend vorschreibt. Die Gesellschafter beschließen mit dieser Mehrheit insbesondere über folgende Angelegenheiten:
a) Ausschluß von Gesellschaftern
b) Bestimmung des Wirtschaftsprüfers

§ 11 Gesellschafterbeschlüsse

    c) Entlastung der Komplementärin
    d) ...

- Variante 1:
(1) Gesellschafterbeschlüsse werden mit der einfachen Mehrheit der Stimmen der anwesenden und vertretenen Gesellschafter gefaßt, soweit der Vertrag oder das Gesetz nicht eine andere Mehrheit zwingend vorschreibt. Die Gesellschafter beschließen mit dieser Mehrheit insbesondere über folgende Angelegenheiten:
a) Ausschluß von Gesellschaftern
b) Bestimmung des Wirtschaftsprüfers
c) Entlastung der Komplementärin
d) ...

- Variante 2:
(1) Gesellschafterbeschlüsse werden mit der einfachen Mehrheit der abgegebenen Stimmen gefaßt, soweit der Vertrag oder das Gesetz nicht eine andere Mehrheit zwingend vorschreibt. Die Gesellschafter beschließen mit dieser Mehrheit insbesondere über folgende Angelegenheiten:
a) Ausschluß von Gesellschaftern
b) Bestimmung des Wirtschaftsprüfers
c) Entlastung der Komplementärin
d) ...
(2) Eine Mehrheit von ... % der Stimmen der anwesenden und vertretenen Gesellschafter ist in folgenden Angelegenheiten erforderlich:
a) Feststellung des Jahresabschlusses
b) Zustimmung zu zustimmungsbedürftigen Geschäften gemäß § 8 Abs. 3
c) Bildung von Rücklagen
d) Auszahlungen an Kommanditisten
e) ...

- Variante 1:
(2) Eine Mehrheit von ... % der Stimmen aller Gesellschafter ist in folgenden Angelegenheiten erforderlich:
a) Feststellung des Jahresabschlusses
b) Zustimmung zu zustimmungsbedürftigen Geschäften gemäß § 8 Abs. 3
c) Bildung von Rücklagen
d) Auszahlungen an Kommanditisten
e) ...

- Variante 2:
(2) Eine Mehrheit von ... % der abgegebenen Stimmen ist in folgenden Angelegenheiten erforderlich:
a) Feststellung des Jahresabschlusses
b) Zustimmung zu zustimmungsbedürftigen Geschäften gemäß § 8 Abs. 3

c) Bildung von Rücklagen
d) Auszahlungen an Kommanditisten
e) ...

(3) Folgende Beschlüsse können in jedem Fall nur mit den Stimmen aller vorhandenen Gesellschafter gefaßt werden:
a) Aufnahme neuer Gesellschafter,
b) Zustimmung zur Verfügung und Belastung von Gesellschaftsanteilen und sonstigen Rechten gegen die Gesellschaft,
c) Auflösung der Gesellschaft,
d) Änderungen des Gesellschaftsvertrages,
e) Beschlüsse, die eine Nachschußpflicht begründen,
f) ...

(4) Je DM 1000,- des festen Kapitalkontos gewähren eine Stimme. Das Stimmrecht der Komplementärin ist ausgeschlossen, außer in Angelegenheiten, die ihre Rechte und Pflichten innerhalb der Gesellschaft betreffen. Steht der Komplementärin ein Stimmrecht zu, hat sie ... Stimmen.

(5) Außer in den vom Gesetz angeordneten Fällen ist das Stimmrecht eines Gesellschafters auch in den Fällen des § 47 Abs. 4 GmbHG ausgeschlossen.

- Variante:

(5) Außer in den vom Gesetz angeordneten Fällen ist das Stimmrecht eines Gesellschafters auch in den Fällen des § 136 Abs. 1 AktG ausgeschlossen.

(6) Ist das Stimmrecht eines Gesellschafters in einzelnen Angelegenheiten ausgeschlossen, werden seine Stimmen bei der Ermittlung der für den Beschluß erforderlichen Stimmen nicht berücksichtigt.

(7) Die Nichtigkeit eines fehlerhaften Beschlusses der Gesellschafter ist innerhalb eines Monats seit Zugang des betreffenden Protokolls durch gerichtliche Feststellungsklage geltend zu machen.

Erläuterungen zu § 11:

1. Allgemeines
2. Mehrheitsbeschlüsse
3. Mehrheiten
4. Stimmrechtsausschluß
5. Stimmrecht der Komplementärin
6. Anfechtung von Gesellschafterbeschlüssen

1. Allgemeines

Gesellschafterbeschlüsse sind nach dem Gesetz **einstimmig** zu fassen (§ 119 Abs. 1 HGB), soweit der Gesellschaftsvertrag nichts anderes bestimmt. Sie kommen grundsätzlich formfrei zustande. Eine Versammlung der Gesellschafter ist nicht erforderlich. Es genügt eine Stimmabgabe.

§ 11 Gesellschafterbeschlüsse

2. Mehrheitsbeschlüsse

Hat nach dem Gesellschaftsvertrag die Mehrheit der Stimmen zu entscheiden, so ist die Mehrheit im Zweifel nach der Zahl der Gesellschafter zu berechnen (§ 119 Abs. 2 HGB). Diese Regelung ist antiquiert. Moderne Gesellschaftsverträge sehen in der Regel Mehrheitsbeschlüsse vor, wobei sich die Zahl der Stimmen eines jeden Gesellschafters jedoch nach der Höhe seines festen Kapitalkontos richtet. Läßt der Gesellschaftsvertrag Beschlüsse mit Stimmenmehrheit zu, so bezieht sich eine solche allgemeine Vertragsbestimmung nur auf Akte der **Geschäftsführung**, nicht auf Beschlüsse, die wesentliche Rechte und Pflichten von Gesellschaftern ändern, insbesondere wenn sie sich auf den Bestand und die Organisation der Gesellschaft wie Zweck, Mitgliedschaft, Ausschluß, Geschäftsführung und Vertretung, Erhöhung der Beiträge, Auflösung, Auseinandersetzung, Verzicht auf Schadensersatzansprüche gegen geschäftsführende Gesellschafter wegen Vertragsverletzung etc. beziehen.[60] Jedoch können auch Änderungen der Grundlagen der Gesellschaft durch Mehrheitsentscheidungen erfolgen, wenn aus dem Gesellschaftsvertrag klar ersichtlich ist, daß gerade für die betreffende Abänderung das Mehrheitsprinzip gelten soll (sogenannter **Bestimmtheitsgrundsatz**).[61] Dies bedeutet, daß jede Vertragsänderung, die mit Mehrheit beschlossen werden soll, im Gesellschaftsvertrag einzeln aufgeführt werden muß. Der Bestimmtheitsgrundsatz gilt jedoch **nicht** für **Publikumsgesellschaften**. Hier sind vertragsändernde Mehrheitsbeschlüsse auch dann zulässig, wenn der Gesellschaftsvertrag dies vorsieht, ohne die Beschlußgegenstände im einzelnen zu bezeichnen.[62]

3. Mehrheiten

Mehrheitsbeschlüsse können gefaßt werden mit
– einer bestimmten Mehrheit **aller vorhandenen** Stimmen
– einer bestimmten Mehrheit der Stimmen der **anwesenden und vertretenen** Gesellschafter oder
– mit einer bestimmten Mehrheit der **abgegebenen** Stimmen.

Viele Gesellschaftsverträge, die Mehrheitsentscheidungen zulassen, definieren die Stimmenmehrheit nicht ausreichend. So kann man oft lesen, daß Beschlüsse mit der „Mehrheit von ...% der Stimmen" gefaßt werden. Derartige Formulierungen lassen die Frage offen, welche Mehrheit (der abgegebenen Stimmen? Aller Stimmen? Der Stimmen der anwesenden und vertretenen Gesellschafter?) gemeint ist. Bei der Abfassung eines Gesellschaftsvertrages ist daher strikt darauf zu achten, daß die jeweilige Stimmenmehrheit genau definiert wird. Welche der drei Möglichkeiten jeweils im Einzelfall gewählt wird, hängt von der jeweiligen Interessenlage ab.

4. Stimmrechtsausschluß

Das Gesetz schließt das Stimmrecht des betroffenen Gesellschafters lediglich in den Fällen der §§ 113 Abs. 2 (Geltendmachung von Ansprüchen gegen einen Gesellschafter, der das Wettbewerbsverbot verletzt hat), 117 (Beschlußfassung über die Entziehung der Geschäftsführungsbefugnis), 127 (Beschlußfassung über die Entziehung der Vetretungsmacht), 140 (Ausschluß eines Gesellschafters), 141 (Beschluß über die Fortsetzung der Gesellschaft im Falle der Kündigung durch den Gläubiger eines Gesellschafters) HGB aus. Nicht geregelt im HGB ist die Frage des Ausschlusses des Stimmrechtes eines Gesellschafters in anderen Fällen der Kollision des persönlichen Interesses mit dem Gesellschaftsinteresse. Ob das Stimmrecht – wie bei Kapitalgesellschaften in den Fällen des § 47 Abs. 4 GmbHG oder des § 136 Abs. 1 AktG – entfällt, ist streitig.[63] Es empfiehlt sich daher, im **Gesellschaftsvertrag** diese Frage klar zu stellen (vgl. Abs. 5 mit Variante des Gesellschaftsvertrages).

5. Stimmrecht der Komplementärin

Es ist möglich, das Stimmrecht eines Gesellschafters einer KG auszuschließen, ausgenommen für Beschlüsse, die in die Rechtsstellung des Gesellschafters selbst eingreifen.[64] Dies gilt auch für die GmbH in der GmbH & Co. KG. Soweit der Komplementär-GmbH ein Stimmrecht zusteht, stellt sich die Frage, über welche Anzahl von Stimmen die GmbH verfügen soll. Hat die GmbH eine Einlage geleistet, kann sich das Stimmrecht der Komplementär-GmbH nach der Höhe der Einlage richten. Hat die GmbH jedoch keine Einlage geleistet, und hängt die Anzahl der Stimmen der Gesellschafter von der Höhe ihrer Einlage ab, so muß der Komplementär-GmbH eine bestimmte Anzahl von Stimmen eingeräumt werden. Die Anzahl der Stimmen kann zum Beispiel an Hand des Stammkapitals der GmbH bemessen werden. Beträgt das Stammkapital der GmbH 50 000,– DM, und gewährt nach dem Gesellschaftsvertrag je DM 1000,– einer Kommanditeinlage eine Stimme, so könnten der GmbH fünfzig Stimmen zugewiesen werden.

6. Anfechtung von Gesellschafterbeschlüssen

Fehlerhafte Gesellschafterbeschlüsse sind nach herrschender Meinung in der Regel **nichtig**.[65] Der Gesellschaftsvertrag sollte für die Geltendmachung der Nichtigkeit eine **Frist** bestimmen, damit im Interesse der Rechtsklarheit nach Ablauf der Frist feststeht, ob der Beschluß trotz seiner Nichtigkeit für die Gesellschafter bindend ist oder nicht.

§ 12
Jahresabschluß

(1) Die Komplementärin hat innerhalb von ... Monaten nach dem Ende eines Geschäftsjahres den Jahresabschluß für das abgelaufene Geschäftsjahr unter Beachtung handelsrechtlicher Vorschriften aufzustellen und den Gesellschaftern den Entwurf unverzüglich zu übersenden.

- Variante:

(1) Die Komplementärin hat innerhalb der gesetzlichen Frist (§ 243 Ab. 3 HGB) den Jahresabschluß für das abgelaufene Geschäftsjahr aufzustellen und den Gesellschaftern den Entwurf unverzüglich zu übersenden. Soweit nicht zwingende handelsrechtliche Vorschriften entgegenstehen, sind die steuerrechtlichen Vorschriften über die Gewinnermittlung zu beachten.

(2) Für die Gliederung des Jahresabschlusses sind die Gliederungsschemata für große Kapitalgesellschaften entsprechend anzuwenden.

(3) Die Verzinsung der Verrechnungskosten im Soll und Haben, die Kosten der Geschäftsführung und die Haftungsprämie für die Komplementärin sind als Aufwand bzw. als Ertrag zu behandeln.

(4) Der Jahresabschluß ist von einem Wirtschaftsprüfer – soweit möglich – nach den für Kapitalgesellschaften geltenden Grundsätzen zu prüfen. Eine Abschrift des Jahresabschlusses und des Prüfungsberichtes ist den Gesellschaftern unverzüglich zuzuleiten.

- Variante:

(4) Die Gesellschafter können beschließen, daß der Jahresabschluß von einem Wirtschaftsprüfer nach den für Kapitalgesellschaften geltenden Grundsätzen geprüft wird. Der Jahresabschluß und der Prüfungsbericht sind den Gesellschaftern unverzüglich zuzuleiten.

(5) Der Jahresabschluß wird von der Gesellschafterversammlung festgestellt. Der Entwurf des Jahresabschlusses ist den Gesellschaftern rechtzeitig vor der Beschlußfassung, mindestens jedoch 14 Tage vorher, zuzuleiten.

- Variante:

(5) Der Jahresabschluß wird von der Komplementärin festgestellt. Jedem Kommanditisten ist unverzüglich eine Abschrift des Jahresabschlusses zu übersenden.

Erläuterungen zu § 12:

1. Allgemeines
2. Aufstellungsfrist
3. Aufstellungsgrundsätze
4. Gliederung
5. Erläuterung zu Absatz 3 des Mustervertrages
6. Prüfung des Jahresabschlusses
7. Feststellung des Jahresabschlusses
8. Kontrollrechte
9. Publizität des Jahresabschlusses

1. Allgemeines

Die handelsrechtlichen Grundsätze für die Buchführung und Bilanzierung einer Personengesellschaft finden sich in den Vorschriften der §§ 238 bis 263 HGB. Diese gelten auch für die GmbH & Co. KG. Hiernach hat die KG zu Beginn ihres Handelsgewerbes und für den Schluß eines jeden Geschäftsjahres einen das Verhältnis des Vermögens zu den Schulden darstellenden Abschluß (Eröffnungsbilanz, Bilanz) aufzustellen (§ 242 Abs. 1 Satz 1 HGB). Die Bilanz und die Gewinn- und Verlustrechnung bilden den **Jahresabschluß** (§ 242 Abs. 3 HGB). Vorschriften, welche Posten auf der Aktivseite und der Passivseite der Bilanz anzusetzen sind, enthalten die Vorschriften der §§ 246 ff. HGB, Wertungsgrundsätze finden sich in den Vorschriften der §§ 252 ff. HGB.

2. Aufstellungsfrist

Das Gesetz sieht keine bestimmte Frist vor, innerhalb derer die Aufstellung des Jahresabschlusses einer KG zu erfolgen hat. § 243 Abs. 3 HGB verlangt lediglich die Aufstellung innerhalb der einem **ordnungsgemäßen** Geschäftsgang entsprechenden Zeit. Die 6-Monatsfrist für kleine Kapitalgesellschaften (§ 264 Abs. 1 HGB) gilt aber grundsätzlich entsprechend auch für Personengesellschaften und darf nur in besonderen Ausnahmefällen geringfügig überschritten werden.[71]

3. Aufstellungsgrundsätze

Der Jahresabschluß ist nach den Grundsätzen ordnungsmäßiger Buchführung aufzustellen. Er muß klar und übersichtlich sein (§ 243 Abs. 1 und 2 HGB). Die Gesellschafter können, soweit die Vorschriften der §§ 238 ff. HGB nicht zwingender Natur sind, vereinbaren, von diesen Vorschriften abzuweichen. Eine solche Vereinbarung erfolgt oft insoweit, als bestimmt wird, daß die **steuerrechtlichen** Vorschriften über die Gewinnermittlung zu beachten sind, soweit nicht zwingende handelsrechtliche Vorschriften entgegenstehen (vgl. die Variante zu Abs. 1 des Mustervertrages). Das Steuerrecht erklärt zwar grundsätzlich die handelsrechtlichen Grundsätze ordnungsmäßer Buchführung für die Aufstellung des Jahresabschlusses als maßgeblich (§ 5 Abs. 1 Satz 1 EStG). Das Steuerrecht enthält jedoch zum Teil abweichende Regeln, da es Zweck der einkommensteuerrechtlichen Gewinnermittlung ist, den „wirklichen Gewinn" zu erfassen. Eine Vereinbarung, wobei bei der Aufstellung des Jahresabschlusses die steuerrechtlichen Vorschriften über die Gewinnermittlung zu beachten sind, soweit nicht zwingende handelsrechtliche Vorschriften entgegenstehen, kann einen **doppelten** Sinn haben. Zum einen kann beabsichtigt sein, die Aufstellung einer Steuerbilanz neben der Handelsbilanz zu vermeiden. Zum anderen kann durch eine derartige Vorschrift bezweckt sein, die Ge-

§ 12 Jahresabschluß

sellschafter (in der Regel Minderheitsgesellschafter) zu schützen, die an einem möglichst hohen Gewinn und an möglichst hohen Ausschüttungen der GmbH & Co. KG interessiert sind. Wirtschaftsprüfer lieben diese Regelung jedoch nicht, da sie ihnen **Beschränkungen** bei der Aufstellung der Handelsbilanz auferlegt.

4. Gliederung

Anders als bei Kapitalgesellschaften ist für Personengesellschaften kein Gliederungsschema der Bilanz und der Gewinn- und Verlustrechnung vorgeschrieben. Das Gesetz verlangt lediglich, daß das Anlage- und Umlaufvermögen, das Eigenkapital, die Schulden sowie die Rechnungsabgrenzungsposten gesondert auszuweisen und „hinreichend aufzugliedern" sind (§ 247 Abs. 1 HGB). Die Bundessteuerberaterkammer hat wiederholt empfohlen, auch für Personenhandelsgesellschaften das Bilanzgliederungsschema für große Kapitalgesellschaften anzuwenden.[72] Ist dies von den Gesellschaftern gewollt, muß dies in den **Gesellschaftsvertrag** aufgenommen werden (vgl. Abs. 2 des Mustervertrages).

5. Erläuterung zu Absatz 3 des Mustervertrages

Durch Absatz 3 wird im Verhältnis der Gesellschafter zueinander klargestellt, daß Geschäftsführergehälter, Haftungsprämien für die Komplementärin und Zinsen im Verhältnis der Gesellschafter zueinander handelsrechtlich Aufwand sind, und zwar ohne Rücksicht auf die andere steuerliche Behandlung (steuerrechtlich werden Geschäftsführergehälter, Zinsen und Haftungsprämien als Gewinn des Gesellschafters behandelt, der diese Beträge erhält, vgl. unten S. 87). Absatz 3 des Mustervertrages ist überflüssig, wenn jeweils bei den Regelungen über Verrechnungskosten, Geschäftsführung, Haftungsprämie bestimmt wurde, daß diese Beträge als Aufwand bzw. Ertrag zu behandeln sind (vgl. Mustervertrag § 6 Abs. 5, § 9 Abs. 4).

6. Prüfung des Jahresabschlusses

Nach derzeitiger Rechtslage ist der Jahresabschluß einer Personengesellschaft noch nicht zu prüfen. Dies wird sich jedoch auf Grund der sogenannten „**GmbH & Co.-Richtlinie**" der Europäischen Gemeinschaft, die bis zum 31.12. 93 vom deutschen Gesetzgeber **umzusetzen** ist, für GmbH & Co. KG's ändern, bei denen eine Kapitalgesellschaft oder eine GmbH & Co. KG **alleinige** persönlich haftende Gesellschafter sind.

7. Feststellung des Jahresabschlusses

Nur die Aufstellung des Jahresabschlusses ist Angelegenheit des persönlich haftenden Gesellschafters. Die Feststellung des Jahresabschlusses fällt in die Zuständigkeit **aller** Gesellschafter.[73] Diese Auffassung wird in der gesellschaftsrechtlichen Literatur zum Teil bestritten.[74] Es empfiehlt sich daher, im **Vertrag** diese Streitfrage zu regeln. Im Mustervertrag erfolgte dies im Absatz 5 einschließlich seiner Variante.

8. Kontrollrechte

Siehe hierzu § 21 des Mustervertrages und die Erläuterungen hierzu, S. 114.

9. Publizität des Jahresabschlusses

Bislang besteht nur für Kapitalgesellschaften eine Offenlegungspflicht für ihre Jahresabschlüsse. Die GmbH & Co. KG ist hiervon zur Zeit noch nicht betroffen. Die Europäische Gemeinschaft hat jedoch mit der **GmbH & Co.-Richtlinie** beschlossen, daß auch der Jahresabschluß der GmbH & Co. zu publizieren und bei entsprechender Größenordnung auch zu prüfen ist, wenn alleinige persönlich haftende Gesellschafterin eine Kapitalgesellschaft oder eine GmbH & Co. ist. Die Umsetzung soll bis zum **31.12. 1993** erfolgen, wobei die Publizitätspflicht erstmalig auf Geschäftsjahre Anwendung finden soll, die ab dem **1.1. 1995** beginnen.

§ 13
Ergebnisverteilung

(1) Der Gewinn der Gesellschaft verteilt sich auf die Kommanditisten im Verhältnis ihrer festen Kapitalkonten.

- Variante 1:

(1) Der Gewinn der Gesellschaft wird wie folgt verteilt:
   a) Zunächst werden die Verrechnungskonten der Kommanditisten mit ...% p.a. nach der Zinsstaffelmethode verzinst.
   b) Der verbleibende Gewinn wird auf die Kommanditisten im Verhältnis ihrer festen Kapitalkonten verteilt.

- Variante 2:

(1) Der Gewinn der Gesellschaft wird wie folgt verteilt:
   a) Zunächst werden die Verrechnungskonten der Kommanditisten mit ...% p.a. verzinst; maßgeblich ist der jeweilige Stand der Verrechnungskonten am Ende eines Kalendermonats. Verzinst wird jedoch nur der Teil, der über das jeweils niedrigste Verrechnungskonto eines Kommanditisten hinausgeht.
   b) Der verbleibende Gewinn wird auf die Kommanditisten im Verhältnis ihrer festen Kapitalkonten verteilt.

§ 13 Ergebnisverteilung

- Variante 3:
(1) Der Gewinn der Gesellschaft wird wie folgt verteilt:
   a) Zunächst erhält die Komplementärin einen Gewinnanteil in Höhe von ...% ihres am jeweiligen Ende eines Geschäftsjahres vorhandenen Stammkapitals;
   b) sodann werden die Verrechnungskonten der Kommanditisten mit ...% p. a. nach der Zinsstaffelmethode verzinst;
   c) der restliche Gewinn wird unter den Kommanditisten im Verhältnis ihrer festen Kapitalkonten verteilt.
(2) Gewinnanteile der Kommanditisten werden auf ihren Verrechnungskonten gutgeschrieben, sofern keine Kapitalverlustkonten aufzufüllen sind.

- Variante 1:
(2) Gewinnanteile der Kommanditisten werden jeweils zu ...% dem Rücklagekonto (den Rücklagekonten) und zu ...% den Verrechnungskonten gutgeschrieben. Die Gesellschafterversammlung kann mit einer Mehrheit von ...% aller Stimmen (oder der abgegebenen Stimmen oder der Stimmen der anwesenden und vertretenen Gesellschafter) eine abweichende Aufteilung zwischen Rücklagekonto und Verrechnungskonten beschließen.

- Variante 2:
(2) Gewinnanteile der Kommanditisten werden jeweils zu ...% dem Rücklagekonto und zu ...% den Verrechnungskonten gutgeschrieben, bis das Guthaben auf dem (auf den) Rücklagekonto (Rücklagekonten) den Betrag erreicht hat, der der Summe aller Kapitalkonten (der dem zweifachen, dreifachen ... der Summe aller Kapitalkonten) entspricht.
(3) Ein etwaiger Jahresfehlbetrag ist entsprechend den festen Kapitalkonten unter den Kommanditisten zu verteilen. Die Komplementärin ist – ungeachtet ihrer unbeschränkten Haftung im Außenverhältnis – an einem etwaigen Verlust nicht beteiligt; die beschränkte Haftung der Kommanditisten wird hierdurch nicht durchbrochen.
(4) Scheidet ein Gesellschafter im Laufe eines Wirtschaftsjahres aus, ist er am Ergebnis der Gesellschaft pro rata temporis beteiligt.

- Variante:
(4) Scheidet ein Gesellschafter im Laufe eines Wirtschaftsjahres aus, ist er am Ergebnis dieses Wirtschaftsjahres nicht beteiligt.

Erläuterungen zu § 13:

1. Gesetzliche Gewinnverteilung
2. Gewinnverteilung unter den Kommanditisten
3. Beteiligung der GmbH am Gewinn
4. Ausschluß der GmbH vom Verlust
5. Ergebnisverteilung in Familien-GmbH & Co. KG's
6. Zufluß des Ergebnisses
7. Rücklage
8. Ergebnisverteilung beim Ausscheiden eines Gesellschafters im Laufe eines Wirtschaftsjahres
9. Ergebnisverteilung beim Eintritt eines Gesellschafters im Laufe eines Wirtschaftsjahres

1. Gesetzliche Gewinnverteilung

Nach dem **Gesetz** wird der Gewinn einer KG wie folgt verteilt: Zunächst werden die Kapitalanteile mit je 4 % verzinst. Der darüber hinausgehende Gewinn sowie der Verlust werden, soweit nicht im Gesellschaftsvertrag etwas anderes vereinbart ist, in einem angemessenen Verhältnis verteilt (§ 168 HGB). Hinsichtlich der Beteiligung des Kommanditisten am Verlust bestimmt das Gesetz zwar in § 167 Abs. 3 HGB, daß der Kommanditist nur bis zu dem Betrag seines Kapitalanteils und seiner noch ausständigen Einlage am Verlust teilnimmt. Die herrschende Meinung legt das Gesetz jedoch gegen seinen Wortlaut dahingehend aus, daß der Kommanditist sehr wohl einen **negativen Kapitalanteil** haben kann. Er muß ihn allerdings mit späteren Gewinnanteilen zunächst wieder auf Null bringen. Scheidet ein Kommanditist mit einem passiven Kapitalanteil aus, ist er nicht zum Nachschuß verpflichtet.

2. Gewinnverteilung unter den Kommanditisten

Es liegt auf der Hand, daß die gesetzliche Regelung zum Streit darüber führen kann, wie der Gewinn zu verteilen ist. Aus diesem Grund regeln moderne Gesellschaftsverträge die Gewinnverteilung hiervon abweichend, in der Regel nach dem Verhältnis der festen Kapitalkonten (vgl. Abs. 1 des Mustervertrages). Sollen Zinsen auf Verrechnungskonten nicht als Aufwand der Gesellschaft behandelt werden, sondern im Rahmen der Gewinnverteilung abgegolten werden, wird bestimmt, daß zunächst die Verrechnungskonten nach einem bestimmten Modus zu verzinsen sind und nur der verbleibende Gewinn auf die Gesellschafter im Verhältnis ihrer festen Kapitalkonten verteilt wird. Der Mustervertrag schlägt in den Varianten 1 und 2 zu Abs. 1 hierfür zwei Möglichkeiten vor. Zur Verteilung von **Verlusten** unter den Kommanditisten s.o. S. 65.

3. Beteiligung der GmbH am Gewinn

Die Regelungen über die Beteiligung der GmbH am Ergebnis der KG ist in der Regel vom **Steuerrecht** geprägt. Handelsrechtlich ist es zwar ohne weiteres möglich, die GmbH am Ergebnis der Gesellschaft überhaupt nicht zu beteiligen. Steuerrechtlich wird eine Gewinnverteilung jedoch nur nach folgenden Grundsätzen[75] anerkannt: Hat die GmbH bei der KG eine Vermögenseinlage geleistet, ist eine Gewinnverteilung nur dann angemessen, wenn der GmbH auf Dauer Ersatz ihrer Auslagen und eine den Kapitaleinsatz und das eventuell vorhandene Haftungsrisiko berücksichtigende Beteiligung am Gewinn in einer Höhe eingeräumt ist, mit der sich eine aus gesellschaftsfremden Personen bestehende GmbH zufrieden gegeben hätte. Hat die GmbH keine Vermögenseinlage erbracht, ist eine Gewinnverteilungsabrede nur dann steuerlich angemessen, wenn sie der

§ 13 Ergebnisverteilung   87

GmbH (neben Auslagenersatz) ein Entgelt gewährt, das in etwa einer banküblichen Avalprovision entspricht. Regelt der Gesellschaftsvertrag die Erstattung des Auslagenersatzes und die Haftungsvergütung nicht unabhängig von der Ergebnisverteilung, und bestimmt er nicht, daß Auslagenerstattung und Haftungsprämie von der Gesellschaft als Aufwand zu behandeln ist, muß die GmbH daher aus steuerrechtlichen Gründen einen Vorweggewinn in Höhe ihrer Auslagen und der steuerrechtlich erforderlichen Haftungsprämie erhalten. Erst der verbleibende Gewinn kann zur Verzinsung der Verrechnungskonten und/oder zur Verteilung unter den Kommanditisten verwandt werden. Nach ständiger Rechtsprechung des BFH[76] kann in einem unangemessenen niedrigen Gewinnanteil der Komplementär-GmbH eine **verdeckte Gewinnausschüttung**[76a] an den Kommanditisten liegen, der zugleich Gesellschafter der GmbH ist. Ein überhöhter Gewinnanteil der Komplementär-GmbH ist als **verdeckte Einlage**[76b] zu beurteilen.[76c]

4. Ausschluß der GmbH vom Verlust

Es ist handelsrechtlich möglich und zur Vermeidung einer Überschuldung der GmbH zweckmäßig, die Komplementär-GmbH im Innenverhältnis von einer Beteiligung an einem etwaigen Verlust der KG auszuschließen. Ein derartiger Ausschluß bedeutet jedoch nicht ohne weiteres eine Freistellungspflicht der anderen Gesellschafter, diese setzt vielmehr einen eindeutigen Ausschluß der Vorschriften des § 167 Abs. 3 HGB voraus, der in der Regel zu verneinen ist.[77] Wird eine Komplementär-GmbH von einem etwaigen Verlust der KG ausgeschlossen, so empfiehlt sich die Klarstellung, daß hiermit keine Durchbrechung des Grundsatzes in § 167 Abs. 3 HGB beabsichtigt ist. Diese Klarstellung erfolgt durch die Einfügung des Satzes, daß die beschränkte Haftung der Komplementärin hierdurch nicht durchbrochen wird (vgl. Abs. 3 letzter Halbsatz des Mustervertrages).

5. Ergebnisverteilung in Familien-GmbH & Co. KG's

Weitere Besonderheiten sind bei der Gestaltung der Ergebnisverteilung in einer GmbH & Co. KG zu beachten, die aus Familienangehörigen besteht. Wird die Beteiligung an einer Kommanditgesellschaft Abkömmlingen unentgeltlich zugewandt, die nicht in der Gesellschaft mitarbeiten, wird der vereinbarte Gewinnverteilungsschlüssel steuerrechtlich nur anerkannt, wenn er für die Abkömmlinge eine durchschnittliche **Rendite** von nicht mehr als 15 % des tatsächlichen Werts der Kommanditeinlage ergibt.[78] Entscheidend ist hierbei nicht der tatsächlich zugeflossene Gewinn, sondern die Gewinnverteilungsabrede. Gewinnanteile, welche hiernach nicht angemessen sind, werden den übrigen Gesellschaftern zugerechnet. Darüber hinaus ist zu beachten, daß Abkömmlinge, denen eine KG-Beteiligung geschenkt wurde, nur dann **Mitunternehmer** im steuerlichen Sinne werden, wenn ihnen wenigstens annäherungsweise diejenigen Rechte eingeräumt sind, die einem Kommanditisten nach dem HGB zukommen.[79] Sie sind nicht Mitunternehmer, wenn ihre Rechtsstellung nach dem Gesamtbild zugunsten der Eltern in einer Weise beschränkt ist, wie dies in Gesellschaftsverträgen zwischen Fremden nicht üblich ist. Insbesondere dem Umstand, daß ein Kommanditist gegen seinen Willen aus der KG gedrängt werden kann und als Abfindung nur den Buchwert erhält, kommt hierbei eine besondere Bedeutung zu. Darf ein Kommanditist bei Beschlüssen nicht mitstimmen und ist sein Widerspruchsrecht gemäß § 164 HGB ausgeschlossen, ist er kein Mitunternehmer. Dasselbe gilt, wenn der Kommanditist in keinem Fall den Mehrheitsgesellschafter an einer Beschlußfassung hindern kann. Wird ein Familienangehöriger entgeltlich in der Weise als Kommanditist aufgenommen, daß er sich zwar zu einer Kapitaleinlage verpflichtet, diese aber nur aus künftigen Gewinnanteilen zu leisten hat, ist er jedenfalls im Jahre des Vertragsabschlusses kein Mitunternehmer. Bei Familiengesellschaften ist bei der Ausgestaltung der Gesellschafterrechte daher ganz besonders darauf zu achten, daß die Abkömmlinge auch Mitunternehmer im Sinne von § 15 Abs. 1 Nr. 2 EStG werden, wenn die Beteiligung steuerrechtlich anerkannt werden soll.

6. Zufluß des Ergebnisses

Handelsrechtlich hat ein Gesellschafter keinen Anspruch auf Auszahlung seines Gewinnanteils, bevor die Bilanz der KG für das abgelaufene Geschäftsjahr festgestellt worden ist.[80] Das Steuerrecht weicht hiervon ab. Steuerrechtlich wird der Gewinn oder Verlust den Gesellschaftern anteilig am Ende des jeweiligen Wirtschaftsjahres der Personengesellschaft zugerechnet.[81] Unerheblich für die Höhe und den Zeitpunkt der Zurechnung ist es, ob die Bilanz bereits festgestellt worden ist, ob und wann die Gesellschafter eine Gewinnausschüttung beschließen, und ob der Gewinnanteil entnahmefähig ist.[82] Der Zufluß des Gewinnanteils kann daher steuerrechtlich nicht – wie bei einer GmbH – durch Gewinnverwendungsbeschlüsse gesteuert werden.

7. Rücklage

Im Interesse der Steigerung des Eigenkapitals der Gesellschaft wird in Verträgen vielfach vorgesehen, daß bestimmte Teile des Jahresergebnisses dem Rücklagekonto gutgeschrieben werden.[83] Die Zuführungen zur Rücklage können entweder jedes Jahr zwingend, gegebenenfalls bis zur Erreichung eines Höchstbetrages, vorgesehen oder von einem Gesellschafterbeschluß abhängig gemacht werden. Die Varianten 1 und 2 zu Abs. 2 des Mustervertrages geben hierzu Formulierungsvorschläge. Sollen keine Zuführungen zu Rücklagekonten erfolgen, werden die Gewinnanteile auf den Verrechnungskonten der Kommanditisten gutgeschrieben, sofern keine Kapitalverlustkonten aufzufüllen sind (vgl. Abs. 2 des Mustervertrages).

8. Ergebnisverteilung beim Ausscheiden eines Gesellschafters im Laufe eines Wirtschaftsjahres

Scheidet ein Gesellschafter im Laufe eines Wirtschaftsjahres aus, stellt sich die Frage, ob er am Ergebnis dieses Wirtschaftsjahres pro rata temporis seiner Zugehörigkeit beteiligt ist oder nicht. Handelsrechtlich kann diese Frage beliebig geregelt werden.[84] Steuerrechtlich ist der ausgeschiedene Gesellschafter am Ergebnis pro rata temporis beteiligt.[85] Streitig ist, ob seine Beteiligung am Ergebnis des laufenden Wirtschaftsjahres auch mit steuerlicher Wirkung im Gesellschaftsvertrag ausgeschlossen werden kann[86] (vgl. Abs. 4 des Mustervertrages).

9. Ergebnisverteilung beim Eintritt eines Gesellschafters im Laufe eines Wirtschaftsjahres

Ähnliche Probleme wie beim Ausscheiden stellen sich beim Eintritt eines Gesellschafters im Laufe eines Wirtschaftsjahres.[86a] Handelsrechtlich kann ohne weiteres vereinbart werden, daß der eingetretene Gesellschafter am Ergebnis des gesamten Wirtschaftsjahres teilnimmt. Steuerlich würde diese Gewinnbeteiligung nicht anerkannt werden, da die Rechtsprechung und die Finanzverwaltung nur eine Gewinnbeteiligung pro rata temporis zulassen.[86b] Diese einseitig an Abschreibungsgesellschaften orientierte Rechtsprechung ist zwar abzulehnen; im Interesse der Gesellschafter ist ihr bei der Gestaltung der Gewinnbeteiligung beim Eintritt eines neuen Gesellschafters jedoch Rechnung zu tragen. Ein Bedürfnis, die Gewinnverteilung für den Fall des Eintritts eines neuen Gesellschafters bereits im Gesellschaftsvertrag allgemein zu regeln, besteht nicht; die Beteiligung des Gesellschafters am Ergebnis des Wirtschaftsjahres seines Eintritts wird in der Regel individuell ausgehandelt.

§ 14
Entnahmen, Auszahlungen

(1) Die Kosten der Geschäftsführung und die Haftungsprämie für die Komplementärin können von dieser zum jeweiligen Fälligkeitszeitpunkt entnommen werden.

(2) Auszahlungen an Kommanditisten zu Lasten ihrer Verrechnungskonten beschließt die Gesellschafterversammlung.

- Variante 1:
  (2) Kommanditisten sind berechtigt, die Auszahlung ihrer Guthaben auf Verrechnungskonten mit einer Ankündigungsfrist von ... Kalendertagen zu verlangen.

- Variante 2:
  (2) Kommanditisten können die Auszahlung von Guthaben auf ihren Verrechnungskonten jederzeit verlangen.

- Variante 3:
  (2) Kommanditisten sind berechtigt, von der Gesellschaft die Auszahlung folgender Beträge zu Lasten ihrer Verrechnungskonten je Geschäftsjahr zu verlangen, soweit Guthaben auf ihren Verrechnungskonten vorhanden sind:
  a) Bis zu ... % ihres steuerlichen Gewinnanteils aus der Gesellschaft aus dem vorangegangenen Geschäftsjahr zweckgebunden zur Bezahlung von fälligen Einkommen-, Kirchen- und Vermögensteuern.
  b) Über weitere Auszahlungen beschließt die Gesellschafterversammlung.

- Variante 4:
  (2) Die Kommanditisten sind berechtigt, von der Gesellschaft die Auszahlung folgender Beträge zu Lasten ihrer Verrechnungskonten zu verlangen, soweit Guthaben auf ihren Verrechnungskonten vorhanden sind:
  a) Von ihnen geschuldete Einkommensteuer-, Kirchensteuer- und Vermögensteuerzahlungen; die Höhe und Fälligkeit ist der Komplementärin nachzuweisen;
  b) ... % ihres steuerlichen Gewinnanteils für jedes abgelaufene Geschäftsjahr;
  c) im übrigen beschließt die Gesellschafterversammlung über Auszahlungen.

- Variante 5:
  (2) Die Kommanditisten sind berechtigt, von der Gesellschaft die Auszahlung folgender Beträge zu Lasten ihrer Verrechnungskonten zu verlangen, soweit Guthaben auf ihren Verrechnungskonten vorhanden sind:
  a) die von ihnen geschuldeten Einkommensteuern, Kirchensteuern und Vermögensteuern, soweit sie auf Gewinnanteile aus der Beteiligung an der KG bzw. auf den Wert der Beteiligung entfallen; die Höhe und Fälligkeit ist der Komplementärin nachzuweisen;
  b) ... % ihres steuerlichen Gewinnanteils für jedes abgelaufene Geschäftsjahr;
  c) im übrigen beschließt die Gesellschafterversammlung über Auszahlungen.

§ 14 Entnahmen, Auszahlungen

Erläuterungen zu § 14:

1. Allgemeines
2. Erläuterungen zu Absatz 2 des Mustervertrages

1. Allgemeines

Ein Kommanditist kann nach der gesetzlichen Regelung grundsätzlich die **Auszahlung** des auf ihn fallenden Gewinnanteils verlangen (§ 169 Abs. 1 HGB). Der Komplementär kann bis zu 4 % seines Kapitalanteils entnehmen und den diesen Betrag übersteigenden Anteil am Gewinn, wenn es nicht zum offenbaren Schaden der Gesellschaft gereicht (§ 122 HGB). Wollen die Gesellschafter eine GmbH & Co. KG von dieser antiquierten Regelung abweichen, müssen sie im Gesellschaftsvertrag andere Vereinbarungen treffen. Die Regelung der Auszahlungen an Gesellschafter einer Personengesellschaft ist in der Regel schwierig. Meist stehen sich entgegengesetzte Interessen gegenüber. Ein Teil der Gesellschafter ist an hohen Auszahlungen interessiert, andere Gesellschafter wollen lieber den Gewinn thesaurieren, insbesondere, wenn sie über anderweitige Einnahmen verfügen. Das Gesellschaftsinteresse wird in der Regel dahin gehen, einen möglichst hohen Teil des Ergebnisses zu thesaurieren. Ein weiteres Problem ist, daß die Gesellschafter auf ihren Gewinnanteil Steuern zu bezahlen haben, gleichgültig, ob der Gewinnanteil ausgeschüttet wird oder nicht. Es wird daher in vielen Gesellschaftsverträgen dem Kommanditisten gestattet, die Auszahlung der Beträge zu verlangen, die er zur Bezahlung seiner **Steuerschulden** benötigt. Hierbei besteht jedoch die weitere Schwierigkeit, daß die Höhe der Steuerbelastung der Gesellschafter in künftigen Kalenderjahren nicht feststeht, von Jahr zu Jahr variiert und von der Höhe anderer Einkünfte abhängt.

2. Erläuterungen zu Absatz 2 des Mustervertrages

Für die Regelung von Auszahlungen an Kommanditisten gibt es eine Vielzahl von Varianten. Berücksichtigt wurde hierbei insbesondere das Problem, daß Kommanditisten zumindest Auszahlungen in Höhe ihrer jeweiligen **Steuerlast** erhalten sollten. Der Mustervertrag enthält fünf Formulierungsbeispiele. Variante 3 pauschaliert den Auszahlungsanspruch dadurch, daß auf einen Prozentsatz des steuerlichen Gewinnanteils aus der Gesellschaft aus dem **vorangegangenen** Geschäftsjahr abgestellt wird. Variante 4 stellt auf die **individuelle** Einkommensteuer, Kirchensteuer- und Vermögensteuerschuld ab. Die Regelung in Variante 5 bezieht sich dagegen auf die Steuerschuld, die aus der Beteiligung an der KG resultiert; derartige Bestimmungen sind jedoch problematisch, weil der **Aufteilungsmaßstab** präzisiert werden müßte. Wollen die Gesellschafter ihre Einkommens- oder Vermögensverhältnisse der Komplementärin gegenüber nicht offenbaren, kann der Nachweis gegenüber einem zur Verschwiegenheit verpflichtetem Dritten (WP, StB, RA) erfolgen, der dann lediglich der Komplementärin den auszuzahlenden Betrag mitteilt.

§ 15
Verfügungen über Gesellschaftsanteile und sonstige Ansprüche gegen die Gesellschaft/Belastung von Gesellschaftsanteilen

(1) Kommanditisten können über ihre Anteile an der Gesellschaft oder ihre Ansprüche gegen die Gesellschaft ganz oder teilweise frei verfügen.

- Variante 1:
  (1) Entgeltliche oder unentgeltliche Verfügungen über Gesellschaftsanteile oder Ansprüche des Gesellschafters gegen die Gesellschaft bedürfen der vorherigen Zustimmung der Gesellschafterversammlung.

- Variante 2:
  (1) Jeder Kommanditist kann seinen Gesellschaftsanteil oder seine Ansprüche gegen die Gesellschaft ganz oder teilweise auf seine Abkömmlinge oder andere Gesellschafter übertragen. Für Übertragungen auf andere Personen ist die Einwilligung der Gesellschafterversammlung erforderlich.

- Variante 3:
  (1) Verfügungen über Gesellschaftsanteile oder über Ansprüche gegen die Gesellschaft bedürfen der vorherigen Zustimmung der Komplementärin (oder: des Gesellschafters ...).

- Variante 4:
  (1) Die Übertragung von Gesellschaftsanteilen oder Teilen davon an Eltern, Abkömmlinge, Ehegatten, Gesellschafter oder Abkömmlinge von Gesellschaftern unterliegt keinen Beschränkungen. Die Übertragung von Gesellschaftsanteilen oder Teilen davon an andere als die in Satz 1 genannten Personen bedarf der vorherigen Zustimmung aller anderen Gesellschafter. Diese darf nur aus wichtigem Grund versagt werden. Die Zustimmung gilt als erteilt, wenn die Versagung dem veräußerungswilligen Gesellschafter nicht innerhalb von ... vollen Kalendermonaten ab Zugang der Erklärung über die Verkaufsabsicht und die Person des Erwerbers zugegangen ist.

- Variante 5:
  (1) Die Gesellschafter können ihre Beteiligung oder einen Teil ihrer Beteiligung auf Abkömmlinge, Ehegatten, Mitgesellschafter oder Abkömmlinge oder Ehegatten von Mitgesellschaftern übertragen. Eine Übertragung auf

§ 15 Verfügungen über Gesellschaftsanteile

Dritte bedarf der Zustimmung der Gesellschafterversammlung. Der Beschluß bedarf der einfachen Mehrheit der Stimmen aller anderen Gesellschafter. Er kann jedoch nicht ohne Zustimmung der Komplementärin gefaßt werden. Wird die Zustimmung ohne wichtigen Grund verweigert, kann der betroffene Kommanditist verlangen, daß die anderen Kommanditisten seinen Gesellschaftsanteil im Verhältnis ihrer festen Kapitalkonten zum Ende des laufenden Geschäftsjahres erwerben. Als Kaufpreis erhält der veräußerungswillige Kommanditist den Betrag, der ihm als Abfindung gemäß § 20 dieses Gesellschaftsvertrages zustehen würde.

(2) Die entgeltliche oder unentgeltliche Abtretung von Gesellschaftsanteilen an Unternehmen, die mit dem Veräußerer gesellschaftsrechtlich so verbunden sind, daß der Veräußerer dort den bestimmenden Einfluß hat, ist ohne Zustimmung der Gesellschafterversammlung zulässig. Der Veräußerer hat jedoch dafür zu sorgen, daß bei Wegfall seines bestimmenden Einflusses die Beteiligung an der Gesellschaft auf ihn zurückübertragen wird.

(3) Die Abtretung von Gesellschaftsanteilen von einem Treuhänder an den Treugeber bedarf nicht der Zustimmung gemäß Abs. 1, wenn für den Abschluß des Treuhandvertrages die Zustimmung gem. Abs. 1 erteilt wurde.

(4) Wird nur ein Teil eines Gesellschaftsanteils übertragen, so müssen die neuen festen Kapitalkonten ein ganzzahliges Vielfaches von DM ... betragen.

(5) Die Übertragung des Gesellschaftsanteils kann nur mit Wirkung zum Ende eines Geschäftsjahres erfolgen.

(6) Verfügungen über Gesellschaftsanteile und/oder sonstige Ansprüche gegen die Gesellschaft sowie die Belastung von Gesellschaftsanteilen und von Ansprüchen gegen die Gesellschaft bedürfen der Schriftform.

(7) Abs. 1 gilt entsprechend für Belastungen des Gesellschaftsanteils. Die Einräumung eines Nießbrauchrechts am jeweiligen ausgeschütteten Gewinnanteil an Ehegatten und/oder Abkömmlinge ist ohne Einwilligung der Gesellschafterversammlung zulässig.

Erläuterungen zu § 15:

1. Allgemeines
2. Teilverfügungen
3. Verfügungen über den Gesellschaftsanteil der Komplementärin
4. Verfügungen über den Gesellschaftsanteil von Kommanditisten
5. Form
6. Ergebnisverteilung
7. Inhalt des Abtretungsvertrages, Haftung
8. Nießbrauch allgemein
9. Nießbrauch an Gesellschaftsanteilen

1. Allgemeines

Die Frage, ob der Anteil an einer Personengesellschaft übertragen werden kann, war früher eines der schwierigsten Probleme des Gesellschaftsrechts. Die ältere Lehre sah in § 719 Abs. 1 BGB ein Hindernis für die

Übertragung der Gesellschafterstellung.[87] Nach heute herrschender Meinung ist eine Anteilsübertragung möglich, wenn die anderen Gesellschafter zustimmen.[88] Die Zustimmung kann vorab im Gesellschaftsvertrag oder im Einzelfall ad hoc von den anderen Gesellschaftern erteilt werden.[89] Die Gesellschafter sind in der konkreten Ausgestaltung der Regelungen über die Abtretbarkeit eines Gesellschaftsanteils weitestgehend frei. Bemerkenswert sind die **Unterschiede** zu den Regeln über die Abtretung von Geschäftsanteilen einer GmbH. Geschäftsanteile sind nach dem Gesetz frei veräußerlich (§ 15 Abs. 1 GmbHG), die Abtretung kann im Gesellschaftsvertrag jedoch an bestimmte Voraussetzungen geknüpft werden (§ 15 Abs. 5 GmbHG). Die Beteiligung an einer Personengesellschaft ist grundsätzlich nicht veräußerbar, kann im Gesellschaftsvertrag oder durch Beschluß der Gesellschafter frei verfügbar gemacht werden. Für den Verfasser der Gesellschaftsverträge einer **beteiligungsidentischen** GmbH & Co. KG bedeutet dies, daß er die Abtretungsregeln für beide Beteiligungen **synchronisieren** muß.

2. Teilverfügungen

Verfügungen über Teile eines Gesellschaftsanteils sind möglich, werfen aber Probleme auf, weil sich durch sie die Zahl der Gesellschafter vermehrt und der Veräußerer in der Gesellschaft verbleibt.[90] Es ist ferner möglich, das ein Kommanditist seinen Kommanditanteil an einen anderen Kommanditisten oder an die Komplementärin überträgt. Bei der Abfassung der Bestimmungen eines Gesellschaftsvertrages über Verfügungen über Gesellschaftsanteile ist der Zusammenhang mit den Vorschriften über die **Vererbung** des Gesellschaftsanteils (vgl. § 17 des Mustervertrages) zu beachten.

3. Verfügungen über den Gesellschaftsanteil der Komplementärin

Die Beteiligung der Komplementärin an der KG kann unmittelbar oder mittelbar übertragen werden. Eine mittelbare Übertragung liegt vor, wenn die einzelnen Geschäftsanteile der Komplementär-GmbH übertragen werden. Die unmittelbare Übertragung der Beteiligung der Komplementär-GmbH auf eine andere Komplementär-GmbH kommt in der Praxis kaum vor.

4. Verfügungen über den Gesellschaftsanteil von Kommanditisten

Die Formulierung der Bestimmungen über Verfügungen über die Beteiligungen von Kommanditisten bedarf besonderer Sorgfalt. Der Gesellschaftsvertrag kann die Übertragung erschweren oder erleichtern. In der Regel wird die Übertragung von Gesellschaftsanteilen dadurch erleichtert, daß Übertragungen in bestimmten Fällen von der bestehenden Zustim-

§ 15 Verfügungen über Gesellschaftsanteile 95

mungspflicht generell **freigestellt** werden. Im übrigen ist insbesondere zu regeln, wer über die Zustimmung entscheidet (die Gesellschafterversammlung? Jeder andere Gesellschafter? Die Komplementär-GmbH? Ein bestimmter Gesellschafter oder eine bestimmte Gesellschaftergruppe?), ob die Zustimmung ohne Grund verweigert werden, oder ob sie nur in bestimmten Fällen verweigert werden darf, welche Rechte der betroffene Gesellschafter hat, wenn die Zustimmung verweigert wird usw. Der Mustervertrag gibt in Abs. 1 verschiedene Beispiele für derartige Regelungen.

5. Form

Der Vertrag über die Abtretung eines Anteils an eine GmbH & Co. KG ist grundsätzlich nicht formbedürftig. Dieser Grundsatz erfährt jedoch unter anderem folgende Ausnahmen: Wird in dem Vertrag die Verpflichtung begründet, neben der Gesellschaftsbeteiligung auch Grundbesitz oder Anteile daran zu übertragen, ist der Vertrag insgesamt gemäß § 313 BGB notariell zu beurkunden. Die gleiche Frage stellt sich bei der Verpflichtung zur Übertragung von Anteilen an einer GmbH & Co. KG, wenn gleichzeitig die Verpflichtung zur Übertragung von Geschäftsanteilen an der KomplementärGmbH begründet wird. Die Frage ist zu bejahen, da grundsätzlich die gesamte Vereinbarung, durch die die Übertragungsverpflichtung begründet wird, unter Einschluß aller mit ihr verbundenen Abreden formbedürftig ist. Noch nicht abschließend geklärt ist, ob mit der Beurkundung des Vertrages über die Abtretung der Geschäftsanteile an die Komplementär-GmbH der Formmangel auch im Hinblick auf die Übertragung der Kommanditbeteiligung gemäß § 15 Abs. 4 Satz 2 GmbHG geheilt wird.[91]

6. Ergebnisverteilung

Erfolgt die Abtretung des Gesellschaftsanteiles an der GmbH & Co. KG im Laufe eines Geschäftsjahres, ist das Ergebnis dieses Jahres **zivilrechtlich** mangels abweichender Vereinbarung dem Erwerber zuzurechnen[92], **steuerrechtlich** jedoch zwischen Erwerber und Veräußerer aufzuteilen.[93] Es empfiehlt sich daher, diese Divergenz zwischen Zivil- und Steuerrecht bei der Gestaltung des Abtretungsvertrages zu berücksichtigen.

7. Inhalt des Abtretungsvertrages, Haftung

Wegen der Einzelheiten des Inhaltes eines Übertragungsvertrages bezüglich einer Beteiligung an einer Kommanditgesellschaft ist auf die einschlägigen Erläuterungsbücher[94] zu verweisen. Die Übertragung des Gesellschaftsanteils eines persönlich haftenden Gesellschafters und die Übertragung einer Kommanditbeteiligung wirft zahlreiche haftungsrechtliche Probleme[95] auf, auf die hier jedoch nicht näher eingegangen werden kann.

8. Nießbrauch allgemein

Im Hinblick auf das einem Nießbrauch zugrundeliegende Kausalgeschäft wird zwischen einem Vorbehaltsnießbrauch, einem Zuwendungsnießbrauch und einem Vermächtnisnießbrauch unterschieden, aber ebenso zwischen einem entgeltlichen und einem unentgeltlichen Nießbrauch.[96] Die entgeltliche Einräumung eines Nießbrauchrechtes ist wegen der mit ihr verbundenen steuerlichen Folgen wenig bedeutsam. Ungleich wichtiger ist die unentgeltliche Zuwendung eines Nießbrauchrechtes. Ein **Vorbehaltsnießbrauch** liegt vor, wenn der bisherige Gesellschafter seine Gesellschafterstellung auf einen Dritten überträgt, sich aber den Nießbrauch „vorbehält", also selbst weiterhin ganz oder teilweise die Nutzung zieht.[97] Ein **Zuwendungsnießbrauch**[98] liegt vor, wenn der Gesellschafter die Gesellschafterstellung behält, aber einem Dritten den Nießbrauch hieran ganz oder teilweise einräumt. Beim **Vermächtnisnießbrauch**[99] geht der Gesellschaftsanteil durch letztwillige Verfügung an den Erben über, während durch ein Vermächtnis einem Dritten der Nießbrauch zugewendet wird.

9. Nießbrauch an Gesellschaftsanteilen

Nach dem Inhalt des Nießbrauchrechtes entscheidet man zwischen dem **Vollnießbrauch** an Gesellschaftsanteilen, dem Nießbrauch an den **Gewinnansprüchen** und dem Nießbrauch am **Gewinnstammrecht**.[100] Die Zulässigkeit des Vollnießbrauches und des Nießbrauches am Gewinnstammrecht sind umstritten.[101] Unstreitig möglich ist eine Nießbrauchstellung an künftigen Gewinnansprüchen.[102] Der Nießbraucher hat in diesem Fall Anspruch auf den festgestellten und ausgeschütteten Jahresgewinn.[103] Er hat keinen Anspruch auf diejenigen Teile des Jahresgewinnes, die im Unternehmen verbleiben.[104] Zweifelsfrei zulässig ist auch die Abtretung des Geschäftsanteils durch den Nießbrauchsbesteller an den Nießbraucher auf eine bestimmte Zeit.[105] Dies bedeutet eine treuhänderische Anteilsübertragung. Die Bestellung des Nießbrauchers bedarf gemäß § 1069 Abs. 1 BGB der Form, die für die Übertragung des Rechts erforderlich ist, das mit dem Nießbrauch belastet werden soll. Der Nießbrauch ist unvererblich. Er erlischt mit dem Tod des Nießbrauchers (§ 1061 Satz 1 BGB). Wird der Nießbrauch zu Versorgungszwecken eingesetzt, so kann der Nießbrauch mehreren als Gesamtberechtigten im Sinne des § 428 BGB eingeräumt werden.

Der Mustervertrag sieht in Abs. 7 vor, daß die Einräumung eines Nießbrauches an den jeweils ausgeschütteten Gewinnanteilen an Ehegatten und/oder Abkömmlinge ohne Einwilligung der Gesellschafterversammlung zulässig ist. Dies bedeutet, daß alle anderen Nießbrauchsarten und die Bestellung von Nießbrauchsrechten zugunsten von anderen Personen als Ehegatten oder Abkömmlingen der Zustimmung bedürfen. Wegen der steuerlichen Auswirkungen der Einräumung von Nießbrauchsrechten ist auf die einschlägigen Erläuterungsbücher zu verweisen.

§ 16
Vorkaufsrecht

(1) Verkauft einer der Kommanditisten seinen Gesellschaftsanteil, steht den anderen Kommanditisten ein Vorkaufsrecht im Verhältnis ihrer Kapitalkonten zu. Für das Vorkaufsrecht gelten die Vorschriften der §§ 504 ff. BGB entsprechend, wobei das Vorkaufsrecht innerhalb des nächsten vollen Kalendermonates nach Zugang des unterzeichneten Kaufvertrages auszuüben ist. Jeder Kommanditist kann von seinem Vorkaufsrecht nur insgesamt oder gar nicht Gebrauch machen.

(2) Macht ein Gesellschafter von seinem Vorkaufsrecht nicht oder nicht fristgerecht Gebrauch, geht das Vorkaufsrecht auf die vorkaufswilligen Kommanditisten im Verhältnis ihrer festen Kapitalkonten über. Abs. 1 Satz 2 und 3 gelten entsprechend, mit der Maßgabe, daß an Stelle des Zugangs des Kaufvertrages die Mitteilung tritt, daß ein Kommanditist sein Vorkaufsrecht nicht ausgeübt hat.

- Variante:
(2) Die anderen Kommanditisten können ihr Vorkaufsrecht nur gemeinschaftlich ausüben.

(3) Wird der verkaufte Gesellschaftsanteil von den anderen Kommanditisten nicht vollständig angekauft, ist der betroffene Kommanditist berechtigt, den nicht gekauften Teil seiner Beteiligung an Dritte zu verkaufen und abzutreten, ohne daß es einer Zustimmung der Gesellschafterversammlung (*oder:* der anderen Gesellschafter etc.) bedarf.

- Variante:
(3) Wird der verkaufte Gesellschaftsanteil von den anderen Kommanditisten nicht vollständig angekauft, ist der betroffene Kommanditist berechtigt, die Gesellschaft zum ... zu kündigen.

Erläuterungen zu § 16:

1. Allgemeines   2. Vertragspraxis

1. Allgemeines

Das Vorkaufsrecht ist die Befugnis, einen Gegenstand zu erwerben, wenn der Vorkaufsverpflichtete diesen Gegenstand an einen Dritten verkauft hat. Mit der Ausübung des Vorkaufsrechtes kommt dann der Kaufvertrag zwischen dem Vorkaufberechtigten und dem Vorkaufverpflichteten (Verkäufer) mit dem gleichen Inhalt zustande, wie der zwischen dem Verkäufer und dem Dritten. Das Vorkaufsrecht wird allgemein in den Vorschriften der §§ 504 ff. BGB geregelt. Das Vorkaufsrecht ist zu unterscheiden von der **Vorhand**[106], dem Recht eines Dritten, in einen bestehenden Kaufvertrag mit dem gleichen oder veränderten Inhalt unter bestimmten Voraussetzungen als Käufer einzutreten[107] (**Eintrittsrecht**) und dem Ankaufsrecht[108] (**Optionsrecht**), das in drei Formen vorkommen kann, nämlich als bindendes Verkaufsangebot, als aufschiebend bedingter Kaufvertrag oder Kaufvorvertrag oder als Optionsvertrag; letzterer räumt dem Berechtigten das Recht ein, durch seine Willenserklärung einen Kaufvertrag mit festgelegtem Inhalt zustandezubringen. Beim Optionsvertrag kommt der Kaufvertrag erst durch die Ausübung des Ankaufsrechts zustande.

2. Vertragspraxis

Für eine Einräumung von Vorkaufsrechten besteht ein Bedürfnis, wenn ein Gesellschafter seinen Gesellschaftsanteil grundsätzlich oder in bestimmten Fällen an einen Dritten veräußern kann. In diesen Fällen können die Gesellschafter durch die Ausübung des Vorkaufsrechtes den Eintritt eines ihnen mißliebigen Gesellschafters verhindern. Die Vorschriften des BGB (§§ 504 ff.) zum Vorkaufsrecht werden in der Regel analog angewendet. Im Einzelfall ist jede Bestimmung in den §§ 504 ff. BGB daraufhin zu überprüfen, ob sie angewendet werden soll. Im Falle von Gesellschaftsanteilen wird die 2-Wochen-Frist des § 510 Abs. 2 BGB in der Regel verlängert. Der Mustervertrag sieht in Abs. 1 Satz 2 eine Frist von einem vollen Kalendermonat ab Zugang des schriftlichen Kaufvertrages vor. Steht das Vorkaufsrecht mehreren Berechtigten zu, entsteht das Problem, welche Konsequenz es hat, wenn nicht alle Vorkaufsberechtigten von ihrem Vorkaufsrecht Gebrauch machen und der Kaufgegenstand, hier der Gesellschaftsanteil, nur zum Teil von den Vorkaufsberechtigten erworben wird. Dies kann von erheblichem Nachteil für den betroffenen Gesellschafter sein, zum Beispiel dann, wenn der ihm verbliebene Gesellschaftsanteil so klein geworden ist, daß sich für den restlichen Gesellschaftsanteil kein Käufer mehr findet. Es bieten sich folgende Möglichkeiten an: Der Gesellschaftsvertrag kann bestimmen, daß der gesamte verkaufte Gesellschaftsanteil von den anderen Gesellschaftern im Wege des Vorkaufrechtes übernommen werden muß, oder der Gesellschaftsvertrag kann vorsehen, daß der Gesellschafter, der seinen gesamten Gesellschaftsanteil verkaufen wollte, die Gesellschaft hinsichtlich des ihm verbliebenen Gesellschaftsanteils vorzeitig kündigen kann.

§ 17
Vererbung von Gesellschaftsanteilen

(1) Ein Kommanditist scheidet mit seinem Tod aus der Gesellschaft aus. Die Gesellschaft wird von den verbliebenen Gesellschaftern ohne die Erben des verstorbenen Gesellschafters fortgesetzt.

- Variante 1:
(1) Nach dem Tod eines Gesellschafters können die verbliebenen Gesellschafter beschließen, die Gesellschaft ohne die Erben des verbliebenen Gesellschafters fortzusetzen; der Beschluß kann nur innerhalb von drei Monaten ab dem Tod des Gesellschafters gefaßt werden. Wird dieser Beschluß rechtzeitig gefaßt, scheiden die Erben rückwirkend auf den Todestag aus der Gesellschaft aus.

- Variante 2:
(1) Die Gesellschaft wird mit den Erben eines verstorbenen Gesellschafters fortgesetzt.

- Variante 3:
(1) Durch den Tod eines Kommanditisten wird die Gesellschaft nicht aufgelöst, sondern mit den Erben des verstorbenen Gesellschafters fortgesetzt. Rechtsnachfolger eines verstorbenen Gesellschafters in den Gesellschaftsanteil können jedoch nur Gesellschafter, Ehegatten und/oder Abkömmlinge sein.

- Variante 4:
(1) Verstirbt ein Kommanditist, wird die Gesellschaft mit einem seiner Abkömmlinge als Nachfolger fortgesetzt. Die Bestimmung des nachfolgenden Abkömmlings steht dem betreffenden Kommanditisten zu. Die Bestimmung erfolgt zu Lebzeiten durch Erklärung gegenüber der Gesellschaft oder durch Verfügung von Todes wegen.

- Variante 5:
(1) Stirbt ein Kommanditist, sind die Personen, die er zu Lebzeiten durch Erklärung gegenüber der Gesellschaft oder durch Verfügung von Todes wegen bestimmt hat, berechtigt, mit Wirkung ab dem Tod des Gesellschafters in die Gesellschaft einzutreten. Das Eintrittsrecht ist innerhalb von sechs Monaten nach dem Tod des verstorbenen Gesellschafters auszuüben. Der Gesellschaftsanteil des verstorbenen Gesellschafters wird von den übrigen Gesellschaftern im Verhältnis ihrer festen Kapitalanteile so lange als Treuhänder gehalten, bis der oder die Eintrittsberechtigten von ihrem Eintrittsrecht Gebrauch gemacht haben oder die 6-Monatsfrist abgelaufen ist. Macht der Berechtigte von seinem Eintrittsrecht fristgerecht Gebrauch, haben die anderen Kommanditisten dem Eintrittsberechtigten

die von ihnen anteilig gehaltene Beteiligung des verstorbenen Gesellschafters unentgeltlich zu übertragen.

(2) Sind mehrere Erben vorhanden, so ist ihnen die Ausübung der Gesellschafterrechte nur durch einen Bevollmächtigten gestattet. Dieser Bevollmächtigte ist von der Erbengemeinschaft gegenüber der Gesellschaft innerhalb von drei Monaten nach dem Tode des Gesellschafters zu benennen. Bis zur Benennung des Bevollmächtigten ruht das Stimmrecht aus den Gesellschaftsanteilen, die auf die Erben übergegangen sind.

(3) Wird die Gesellschaft von den verbliebenen Gesellschaftern allein fortgesetzt, erhalten die Erben eine Abfindung nach Maßgabe von § 20 dieses Vertrages.

- Variante 1:
(3) Wird die Gesellschaft von den verbliebenen Gesellschaftern allein fortgesetzt, erhalten die Erben keine Abfindung.

- Variante 2:
(3) Wird die Gesellschaft von den verbliebenen Gesellschaftern fortgesetzt, erhalten die Erben lediglich ... % der Abfindung gemäß § 20 dieses Vertrages.

- Variante 3:
(3) Wird die Gesellschaft von den verbliebenen Gesellschaftern fortgesetzt, erhalten die Erben als Abfindung lediglich den Buchwert des Gesellschaftsanteils des verstorbenen Kommanditisten.

(4) Hat ein verstorbener Gesellschafter Testamentsvollstreckung hinsichtlich seiner Beteiligung angeordnet, so werden die Rechte des in die Gesellschaft eintretenden Erben in seinem Namen durch den Testamentsvollstrecker ausgeübt. Der Bestellung eines Bevollmächtigten gemäß Abs. 2 bedarf es in diesen Fällen erst mit dem Ende der Testamentsvollstreckung.

(5) Vermächtnisnehmer stehen Erben gleich.

Erläuterungen zu § 17:

1. Allgemeines
2. Rechtslage beim Tod eines Kommanditisten
3. Fortsetzungsklausel
4. Allgemeine Nachfolgeklausel
5. Qualifizierte Nachfolgeklausel
6. Eintrittsklausel
7. Rechtsgeschäftliche Nachfolgeklausel
8. Testamentsvollstreckung
9. Ertragsteuerrechtliche Probleme
10. Erbschaftsteuer

1. Allgemeines

Die Nachfolgeregelung in einer Personengesellschaft ist eines der schwierigsten Probleme bei der Abfassung des Gesellschaftsvertrages.[121] Die

§ 17 Vererbung von Gesellschaftsanteilen

Frage, ob eine Gesellschaftsbeteiligung vererbt werden kann, ist zunächst unter Anwendung von **Gesellschaftsrecht** zu beantworten. Das Gesellschaftsrecht hat Vorrang vor dem Erbrecht. Erst wenn eine Beteiligung gesellschaftsrechtlich vererblich ist, können erbrechtliche Grundsätze zum Tragen kommen. Vor einer erbrechtlichen Verfügung ist also stets der Gesellschaftsvertrag daraufhin zu überprüfen, ob und an welche Personen der Gesellschaftsanteil vererbt werden kann. Unter den gesellschaftsrechtlichen Nachfolgeklauseln werden hauptsächlich Fortsetzungsklauseln (S. 102), allgemeine Nachfolgeklauseln (S. 102), qualifizierte Nachfolgeklauseln (S.102) und Eintrittsklauseln (S. 103) unterschieden.

Bei einer **beteiligungsidentischen** GmbH & Co. KG besteht folgende zusätzliche Problematik:[122] Der Anteil des Erblassers an der GmbH ist zwar – ebenso wie der Anteil an der KG – vererblich (§ 15 Abs. 1 GmbHG). Die Vererblichkeit kann – anders als bei einer KG – jedoch nicht durch die Satzung ausgeschlossen oder beschränkt werden. Hinterläßt der Gesellschafter mehrere Erben, tritt hinsichtlich des Geschäftsanteils an der Komplementär-GmbH keine Singularsukzession ein, sondern der Geschäftsanteil fällt ungeteilt in das Gesamthandvermögen der Erbengemeinschaft. Der Anteil an der KG dagegen spaltet sich mit dem Erbfall sofort in Einzelbeteiligungen auf und geht im Wege der Singularsukzession auf die einzelnen Miterben über (vgl. S. 125). Soll die Vererbung der Beteiligungen an beiden Gesellschaften daher **synchron** erfolgen, ist eine sorgfältige Abstimmung der beiden Gesellschaftsverträge untereinander und der Gesellschaftsverträge mit der testamentarischen Nachfolgeregelung erforderlich.

Die GmbH & Co. KG hat erbrechtlich dagegen den großen Vorteil gegenüber einer normalen KG, daß sie alle mit dem Tod des Komplementärs verbundenen Probleme (§ 139 HGB) vermeidet, und daß diese Rechtsform es problemlos ermöglicht, Nichtgesellschafter mit der Geschäftsführung zu beauftragen, wenn im Kreis der Gesellschafter(erben) keine geeignete Person vorhanden ist.

2. Rechtslage beim Tod eines Kommanditisten

Durch den Tod eines Kommanditisten wird die Gesellschaft (anders als beim Tod eines OHG-Gesellschafters und eines Komplementärs) nicht aufgelöst (§ 177 HGB). Bei Anteilen an Personengesellschaften besteht jedoch eine erbrechtliche Besonderheit. Hat ein Erblasser mehrere Erben, geht eine Beteiligung an der Personengesellschaft nicht auf die Erbengemeinschaft über. Vielmehr rückt jeder Erbe in Höhe seiner Erbquote unmittelbar in die Rechtsstellung des verstorbenen Gesellschafters (Kommanditisten) ein.[123] Diese Besonderheit ist insbesondere im Hinblick auf eine künftige **Erbauseinandersetzung** zu beachten. Sind die Erben nämlich bereits im Wege der Erbsonderrechtsnachfolge Gesellschafter der KG geworden, ist eine Auseinandersetzung hinsichtlich der KG-Beteiligung nicht mehr möglich. Die Erben müssen also, wenn ihr Ausscheiden aus der Gesellschaft beabsichtigt ist, ihre Teilgesellschaftsanteile auf denjenigen oder diejenigen Gesellschafter übertragen, der oder die im Rahmen der Erbauseinandersetzung die Beteiligung insgesamt erhalten soll oder sollen; dieser Umstand soll jedoch einer steuerneutralen Realteilung des Nachlasses nicht im Wege stehen (s. u. S. 104).

3. Fortsetzungsklausel

Eine Fortsetzungsklausel liegt vor, wenn der Gesellschaftsvertrag bestimmt, daß ein Kommanditist mit seinem Tod aus der Gesellschaft ausscheidet und die Gesellschaft von den verbliebenen Gesellschaftern fortgesetzt wird.[125] In diesem Fall erhalten die Erben eine Abfindung. Die Abfindung fällt – anders als die Beteiligung an der Gesellschaft selbst – in den Nachlaß. Der Gesellschaftsvertrag kann die Höhe der Abfindung abweichend vom Gesetz regeln. Der Gestaltungsspielraum reicht hierbei vom vollen Wert bis zum gänzlichen Ausschluß eines Abfindungsanspruches. Das Muster einer solchen Fortsetzungsklausel findet sich in Abs. 1 und dessen Variante 1 des Mustervertrages.

4. Allgemeine Nachfolgeklausel

Der Gesellschaftsvertrag kann bestimmen, daß die KG beim Tod eines Kommanditisten mit den Erben des verstorbenen Gesellschafters fortgesetzt wird (allgemeine Nachfolgeklausel).[126] Das Muster einer derartigen Klausel findet sich in Variante 2 zu Abs. 1 des Mustervertrages. An sich ist eine derartige Bestimmung überflüssig, weil sie lediglich die gesetzliche Rechtslage wiedergibt. Eine solche Bestimmung empfiehlt sich jedoch, da Gesellschaftsverträge auch die Funktion von „Bedienungsanleitungen" haben sollen.

5. Qualifizierte Nachfolgeklausel

Der Gesellschaftsvertrag kann vorsehen, daß nur eine Person oder mehrere bestimmte Personen oder Personen aus bestimmten Gruppen (Gesellschafter, Ehegatten und Abkömmlinge) Rechtsnachfolger des verstorbenen Gesellschafters in seinen Kommanditanteil werden können. In diesem Fall spricht man von qualifizierten Nachfolgeklauseln.[127] Bei diesen ist darauf zu achten, daß klargestellt wird, ob dem Nachfolgeberechtigten der **gesamte** Gesellschaftsanteil des Erblassers zufallen soll oder nur der Teil, der seiner Erbquote entspricht. Im ersten Fall besteht seitens des Nachfolgers erbrechtlich die Verpflichtung zum Ausgleich gegenüber den weichenden Erben, im zweiten Fall wächst der Rest des Gesellschaftsanteils den übrigen Gesellschaftern an, mit der Folge, daß gegebe-

§ 17 Vererbung von Gesellschaftsanteilen

nenfalls die weichenden Erben Abfindungsansprüche gegen die Gesellschaft erhalten. Nach der Rechtsprechung des **BGH** ist davon auszugehen, daß die in die Gesellschaft nachfolgenden Miterben grundsätzlich in vollem Umfang in den Gesellschaftsanteil eintreten.[128] Derartige qualifizierte Nachfolgeklauseln bergen die Gefahr in sich, daß der Erblasser eine Person als Erben benennt, der im Gesellschaftsvertrag nicht als Nachfolger zugelassen ist. In diesem Fall geht die Bestimmung des Erblassers ins Leere, es sei denn, es ergibt sich im Wege der ergänzenden Vertragsauslegung ein rechtsgeschäftliches Eintrittsrecht des eingesetzten Erben. Das Muster einer derartigen Klausel findet sich in Abs. 1 Var. 3 und Abs. 1 Var. 4 des Mustervertrages. Das Muster einer korrespondierenden testamentarischen Verfügung formuliert Winkler, Beck'sches Rechtshandbuch für Steuerberater 1991, D, Rdnr. 236.

6. Eintrittsklausel

Eintrittsklauseln liegen vor, wenn der Wechsel in der Gesellschafterstellung nicht automatisch erfolgt, sondern nur unter **Mitwirkung** des Eintrittsberechtigten.[129] Die Mitgliedschaft muß in diesem Fall nach dem Erbfall neu begründet werden. Bei der Eintrittsklausel handelt es sich dabei nicht nur um eine Verfügung von Todes wegen, sondern um ein Rechtsgeschäft unter Lebenden. Ein Muster für eine solche Nachfolgeklausel enthält Abs. 1/Variante 5 des Mustervertrages. Derartige Klauseln werfen das Problem auf, daß sämtliche Erben zunächst aus der Gesellschaft ausgeschieden sind und daß ihnen Abfindungsansprüche gegen die Erbengemeinschaft zustehen. Als Gestaltungsmöglichkeit bietet sich in diesen Fällen an, die verbliebenen Kommanditisten den Anteil des verstorbenen Kommanditisten als Treuhänder für den Berechtigten halten zu lassen, bis entschieden ist, ob dieser von seinem Eintrittsrecht Gebrauch macht oder nicht. In diesen Fällen muß der Erblasser in seinem Testament lediglich die Person als Nachfolger benennen, die eintrittsberechtigt ist, falls er dies nicht schon zu Lebzeiten gegenüber der Gesellschaft getan hat. Ist der Eintrittsberechtigte **minderjährig**, ist zum Eintritt die vormundschaftsgerichtliche Genehmigung nach § 1822 Nr. 3 BGB nötig. Eintrittsklauseln fallen nicht unter § 2301 BGB, können daher formfrei vereinbart werden.[130]

7. Rechtsgeschäftliche Nachfolgeklausel

Der Übergang des Gesellschaftsanteils auf einen Nachfolger kann rechtsgeschäftlich zwischen den bisherigen Gesellschaftern und den künftigen Gesellschaftern geregelt werden.[131] Dies bedingt, daß der künftige Nachfolger am Abschluß des Gesellschaftsvertrages bereits beteiligt ist oder dem Gesellschaftsvertrag für den Fall seines Eintrittes zustimmt. Ist der vorgesehene Nachfolger minderjährig, ist für einen Eintritt die vormundschaftsgerichtliche Genehmigung nach § 1822 Nr. 3 BGB erforderlich. Ein Formzwang nach § 2301 BGB besteht nicht.[132]

8. Testamentsvollstreckung

Es war lange Zeit umstritten, ob die Rechte aus einem Kommanditanteil von einem Testamentsvollstrecker des verstorbenen Kommanditisten ausgeübt werden können.[133] Der Streit wurde durch einen Beschluß des BGH[134] beendet. Der BGH hat entschieden, daß ein Testamentsvollstrecker berechtigt ist, die mit der Beteiligung an der KG verbundenen Mitgliedschaftsrechte auszuüben, wenn die übrigen Gesellschafter dem zustimmen oder eine solche Testamentsvollstreckung bereits im Gesellschaftsvertrag vorgesehen ist. Der Mustervertrag enthält in Abs. 4 eine entsprechende Klausel.

9. Ertragsteuerrechtliche Probleme

Zwei Beschlüsse des Großen Senates des Bundesfinanzhofes vom 5. Juli 1990 zur vorweggenommenen Erbfolge[135] und zur Besteuerung der Erbauseinandersetzung[136] haben die steuerrechtliche Rechtslage erheblich geändert. Bislang war es ausreichend, Testamente durch eine erbschaftsteuerrechtliche Belastungsprüfung abzusichern. Künftig ist es zusätzlich erforderlich, die **einkommensteuerrechtlichen** Konsequenzen von Nachfolgeklauseln und die entsprechenden testamentarischen Bestimmungen zu bedenken und zu berechnen. Beide Entscheidungen haben eine breite Resonanz in der Literatur gefunden.[137] Auf Einzelheiten beider Beschlüsse kann an dieser Stelle nicht eingegangen werden. In einem weiteren Urteil hat der 4. Senat des Bundesfinanzhofes[138] entschieden, daß Mitunternehmeranteile, die vom Erblasser gesondert auf die Miterben übergegangen sind, in die Erbauseinandersetzung einbezogen und abweichend aufgeteilt werden können. Ausgleichszahlungen an die weichenden Miterben führen auch in diesem Fall zu Anschaffungskosten. Diese Entscheidung bedeutet, daß das Steuerrecht die gesellschaftsrechtliche Sonderrechtsnachfolge für Anteile an einer Personengesellschaft ignoriert. Weitere Urteile des BFH zu dieser Problematik sind bereits ergangen[139] und werden noch ergehen!

10. Erbschaftsteuer

§ 7 Abs. 7 ErbStG bestimmt folgendes: Als Schenkung gilt auch der auf einem Gesellschaftsvertrag beruhende Übergang des Anteils eines Gesellschafters bei dessen Ausscheiden auf die anderen Gesellschafter oder die Gesellschaft, soweit der Wert, der sich für seinen Anteil zur Zeit seines Ausscheidens nach § 12 ErbStG ergibt, den Abfindungsanspruch übersteigt.

§ 18
Ausschluß von Gesellschaftern

(1) Die anderen Gesellschafter sind auf Grund eines von ihnen mit einfacher Mehrheit aller Stimmen gefaßten Beschlusses berechtigt, einen Gesellschafter aus der Gesellschaft auszuschließen,
   a) wenn in seiner Person ein wichtiger Grund gegeben ist, der nach den Vorschriften der §§ 133, 140 HGB seinen Ausschluß aus der Gesellschaft ermöglichen würde,
   b) wenn eine Auflösungsklage eines Gesellschafters gemäß § 140 HGB rechtskräftig abgewiesen wurde,
   c) wenn ein Gesellschafter geheiratet hat, ohne mit seinem Ehegatten rechtswirksam zu vereinbaren, daß bei Beendigung des Güterstandes die Beteiligung an der Gesellschaft für die Berechnung des Zugewinns des Gesellschafters außer Betracht bleiben soll, oder wenn er eine solche Vereinbarung mit seinem Ehegatten rückgängig macht.

(2) Die Komplementärin kann ausgeschlossen werden, wenn der Gesellschafter ... nicht mehr mehrheitlich an der Komplementärin beteiligt ist.

(3) Der Kommanditist ... -GmbH kann ausgeschlossen werden, wenn Herr ... nicht mehr über einen bestimmten Einfluß bei der ... -GmbH verfügt, insbesondere, wenn er aus der GmbH ausgeschieden ist.

(4) Statt des Ausschlusses können die anderen Gesellschafter beschließen, daß der Gesellschaftsanteil des betroffenen Gesellschafters ganz oder teilweise auf einen oder mehrere Gesellschafter und/oder Dritte abzutreten ist. In diesen Fällen ist der betroffene Gesellschafter verpflichtet, seinen Gesellschaftsanteil unverzüglich gemäß dem gefaßten Beschluß abzutreten. Die Komplementärin wird bevollmächtigt, die Abtretung vorzunehmen. Das Recht zum Ausschluß des betroffenen Gesellschafters bleibt unberührt.

(5) Ein Ausschließungs- und Abtretungsbeschluß kann nur gefaßt werden
   a) im Falle des Absatzes 1 lit. a innerhalb von sechs Monaten ab dem Zeitpunkt, ab dem der zur Ausschließung berechtigende Tatbestand den anderen Gesellschaftern bekannt geworden ist;
   b) im Falle von Absatz 1 lit. b innerhalb von drei Monaten nach Rechtskraft des Urteils;
   c) in den Fällen des Absatzes 1 lit. c und des Absatzes 2 und 3 jederzeit und ohne Rücksicht darauf, wann der zur Ausschließung berechtigende Tatbestand eingetreten oder den übrigen Gesellschaftern bekannt geworden ist, und unabhängig davon, wieviel Zeit seither verstrichen ist.

(6) Der betroffene Gesellschafter hat bei der Fassung des Ausschließungs- und/oder Abtretungsbeschlusses kein Stimmrecht.

Erläuterungen zu § 18:

1. Allgemeines
2. Rechtsfolgen
3. Erläuterungen der Absätze 2 und 3 des Mustervertrages
4. Abtretung statt Ausschluß
5. Stimmrecht des betroffenen Gesellschafters

1. Allgemeines

Der Ausschluß eines Gesellschafters gemäß § 140 HGB ist das letzte Mittel zum Schutz der Gesellschaft.[140] Er soll grundsätzlich keine Strafe sein und nicht die verbleibenden Gesellschafter bereichern, sondern Schaden von der Gesellschaft abwenden. Er ist daher nur zulässig, wenn sich kein anderer zumutbarer Weg zur Bereinigung der aufgetretenen Probleme findet.[141] Die Vorschrift des § 140 HGB ist nicht zwingend.[142] Der Gesellschaftsvertrag kann das Ausschlußrecht einengen oder erweitern. Insbesondere kann der Gesellschaftsvertrag die Ausschließung durch bloßen **Gesellschafterbeschluß** der übrigen Gesellschafter an Stelle einer Klage nach § 140 HGB vorsehen oder sogar bestimmten Gesellschaftern ein einseitiges Ausschließungsrecht zubilligen.[143] Der Ausschluß eines Gesellschafters ohne wichtigen Grund bedarf einer unzweideutigen Vereinbarung und ist nur ausnahmsweise aus besonderen Gründen zulässig.[144]

2. Rechtsfolgen

Ein ausgeschlossener Gesellschafter scheidet ohne weiteren Übertragungsakt aus der Gesellschaft aus. Anders ist es bei der Beteiligung an einer GmbH. Wird ein GmbH-Gesellschafter „ausgeschlossen", bedarf es eines weiteren Rechtsaktes, nämlich die Einziehung seines Geschäftsanteils oder der Abtretung seines Geschäftsanteils an einen anderen Gesellschafter oder an einen Dritten; erst dann ist der GmbH-Gesellschafter aus der GmbH ausgeschieden. Für die Auseinandersetzung zwischen dem ausgeschlossenen Gesellschafter und den anderen Gesellschaftern gelten die Vorschriften der §§ 738–740 BGB.[145] Der ausgeschlossene Gesellschafter hat grundsätzlich Anspruch auf eine **Abfindung** in Höhe des vollen Wertes seines Gesellschaftsanteils (§ 738 BGB, §§ 105 Abs. 2 und 161 Abs. 2 HGB). Zur Abfindung siehe unten S. 108 ff.

3. Erläuterungen der Absätze 2 und 3 des Mustervertrages

Sind Personen- oder Kapitalgesellschaften Gesellschafter einer GmbH & Co. KG, können die Kommanditisten ein Interesse daran haben, das bestimmte Personen (beherrschende) Gesellschafter der Komplementärin bzw. der Kommanditisten-Personengesellschaft oder der Kommanditisten-GmbH sind. In diesem Fall sollte der Gesellschaftsvertrag regeln,

§ 19 Ausscheiden aus der Gesellschaft

daß bei einem Ausscheiden dieser Personen aus den jeweiligen Gesellschaften die Gesellschafter der KG berechtigt sind, die Komplementär-GmbH bzw. die Kommanditisten-Personengesellschaft oder die Kommanditisten-GmbH auszuschließen.

4. Abtretung statt Ausschluß

Der **Gesellschaftsvertrag** kann bestimmen, daß in den Fällen, in denen ein Gesellschafter ausgeschlossen werden könnte, dessen Gesellschaftsanteil an einen oder mehrere Gesellschafter oder an einen oder mehrere Dritte abzutreten ist.[146] In diesen Fällen ist es zweckmäßig, sowohl den betroffenen Gesellschafter zu verpflichten, seinen Gesellschaftsanteil abzutreten als auch die Komplementärin zu bevollmächtigen, die Abtretung vorzunehmen.

5. Stimmrecht des betroffenen Gesellschafters

Da das Gesetz keinen entsprechenden Ausschlußtatbestand enthält, ist es notwendig, im **Gesellschaftsvertrag** klarzustellen, daß der betroffene Gesellschafter in diesen Fällen kein Stimmrecht hat.

§ 19
Ausscheiden aus der Gesellschaft

(1) Ein Gesellschafter scheidet u. a. aus der Gesellschaft mit dem Eintritt der folgenden Ereignisse aus, ohne daß es eines Beschlusses der anderen Gesellschafter bedarf:
a) mit dem Ablauf der Kündigungsfrist;
b) mit der Eröffnung des Konkursverfahrens oder mit der Ablehnung der Eröffnung des Konkursverfahrens mangels Masse oder mit dem Antrag auf Eröffnung eines gerichtlichen Vergleichsverfahrens über sein Vermögen;
c) mit der Einzelzwangsvollstreckung in seine Gesellschaftsanteile oder eines seiner sonstigen Gesellschaftsrechte oder seine Ansprüche gegen die Gesellschaft, und zwar mit dem Ablauf einer Frist von drei Monaten ab Zustellung des Pfändungs- und Überweisungsbeschlusses, falls die Zwangsvollstreckungsmaßnahme nicht zu diesem Zeitpunkt aufgehoben worden ist;
d) ...

(2) In den Fällen des Absatzes 1 wird die Gesellschaft unter Beibehaltung der bisherigen Firma von den verbleibenden Gesellschaftern fortgesetzt.

Erläuterungen zu § 19:

1. Allgemeines 2. Einzelne Ausscheidungsgründe

1. Allgemeines

Moderne Gesellschaftsverträge unterscheiden **zwei** Gruppen von Fällen, in denen Gesellschafter ausscheiden: Eine Gruppe behandelt die Fälle, in denen ein Beschluß der anderen Gesellschafter erforderlich ist. In einer anderen Gruppe von Fällen scheidet ein Gesellschafter automatisch aus der Gesellschaft aus, ohne daß es eines Beschlusses der übrigen Gesellschafter bedarf. Bei der Gestaltung des Gesellschaftsvertrages ist jeweils zu prüfen, ob ein Auscheidenstatbestand automatisch oder erst auf Grund eines Gesellschafterbeschlusses zum Ausscheiden des Gesellschafters führen soll. Ein automatisches Ausscheiden sollte nur für die Fälle vorgesehen werden, in denen es unvorstellbar ist, daß der Gesellschafter nicht ausgeschlossen würde.

2. Einzelne Ausscheidensgründe

Das „automatische" Ausscheiden eines Gesellschafters in den Fällen des Abs. 1 lit. a bis b des Mustervertrages hat seinen Grund darin, daß ansonsten die Gesellschaft durch die Kündigung oder durch die Eröffnung des Konkurses aufgelöst würde (§ 131 Nr. 5 und 6 HGB). Abs. 1 c des Mustervertrages ist sinnvoll, weil der Privatgläubiger eines Gesellschafters unter bestimmten Voraussetzungen die Gesellschaft kündigen und damit zur Auflösung bringen könnte (§§ 161 Abs. 2, 135 HGB); Abs. 1 c des Mustervertrages beugt dieser Gefahr vor. Die Einfügung weiterer Ausscheidungsgründe hängt von dem jeweiligen Einzelfall ab. Wie bereits ausgeführt, ist jeweils sorgfältig zu prüfen, ob ein Tatbestand zum automatischen Ausscheiden führen soll, oder ob die Gesellschafter gezwungen werden sollen, über das Ausscheiden erst einen Beschluß zu fassen.

§ 20
Abfindung

(1) In den Fällen des Ausscheidens eines Gesellschafters hat der ausscheidende Gesellschafter Anspruch auf eine Abfindung nach Maßgabe der Bestimmungen dieses Vertrages.

(2) Zum Zwecke der Ermittlung des Abfindungsguthabens ist von der Komplementärin eine Abfindungsbilanz nach Maßgabe der nachfolgenden Vorschriften aufzustellen. Die Abfindung bemißt sich nach dem Saldo

§ 20 Abfindung

aus dem Kapitalkonto des betroffenen Gesellschafters in der Auseinandersetzungsbilanz und seinen sonstigen Konten.

a) Fällt der Stichtag des Ausscheidens nicht mit dem Ende eines Geschäftsjahres zusammen, ist der Berechnung der Abfindung die letzte, dem Ausscheiden vorangehende Jahresbilanz zugrunde zu legen. Die zwischen dem Bilanzstichtag und dem Stichtag des Ausscheidens entstandenen Gewinne oder Verluste sind bei der Ermittlung der Abfindung nicht zu berücksichtigen. Die der Berechnung der Abfindung zugrunde zu legende Bilanz bleibt auch dann maßgeblich, wenn diese Bilanz nachträglich (z.B. auf Grund einer steuerlichen Außenprüfung) geändert wird.

b) In der Auseinandersetzungsbilanz ist das Grundvermögen mit den Verkehrswerten anzusetzen. Wenn sich die Parteien nicht einigen, ist der Verkehrswert durch einen vereidigten Sachverständigen, der einvernehmlich von der Gesellschaft und dem betroffenen Gesellschafter zu bestimmen ist, zu ermitteln. Können sich die Beteiligten über die Person des Sachverständigen nicht einigen, ist dieser von dem Präsidenten der für die Gesellschaft zuständigen Industrie- und Handelskammer zu bestimmen. Jeder Beteiligte kann den so bestimmten Sachverständigen beauftragen. Der Sachverständige entscheidet auch darüber, welche Beteiligten seine Kosten zu tragen haben und in welcher Höhe, und zwar nach billigem Ermessen.

- Variante 1 zu Abs. 2 lit. b:
  b) In der Auseinandersetzungsbilanz ist das Grundvermögen mit ...% des Verkehrswertes anzusetzen. Können sich die Parteien nicht einigen, ist der Verkehrswert durch einen vereidigten Sachverständigen, der einvernehmlich von der Gesellschaft und dem betroffenen Gesellschafter zu bestimmen ist, zu ermitteln. Können sich die Beteiligten über die Person des Sachverständigen nicht einigen, ist dieser von dem Präsidenten der für die Gesellschaft zuständigen Industrie- und Handelskammer zu bestimmen; jeder Beteiligte kann den so bestimmten Sachverständigen zu üblichen Konditionen beauftragen. Der Sachverständige entscheidet auch darüber, welche Beteiligten seine Kosten zu tragen haben und in welcher Höhe, und zwar nach billigem Ermessen.

- Variante 2 zu Abs. 2 lit. b:
  b) In der Auseinandersetzungsbilanz ist das Grundvermögen mit dem steuerlichen Einheitswert (140%) anzusetzen.
  c) Für Beteiligungen an Personengesellschaften ist an Stelle des Buchwertes der anteilige steuerliche Einheitswert des Betriebsvermögens anzusetzen. Ist ein solcher nicht festgestellt, ist der Wert zugrunde zu legen, der in Anwendung der steuerrechtlichen Bestimmungen zu errechnen ist.

d) Für Beteiligungen an Kapitalgesellschaften ist der nach den jeweiligen steuerlichen Vorschriften ermittelte gemeine Wert anzusetzen.
e) Alle anderen Aktiva sind mit ihren Buchwerten anzusetzen.
f) Firmenwerte bleiben in jedem Fall außer Ansatz; dasselbe gilt für schwebende Geschäfte.
g) Für Passiva sind die Buchwerte maßgeblich.

- Variante 1 zu Abs. 2:

(2) Das Abfindungsguthaben entspricht dem Saldo seiner Konten (ausgenommen das Kapitalkonto) und dem Anteil des ausgeschiedenen Gesellschafters am steuerlichen Einheitswert der Gesellschaft. Erfolgt das Ausscheiden zum Ende eines Geschäftsjahres, ist der steuerliche Einheitswert maßgebend, der für den darauffolgenden ersten Januar des folgenden Kalenderjahres ermittelt wird. Erfolgt das Ausscheiden im Laufe eines Geschäftsjahres, ist der steuerliche Einheitswert am Beginn des jeweiligen Geschäftsjahres maßgeblich. Der Einheitswert bleibt auch bei einer späteren Änderung (z. B. anläßlich einer Außenprüfung) maßgeblich, mit der Folge, daß später festgestellte Vermögens- oder Ertragsänderungen, Steuerzahlungen oder Steuererstattungen etc. die Abfindung nicht beeinflussen und nur die verbleibenden Gesellschafter betreffen.

- Variante 2 zu Abs. 2:

(2) Die Abfindung bemißt sich nach dem Saldo aller Konten (ausgenommen das Kapitalkonto) des ausgeschiedenen Gesellschafters und dessen Anteil am Ertragswert. Der Ertragswert ist nach der Methode zu ermitteln, die das Institut der Wirtschaftsprüfer in Düsseldorf jeweils am Stichtag des Ausscheidens empfiehlt.

(3) Können sich die Beteiligten nicht über die Höhe des Abfindungsguthabens einigen, so ist das Abfindungsguthaben für alle Beteiligten verbindlich durch einen Schiedsgutachter zu ermitteln. Können sich die Parteien nicht über die Person des Schiedsgutachters einigen, so wird dieser durch den Präsidenten der für die Gesellschaft zuständigen Industrie- und Handelskammer bestimmt und von einer Partei zu üblichen Bedingungen beauftragt. Der Schiedsgutachter entscheidet auch über die Tragung der Kosten für die Ermittlung des Abfindungsguthabens nach billigem Ermessen.

(4) In den Fällen der §§ 18, 19 Abs. 1 lit. b, c dieses Vertrages erhält der betroffene Gesellschafter als Abfindung lediglich den Saldo seiner Konten in der letzten ordentlichen Jahresbilanz, die seinem Ausscheiden vorangeht oder auf den Stichtag des Ausscheidens aufgestellt wird (Buchwert). Ein Kapitalverlustkonto kann dabei nur mit positiven Beständen auf dem Verrechnungskonto und/oder Rücklagekonto verrechnet werden. Sollte diese Abfindungsbeschränkung unwirksam sein, erhält der betreffende Gesellschafter 50% der Abfindung gemäß Abs. 2.

(5) Die Auszahlung der Abfindung erfolgt in ... gleichen Jahresraten, von

§ 20 Abfindung

denen die erste ... Monate nach dem Stichtag des Ausscheidens zur Zahlung fällig wird.

(6) Sollte die Einhaltung der Jahresraten nicht ohne schweren Schaden für die Gesellschaft möglich sein, ermäßigt sich die Höhe der Jahresraten auf den Betrag, der für die Gesellschaft ohne schwere Schädigung tragbar ist, wobei sich die Zahl der Jahresraten entsprechend erhöht. Entsteht darüber, ob die Einhaltung der Jahresraten ohne schweren Schaden für die Gesellschaft möglich ist und/oder um welche Zahl sich die Jahresraten erhöhen, eine Meinungsverschiedenheit zwischen den Beteiligten, so wird diese von einem Wirtschaftsprüfer als Schiedsrichter nach billigem Ermessen entschieden. Können sich die Parteien nicht über die Person des Schiedsrichters einigen, so wird dieser durch den Präsidenten der für den Sitz der Gesellschaft zuständigen Industrie- und Handelskammer bestimmt, und von einer Partei zu angemessenen Bedingungen beauftragt. Der Schiedsgutachter entscheidet auch über die Tragung seiner Kosten nach billigem Ermessen.

(7) Das Abfindungsguthaben ist ab Fälligkeit der ersten Rate mit ...Prozentpunkten über dem jeweiligen Diskontsatz der Deutschen Bundesbank zu verzinsen. Die aufgelaufenen Zinsen sind mit dem jeweiligen Hauptsachebetrag zu bezahlen. Die Gesellschaft ist berechtigt, die Abfindung ganz oder teilweise früher zu bezahlen.

(8) Weitere Ansprüche des Auscheidenden bestehen nicht. Sicherheit wegen der Inanspruchnahme durch Gesellschaftsgläubiger oder Befreiung von den Gesellschaftsschulden kann er nicht verlangen. Jedoch steht ihm die Gesellschaft dafür ein, daß er für die Schulden der Gesellschaft nicht in Anspruch genommen wird.

Erläuterungen zu § 20:

1. Gesetzliche Abfindung
2. Abweichende Vereinbarungen
3. Ertragswertklauseln
4. Buchwertklauseln
5. Abfindungen in Höhe von steuerlichen Werten
6. Fälligkeit/Verzinsung
7. Befreiung von Schulden/Sicherheitsleistung
8. Steuerliche Auswirkungen des Ausscheidens
9. Schenkungssteuer

1. Gesetzliche Abfindung

Ein ausscheidender Kommanditist bzw. dessen Erben haben einen Anspruch auf ein Abfindungsguthaben, das nach den Vorschriften der §§ 161 Abs. 2, 105 Abs. 2 HGB, 738–740 BGB zu berechnen ist. Zur Ermittlung des Abfindungsguthabens ist zunächst der Wert des Gesamtunternehmens als ganzes zu ermitteln und der Wert dann nach dem vereinbarten Verteilungsschlüssel für das Ergebnis auf die Gesellschafter zu verteilen. Für den Gesamtwert sind die **wirklichen** Werte des lebenden Unternehmens einschließlich der stillen Reserven und des Firmenwertes maßgebend, also im allgemeinen der Wert, der sich bei einem Verkauf des lebensfähigen Unternehmens ergeben würde.[147] Die Ermittlung erfolgt im einzelnen durch die Aufstellung einer **Auseinandersetzungsbilanz**.[148] Bei der Aufstellung der Bilanz und der Abrechnung ist der Ausgeschiedene mitwirkungsberechtigt.[149]

2. Abweichende Vereinbarungen

Die Berechnung des Abfindungsguthabens macht deswegen Probleme, weil sie eine **Unternehmensbewertung** erfordert.[150] Die für eine Unternehmensbewertung heranzuziehenden betriebswirtschaftlichen Methoden sind vielfältig und umstritten. Sie können hier nicht im einzelnen dargestellt werden.[151] In der Praxis versucht man, die Probleme, die sich aus einer Unternehmensbewertung ergeben, durch **Abfindungsklauseln**[152] zu umgehen. In Abfindungsklauseln werden in der Regel Verfahren zur Bewertung des Unternehmens vereinbart, die Bewertungsmaßstäbe und Zahlungsmodalitäten festgelegt; es wird die Teilnahme am Gewinn und Verlust schwebender Geschäfte ausgeschlossen und geregelt, ob und wie ein etwaiger Firmenwert bei der Berechnung berücksichtigt wird etc. Welche Klausel vom Verfasser eines Gesellschaftervertrages gewählt wird, hängt vom Einzelfall ab, insbesondere von den Wünschen und Interessen des Auftraggebers, der Struktur und der Rechtsform des Unternehmens, der Anzahl der Gesellschafter, der Branche etc. Unternehmen mit hohem, aber relativ unrentablem Grundvermögen sollten zum Beispiel nicht mit dem Ertragswert bewertet werden.

3. Ertragswertklauseln

Wird als Maßstab für die Abrechnung der Ertragswert gewählt, so genügt es nicht, in einer Abfindungsklausel nur die Bewertung zum Ertragswert anzuordnen.[153] Es ist empfehlenswert, zusätzliche Aussagen zu machen, insbesondere zur **Methode** der Bewertung der Ertragskraft (pauschale/analytische Methode) und zum **Kapitalisierungszinsfuß**. Scheuen sich die Gesellschafter, sich auf eine bestimmte Methode zur Bewertung des Unternehmens festzulegen, kann auf die jeweilige, vom Institut der Wirtschaftsprüfer in Deutschland e.V. empfohlene Bewertungsmethode verwiesen werden. Bei der Berechnung der Abfindung nach dem Ertragswert ist die Aufstellung einer Abschichtungsbilanz nicht erforderlich.

4. Buchwertklauseln

Eine Buchwertklausel[154] liegt vor, wenn der Gesellschaftsvertrag bestimmt, daß der Gesellschafter lediglich den „Buchwert" seines Anteils erhält, wobei unter Buchwert i.d.R. nur der **Saldo** der **Kapitalkonten**

§ 20 Abfindung

verstanden wird.[155] Buchwertklauseln sind grundsätzlich zulässig, sie können jedoch sittenwidrig und damit nach § 138 BGB nichtig sein, wenn sie Dritte beeinträchtigen.[156] Dies ist zum Beispiel bei Buchwertklauseln der Fall, die nur für den Fall eines Gesellschafterkonkurses oder den Fall des Zugriffes von Privatgläubigern eines Gesellschafters gelten sollen. Buchwertklauseln können jedoch auch als **Kündigungsbeschränkung** unwirksam sein. Abfindungsregelungen sind nämlich nichtig, wenn im Zeitpunkt der beabsichtigten Kündigung die Diskrepanz zwischen der im Gesellschaftsvertrag vereinbarten und der gesetzlichen Abfindung so groß ist, daß sie typischerweise geeignet ist, den Gesellschafter von einer Kündigung oder von einer Auflösungsklage abzuhalten.[157]

5. Abfindungen in Höhe von steuerlichen Werten

Häufig finden sich in Gesellschaftsverträgen von Personengesellschaften Abfindungsklauseln, die auf steuerliche Werte[158] abstellen. In vielen Fällen wird die Abfindung nach dem anteiligen **Einheitswert** der Gesellschaft bemessen. Der Einheitswert wird durch die Addition der Werte der einzelnen Wirtschaftsgüter gemäß den Vorschriften der §§ 98 a, 109 Bewertungsgesetz und Abschnitt 42 Vermögensteuerrichtlinien ermittelt. Er weicht im Regelfall (erheblich) vom „wahren" Unternehmenswert ab, da es sich hierbei um eine synthetische Bewertung handelt, einige Wirtschaftsgüter bei der Berechnung außer Betracht bleiben müssen (§§ 101, 102 Bewertungsgesetz) und nicht alle Lasten berücksichtigt werden (vgl. §§ 103 a, 104 Bewertungsgesetz).

6. Fälligkeit/Verzinsung

Der Anspruch ist mit dem Ausscheiden fällig.[159] Es ist üblich, das Abfindungsguthaben in Raten auszuzahlen. Auszahlungsfristen bis zu 5 Jahren sind unproblematisch, Auszahlungsfristen über 10 Jahre hinaus dürften unzulässig sein.[159a] Zweckmäßigerweise wird geregelt, in welcher Höhe Zinsen anfallen und ab welchem Zeitpunkt, da sich eine Pflicht zur Verzinsung nicht am § 353 HGB ergibt.

7. Befreiung von Schulden/Sicherheitsleistung

Nach dem Gesetz sind die übrigen Gesellschafter verpflichtet, den ausgeschiedenen Gesellschafter von gemeinschaftlichen Schulden zu befreien oder hinsichtlich noch nicht fälliger Schulden Sicherheit zu leisten (§ 738 Abs. 1 Satz 2 und 3 BGB). Diese Ansprüche werden in der Regel ausgeschlossen. Eine entsprechende Formulierung findet sich in Abs. 8 des Mustervertrages.

8. Steuerrechtliche Auswirkungen des Ausscheidens

Hinsichtlich der steuerlichen Wirkungen des Ausscheidens eines Kommanditisten ist auf die einschlägigen Kommentare und Erläuterungsbücher zu verweisen.[160]

9. Schenkungssteuer

Bestimmte Abfindungsregelungen können zu schenkungssteuerlichen Problemen führen, vgl. § 7 Abs. 5 und Abs. 7 ErbStG.

§ 21
Informationsrechte

(1) Den Kommanditisten stehen abweichend von § 166 Abs. 2 HGB auch die Rechte des § 118 HGB zu. Angelegenheiten der Gesellschafter sind auch Angelegenheiten von Gesellschaften, an denen die Gesellschaft beteiligt ist. Die Kommanditisten können ihr Informationsrecht auch durch sachverständige Dritte, die berufsrechtlich zur Verschwiegenheit verpflichtet sind, ausüben lassen.

- Variante:
(1) § 51 a GmbHG findet entsprechende Anwendung. Bei der Beschlußfassung über die Verweigerung des Auskunfts- oder Einsichtsrechts hat der betroffene Gesellschafter kein Stimmrecht.

(2) Treugebern von Treuhandgesellschaften, Nießbrauchern an Gesellschaftsanteilen und Testamentsvollstreckern stehen die gleichen Rechte zu, die Kommanditisten nach Abs. 1 zustehen.

Erläuterungen zu § 21:

1. Gesetzliche Informationsrechte/Allgemeines
2. Kontrollrechte
3. Gesetzliche Auskunftsrechte
4. Beteiligungsidentische GmbH & Co. KG

1. Gesetzliche Informationsrechte/Allgemeines

Die Informationsrechte eines Gesellschafters zerfallen in **Kontrollrechte** und **Auskunftsrechte**.[161] Jeder Gesellschafter hat Anspruch auf eine ordentliche Geschäftsführung. Zur Sicherung dieses Anspruches hat er gesetzliche Kontrollrechte.[162] Auskunftsrechte[163] dienen dem Zweck, dem Gesellschafter die sachgerechte Ausübung seines Stimmrechtes zu ermöglichen.

§ 21 Informationsrechte

2. Kontrollrechte

Persönlich haftende Gesellschafter können die Geschäftsführung **jederzeit** kontrollieren (§ 118 Abs. 1 HGB). Dieses Recht steht jedem einzelnen Gesellschafter zu. Persönlich haftende Gesellschafter haben also ein allgemeines, individuelles Informationsrecht hinsichtlich der Angelegenheiten der Gesellschaft. Kommanditisten steht ein Kontrollrecht dagegen nur im Zusammenhang mit dem Jahresabschluß zu (§ 166 Abs. 1 HGB). Die einem von der Geschäftsführung ausgeschlossenen Gesellschafter einer OHG zustehenden Kontrollrechte gemäß § 118 HGB stehen einem Kommanditisten nicht zu (§ 166 Abs. 1 HGB). Nur bei Vorliegen eines wichtigen Grundes, kann das Gericht auf Antrag eines Kommanditisten die Mitteilung einer Bilanz und eines Jahresabschlusses oder sonstiger Aufklärungen oder die Vorlegung der Bücher und Papiere anordnen (§ 166 Abs. 3 HGB). Ein wichtiger Grund ist zum Beispiel der begründete Verdacht nicht ordnungsgemäßer Geschäfts- oder Buchführung. Sollen die Kontrollrechte der Kommanditisten über § 166 HGB hinaus erweitert werden, so muß dies im Gesellschaftsvertrag geschehen. Den Kommanditisten können zum Beispiel die Rechte aus § 118 HGB eingeräumt werden.

3. Gesetzliche Auskunftsrechte

Ein individuelles Auskunftsrecht steht lediglich persönlich haftenden Gesellschaftern aus § 118 HGB zu. Kommanditisten können ihr Auskunftsrecht gemäß § 666 BGB lediglich **kollektiv** geltend machen, mit der Folge, daß es hierzu eines **Gesellschafterbeschlusses** bedarf.[163] Sollen die Auskunftsrechte der Kommanditisten erweitert werden, so ist eine entsprechende Bestimmung in den **Gesellschaftsvertrag** aufzunehmen. § 21 Abs. 1 des Mustervertrages gewährt den Kommanditisten das jederzeitige Recht, Auskünfte zu verlangen und stellt die Streitfrage klar, ob Angelegenheiten der Gesellschaft auch die Angelegenheiten von Gesellschaften sind, an denen die Gesellschaft beteiligt ist. Abs. 1 des Mustervertrages läßt es zu, daß die Kommanditisten ihr Informationsrecht auch durch sachverständige **Dritte** ausüben lassen können.

4. Beteiligungsidentische GmbH & Co. KG

Für das Auskunfts- und Einsichtsrecht des Kommanditisten einer beteiligungsidentischen GmbH & Co. KG gilt eine Besonderheit. Ein GmbH-Gesellschafter, der gleichzeitig Kommanditist der GmbH & Co. KG ist, hat neben seinem Informationsrecht aus § 166 HGB gegenüber der KG auch ein solches aus § 51a GmbH-Gesetz gegen die Komplementär-GmbH, die ihm ebenfalls wie die KG Auskunft über die Angelegenheiten der GmbH und der GmbH & Co. KG schuldet.[164] Seine doppelte Gesellschafterstellung führt somit zu einem **doppelten** Auskunftsrecht, sowohl gegen die KG als auch gegen die GmbH. Sollen einem Kommanditisten in einer nichtbeteiligungsidentischen GmbH & Co. KG die Rechte aus § 51 a GmbH-Gesetz analog verschafft werden, muß dies der **Gesellschaftsvertrag** ausdrücklich anordnen (vgl. Variante zu Abs. 1 des Mustervertrages).

**§ 22
Wettbewerbsverbot**

- Variante 1:
(1) Kein Gesellschafter darf während seiner Zugehörigkeit zur Gesellschaft mittelbar oder unmittelbar, gelegentlich oder gewerbsmäßig, unter eigenem oder fremdem Namen, auf eigene oder fremde Rechnung auf dem Tätigkeitsgebiet der Gesellschaft Geschäfte machen oder ein Unternehmen, das Geschäfte auf dem Tätigkeitsgebiet der Gesellschaft betreibt, erwerben, sich an einem solchen Unternehmen beteiligen oder es auf andere Weise unterstützen, soweit dies ohne Verstoß gegen gesetzliche Vorschriften vereinbart werden kann.
(2) Das Wettbewerbsverbot gemäß Abs. 1 gilt auch bis zum Ablauf von ... Kalendermonaten ab dem Ausscheiden des Gesellschafters aus der Gesellschaft bzw. aus der Geschäftsführung.
(3) Durch Gesellschafterbeschluß können Kommanditisten von dem Wettbewerbsverbot befreit werden. Betroffene Kommanditisten haben hierbei kein Stimmrecht.
(4) Im Falle der Verletzung dieses Verbotes gilt § 113 HGB entsprechend.

- Variante 2:
(1) Die Vorschriften der §§ 112 und 113 HGB gelten auch für Kommanditisten, soweit dies gesetzlich zulässig ist.
(2) Das Wettbewerbsverbot gemäß Abs. 1 gilt für alle Gesellschafter auch auf die Dauer von ... vollen Kalendermonaten ab dem Stichtag ihres Ausscheidens aus der Gesellschaft bzw. ab dem Ausscheiden aus der Geschäftsführung.

Erläuterungen zu § 22:

1. Gesetzliche Rechtslage
2. Abweichende gesellschaftsrechtliche Vereinbarungen
3. Nachvertragliche Wettbewerbsverbote
4. Varianten des Mustervertrages

1. Gesetzliche Rechtslage

Ein gesetzliches Wettbewerbsverbot gilt nur für die Komplementär-GmbH[165] (§§ 112, 113, 161 Abs. 2 HGB), nicht für die Kommanditisten

§ 22 Wettbewerbsverbot

(§ 165 HGB). Ein Komplementär darf ohne Einwilligung der anderen Gesellschafter weder in dem Handelszweig der Gesellschaft Geschäfte machen noch an einer anderen gleichartigen Handelsgesellschaft als persönlich haftender Gesellschafter teilnehmen (§ 112 Abs. 1 HGB). Auf einen Kommanditisten findet das Wettbewerbsverbot des § 112 HGB nur dann Anwendung, wenn seine Stellung innerhalb der Kommanditgesellschaft und seine Treuepflicht dies gebieten.[166] Ein Wettbewerbsverbot gilt insbesondere dann, wenn der **Kommanditist** einen maßgeblichen Einfluß auf die Geschäftsführung nehmen kann.[167] Dies ist der Fall, wenn ein Kommanditist als Geschäftsführer einer Kommanditgesellschaft tätig wird. Kommanditisten, denen Einsichts- und Kontrollrechte gemäß § 118 HGB eingeräumt sind, sollen auf Grund der gesellschaftsrechtlichen Treuepflicht einem Wettbewerbsverbot in analoger Anwendung des § 112 HGB unterworfen sein.[168] Mehrheitsgesellschafter, die die Gesellschaft beherrschen, unterliegen dem Wettbewerbsverbot gemäß § 112 HGB.[169] Der Bundesgerichtshof hat schließlich in einer grundlegenden Entscheidung nicht nur einen Kommanditisten mit einer beherrschenden Mehrheitsbeteiligung dem Wettbewerbsverbot unterworfen, sondern auch die hinter dem Mehrheitsgesellschafter stehende 100 %ige **Muttergesellschaft**.[170] Das gesetzliche Wettbewerbsverbot gilt nur für die Dauer der Zugehörigkeit zur Gesellschaft. Soll eine Wettbewerbstätigkeit nach dem Ausscheiden eines Gesellschafters verboten sein, ist dies im Gesellschaftsvertrag zu vereinbaren.

2. Abweichende gesellschaftsrechtliche Vereinbarungen

Das Wettbewerbsverbot des § 112 HGB stellt kein zwingendes Recht dar. Der Gesellschaftsvertrag kann das Verbot aufheben, gegenständlich, zeitlich oder persönlich beschränken.[171] Er kann auch anordnen, daß alle Gesellschafter einer KG vom Verbot erfaßt werden (so Abs. 1 der Mustersatzung), oder daß eine gewerbliche Tätigkeit auch in einem anderen Handelszweig verboten ist.

3. Nachvertragliche Wettbewerbsverbote

Wettbewerbsverbote, die sich über die Dauer der Zugehörigkeit zur Gesellschaft hinauserstrecken, sind insbesondere an **§ 1 Abs. 1 GWB** zu messen.[172] Gemäß § 1 Abs. 1 GWB sind Verträge, die Unternehmen zu einem gemeinsamen Zweck schließen, unwirksam, soweit sie geeignet sind, die Erzeugung oder die Marktverhältnisse für den Verkehr mit Waren und gewerblichen Leistungen durch Beschränkung des Wettbewerbs zu beeinflussen. Nach der Rechtsprechung muß es sich dabei um eine spürbare Beeinträchtigung des Wettbewerbs handeln. Unterhalb dieser Schwelle greift § 1 GWB nicht ein mit der Folge, daß sich eine Normenkollision zwischen § 1 GWB und einem gesellschaftsvertraglichen Wettbewerbsverbot nicht stellt. Ein gesellschaftsvertraglich vereinbartes Wettbewerbsverbot für einen persönlich haftenden Gesellschafter, welches inhaltlich über den § 112 HGB hinausgeht, darf nicht das Maß überschreiten, welches zum Schutz des Gesellschaftsunternehmens notwendig ist. Sachlich muß sich das Wettbewerbsverbot auf den Geschäftszweig der Gesellschaft beschränken. Zeitlich kann es sich über den Zeitpunkt des Ausscheiden des persönlich haftenden Gesellschafters aus seiner Gesellschafterstellung hinaus erstrecken. Welche **Dauer** ein solches nachvertragliches Wettbewerbsverbot haben kann, ohne mit § 1 GWB zu kollidieren, hängt vom Einzelfall ab. Maßstab ist, ob ein derartiges nachvertragliches Wettbewerbsverbot für den Bestand der Gesellschaft **erforderlich** ist. Beurteilungskriterien hierfür sind u. a. die Kenntnis des persönlich haftenden Gesellschafters über Kundenkreis und die Wettbewerbsstruktur, Vertriebssysteme, Produktionsverfahren etc. sowie die Möglichkeit, derartige Kenntnisse zu eigenen Zwecken zu mißbrauchen. Hinsichtlich eines **Kommanditisten** ist zu unterscheiden, ob dieser zur Geschäftsführung berechtigt ist oder nicht. Ist ein Kommanditist geschäftsführungsberechtigt, kann das Wettbewerbsverbot über sein Ausscheiden aus der Geschäftsführung erstreckt werden, wobei darauf zu achten ist, daß die Fortdauer des Wettbewerbsverbotes an das Ausscheiden des Kommanditisten aus der Geschäftsführung, nicht an sein Ausscheiden aus der Gesellschaft anzuknüpfen ist.[173] Ein Wettbewerbsverbot für einen Kommanditisten, der lediglich über die gesetzlichen Kontroll- und Informationsrechte verfügt, wird gegen § 1 GWB verstoßen. Anders ist es wiederum bei Kommanditisten mit erweiterten Kontroll- und Informationsrechten. Ein Kommanditist, der die Gesellschaft im Sinn von § 17 Abs. 1 Aktiengesetz beherrscht, unterliegt einem Wettbewerbsverbot. Ein gesellschaftsrechtliches Wettbewerbsverbot in gesetzlichem Umfang verstößt nicht gegen § 1 GWB.

4. Varianten des Mustervertrages

Abs. 1 der ersten Variante erweitert das gesetzliche Wettbewerbsverbot. Nach § 112 Abs. 1 HGB zweite Alternative ist die Beteiligung an einem anderen gleichartigen Handelsgeschäft lediglich als „persönlich haftender Gesellschafter" verboten. Die Teilnahme als Kommanditist, stiller Gesellschafter, Aktionär oder als Gesellschafter einer GmbH ist nach dem Wortlaut des Gesetzes zulässig, wird durch die Formulierung in Abs. 1 der ersten Variante jedoch zusätzlich untersagt. Mit dem letzten Absatz (... „soweit dies ohne Verstoß gegen gesetzliche Vorschriften vereinbart werden kann") soll vermieden werden, daß das Wettbewerbsverbot wegen Verstoß gegen § 1 GWB oder wegen Verstoß gegen § 138 BGB insgesamt unwirksam ist. Abs. 1 der zweiten Variante erstreckt das Wettbewerbsverbot im gesetzlichen Umfang auf Kommanditisten, soweit dies ohne Verstoß gegen § 1 GWB oder gegen § 138 BGB zulässig ist. In den

§ 23 Liquidation

Absätzen 2 der beiden Varianten wird das Wettbewerbsverbot auf einen bestimmten Zeitraum nach dem Ausscheiden aus der Gesellschaft bzw. nach dem Ausscheiden aus der Geschäftsführung erstreckt. Die Länge des Zeitraumes für das nachvertragliche Wettbewerbsverbot hängt davon ab, welcher Zeitraum für den Schutz der anderen Gesellschafter erforderlich ist; die Rechtsprechung sieht ein Wettbewerbsverbot bis zu einem Zeitraum von **zwei** Jahren in der Regel nicht als Verstoß gegen § 1 GWB an.[174]

§ 23
Liquidation

(1) Die Liquidation der Gesellschaft erfolgt durch die Komplementärin, soweit die Gesellschafterversammlung nichts Abweichendes beschließt.

(2) Das nach Befriedigung der Gläubiger verbleibende Vermögen der Gesellschaft ist im Verhältnis der Kapitalkonten unter den Kommanditisten zu verteilen.

Erläuterungen zu § 23:

1. Gesetzliche Rechtslage
2. Verteilung des Liquidationsgewinnes

1. Gesetzliche Rechtslage

Die Liquidation einer GmbH & Co. KG wird durch die Vorschriften der §§ 145 ff. HGB geregelt. Nach dem Gesetz sind sämtliche Gesellschafter Liquidatoren, auch solche, die vor der Auflösung keine Geschäftsführungsbefugnis und Vertretungsmacht hatten, in der KG also auch die Kommanditisten. Durch den **Gesellschaftsvertrag** oder durch einen ad hoc gefaßten **Gesellschafterbeschluß** kann vor oder nach Auflösung der Gesellschaft die Liquidation einzelnen Gesellschaftern unter Ausschluß anderer oder Dritten übertragen werden. Der Gesellschaftsvertrag macht von dieser Möglichkeit Gebrauch und bestimmt, daß die Komplementärin auch für die Liquidation zuständig ist. Die Gesellschafter können jedoch eine andere Person zum Liquidator bestellen. Wenn der Gesellschaftsvertrag nichts Abweichendes bestimmt, ist dieser Beschluß einstimmig zu fassen.

2. Verteilung des Liquidationsgewinnes

Bestimmt der Gesellschaftsvertrag, daß für die Beteiligung des Gesellschafters am Gewinn und am Vermögen die jeweiligen festen Kapitalkonten maßgeblich sind, so empfiehlt es sich, auch die Verteilung des Liquidationsgewinnes unter den Kommanditisten nach dem Verhältnis der festen **Kapitalkonten** vorzusehen.

§ 24
Schiedsgericht

Zur Entscheidung über alle Streitigkeiten, die sich zwischen der Gesellschaft auf der einen Seite und den Gesellschaftern auf der anderen Seite oder zwischen Gesellschaftern untereinander auf Grund des Gesellschaftsverhältnisses – auch über die Rechtswirksamkeit des Gesellschaftsvertrages oder einzelner seiner Bestimmungen – ergeben, ist unter Ausschluß des ordentlichen Rechtswegs ein Schiedsgericht zu berufen. Über die Zuständigkeit, die Zusammensetzung und das Verfahren haben die Gesellschafter in einer gesonderten Urkunde eine Vereinbarung getroffen.

Erläuterungen zu § 24:

1. Vor- und Nachteile einer Schiedsgerichtsvereinbarung
2. Gesetzliche Grundlagen
3. Form
4. Muster

1. Vor- und Nachteile einer Schiedsgerichtsvereinbarung

Das Schiedsgericht entscheidet bürgerliche Rechtsstreitigkeiten an Stelle eines Staatsgerichtes, sofern für die Geltendmachung eines Anspruchs der ordentliche Rechtsweg zulässig ist.[175] Einen Instanzenzug zwischen Schieds- und Staatsgericht gibt es nicht. Der **Vorteil** eines Schiedsgerichtes ist es, daß bei einem Schiedsgericht die Möglichkeit besteht, Schiedsrichter zu benennen, die das Vertrauen der Parteien genießen und die sachverständig sind. Schiedsgerichtsverfahren können kostengünstiger sein im Vergleich zum voll ausgeschöpften Instanzenzug der ordentlichen Gerichtsbarkeit. Schiedsgerichte entscheiden in der Regel schneller als staatliche Gerichte. Da die mündliche Verhandlung vor Schiedsgerichten nicht öffentlich ist, ist es möglich, Streitigkeiten diskreter abzuwickeln als vor staatlichen Gerichten. Diesen Vorteilen steht der **Nachteil** entgegen, daß der Schiedsspruch keiner weiteren Kontrolle unterliegt, sofern er nicht an schwerwiegenden Mängeln leidet.

2. Gesetzliche Grundlagen

Die gesetzlichen Grundlagen eines Schiedsvertrages finden sich in den Vorschriften der §§ 1025 ff. ZPO. Dort ist unter anderem die Form des Schiedsvertrages, die Ernennung der Schiedsrichter, die Ernennungsfrist, die Bindung der Parteien an die Ernennung, die Ablehnung von Schiedsrichtern, das Außerkrafttreten des Schiedsvertrages, das Verfahren vor dem Schiedsgericht etc. geregelt.

3. Form

Ein Schiedsvertrag muß ausdrücklich geschlossen werden und bedarf der **Schriftform** (§ 1027 Abs. 1 Satz 1 ZPO). Andere Vereinbarungen als solche, die sich auf das schiedsgerichtliche Verfahren beziehen, darf die Urkunde nicht enthalten. Der Mangel der Form wird jedoch durch die Einlassung auf die schiedsgerichtliche Verhandlung zur Hauptsache geheilt (§ 1027 Abs. 1 Satz 1 ZPO). Diese Formvorschrift ist jedoch nicht einzuhalten, wenn der Schiedsvertrag für beide Teile ein **Handelsgeschäft** ist und keine der Parteien zu den in § 4 HGB bezeichneten Gewerbetreibenden (Minderkaufleute) gehört (§ 1027 Abs. 2 ZPO). Dies bedeutet zum Beispiel, daß der Schiedsvertrag in dem Gesellschaftsvertrag für eine KG nicht enthalten sein darf, an der nicht nur Vollkaufleute beteiligt sind. Die besondere Urkunde muß die Abrede über den Schiedsvertrag vollständig enthalten. Sie darf keinen anderen Inhalt haben und muß räumlich vom Hauptvertrag getrennt oder bei räumlicher Verbindung gesondert unterschrieben sein.

4. Muster

Das Muster eines Schiedsvertrages ist unter Ziffer B, V, S. 51 abgedruckt und im Teil C unter Ziffer V (S. 162) erläutert.

§ 25
Salvatorische Klausel

Sollte eine Bestimmung dieses Vertrages unwirksam sein oder werden, so gelten die übrigen Bestimmungen gleichwohl. Die Gesellschafter verpflichten sich, die nichtige Bestimmung durch eine solche zu ersetzen, die dem wirtschaftlichen Zweck der unwirksamen Bestimmung am nächsten kommt. Entsprechendes gilt, wenn der Vertrag eine Lücke aufweisen sollte.

Erläuterungen zu § 25:

1. Allgemeines   2. Ersetzungsklauseln

1. Allgemeines

Gesellschaftsverträge enthalten regelmäßig salvatorische Klauseln. Diese bestehen aus zwei Bestandteilen, nämlich einer **Teilnichtigkeitsklausel** und einer **Ersetzungsklausel**.[176] Salvatorische Klauseln haben ihren Grund in der Vorschrift des § 139 BGB. Nach dieser Vorschrift ist bei einer Nichtigkeit eines Teiles eines Rechtsgeschäftes im Zweifel das ganze Rechtsgeschäft nichtig. Salvatorische Klauseln haben den Zweck, bei unvorhergesehener Unwirksamkeit einzelner Satzungsbestandteile das Gesellschaftsverhältnis entsprechend den ursprünglichen Intentionen fortzusetzen.

2. Ersetzungsklauseln

Ersetzungsklauseln können unterschiedlich ausgestaltet sein. Es gibt Klauseln, die fingieren, daß diejenige Bestimmung als vereinbart gilt, die dem entspricht, was die Parteien nach Sinn und Zweck dieses Vertrages vernünftigerweise vereinbart hätten. Derartige Formulierungen sind für Ersetzungsklauseln in Personengesellschaften geeignet, nicht jedoch für Klauseln in GmbH-Satzungen.[177] Andere Klauseln verpflichten die Gesellschafter, die nichtige Bestimmung durch eine andere zu ersetzen (so die Formulierung in der Mustersatzung).

§ 26
Schlußbestimmungen

(1) Änderungen und Ergänzungen dieses Vertrages bedürfen zu ihrer Wirksamkeit der Schriftform, soweit nicht im Gesetz eine notarielle Beurkundung vorgeschrieben ist.
(2) Die Kosten dieses Vertrages werden von der Gesellschaft getragen.

Erläuterungen zu § 26:

1. Notarkosten
2. Handelsregisterkosten
3. Grunderwerbsteuer
4. Gesellschaftssteuer
5. Rechtsanwaltskosten

1. Notarkosten

Notarkosten fallen in der Regel nur für die Anmeldung der KG zum Handelsregister und gegebenenfalls für die Beurkundung der Satzung der GmbH an. Die Beurkundung von Anmeldungen zum Handelsregister löst eine halbe Gebühr gemäß § 38 Abs. 2 Ziffer 7 KostO aus. Bei bloßer Beglaubigung der Unterschrift unter den fertigen Antrag wird nur eine Beglaubigungsgebühr gemäß § 45 KostO erhoben.

2. Handelsregisterkosten

Für Eintragungen in das Handelsregister werden Gebühren innerhalb eines bestimmten Rahmens gemäß § 79 KostO festgesetzt. Der Geschäftswert richtet sich nach § 26 KostO.

§ 26 Schlußbestimmungen

3. Grunderwerbsteuer

Zum Anfall von Grunderwerbsteuern wird auf die einschlägigen Erläuterungsbücher verwiesen.[178]

4. Gesellschaftssteuer

Die GmbH & Co. galt gemäß § 5 Abs. 2 Nr. 3 KVStG als Kapitalgesellschaft. Der erste Erwerb von Gesellschaftsrechten löste Gesellschaftssteuer aus. Ab 1.1.1992 wurden die Bestimmungen über die Gesellschaftssteuer aufgehoben.[179] Gesellschaftssteuer fällt bei Gründungen, die ab dem 1. Januar 1992 stattfinden, nicht mehr an.

5. Rechtsanwaltskosten

Wird der Gesellschaftsvertrag von einem Anwalt ausgearbeitet, fallen zwei Gebühren gemäß § 118 Abs. 1 Nr. 1 und 2 BRAGO an. Der Gegenstandswert richtet sich nach dem Wert der vereinbarten Einlagen.

II. Zusätzliche Bestimmungen für die beteiligungsidentische GmbH & Co. KG

§ 7
Dauer der Gesellschaft, Kündigung

(1)–(4) wie Vertragsmuster I

Zusätzlich:
(5) Kündigt ein Gesellschafter die Komplementär-GmbH, so gilt dies gleichzeitig als Kündigung der Hauptgesellschaft.

§ 15
Verfügungen über Gesellschaftsanteile und sonstige Ansprüche gegen die Gesellschaft/ Belastung von Gesellschaftsanteilen

(1)–(7) wie Vertragsmuster I

Zusätzlich:
(8) Verfügungen über Gesellschaftsanteile insgesamt oder Teile von Gesellschaftsanteilen sind nur wirksam, wenn der verfügende Gesellschafter gleichzeitig und im gleichen Verhältnis über seinen Geschäftsanteil an der Komplementär-GmbH zugunsten des gleichen Erwerbers verfügt.

§ 16
Vorkaufsrecht

(1)–(3) wie Vertragsmuster I

Zusätzlich:
(4) Das Vorkaufsrecht kann nur gleichzeitig mit dem Vorkaufsrecht hinsichtlich des Geschäftsanteils des betroffenen Kommanditisten an der Komplementär-GmbH ausgeübt werden.

§ 17
Vererbung von Gesellschaftsanteilen

(1)–(5) wie Vertragsmuster I

Zusätzlich:
(6) Erbe kann nur werden, wer gleichzeitig und im selben Umfang Erbe des verstorbenen Gesellschafters hinsichtlich seines Geschäftsanteils an der Komplementär-GmbH wird.

§ 18
Ausschluß von Gesellschaftern

(1)–(1 c) wie Vertragsmuster I

Zusätzlich:
d) wenn ein Kommanditist nicht mehr Gesellschafter der Komplementär-GmbH ist.

Erläuterungen:

1. Synchronisation der Gesellschaftsverträge
2. Unterschiede
3. Zu den einzelnen Vorschriften

1. Synchronisation der Gesellschaftsverträge

Eines der Hauptprobleme bei der Abfassung des Gesellschaftsvertrages einer GmbH & Co. KG und des Gesellschaftsvertrages der Komplementär-GmbH ist die Verzahnung[201] der beiden Gesellschaften. In der Regel muß sichergestellt sein, daß die gleichen Gesellschafter im gleichen Verhältnis an der KG und an der GmbH beteiligt sind. Jede Veränderung der Beteiligung an einer Gesellschaft muß zu einer entsprechenden Veränderung der Beteiligung an der anderen Gesellschaft führen. Darüber hinaus sollten die Bestimmungen über die Kündigungsfristen und für die Einberufung von Gesellschafterversammlungen gleichlautend sein. Verfügungen über Anteile an der KG sollten nur zulässig sein, wenn im gleichen Verhältnis über Geschäftsanteile der Komplementär-GmbH verfügt wird und umgekehrt. Es muß sichergestellt werden, daß im Falle des Todes eines Gesellschafters der Anteil an der KG und der Anteil an der GmbH auf die gleichen Erben übergeht etc.

2. Unterschiede

Unterschiede sollten nur dort vorhanden sein, wo sie sachdienlich sind, zum Beispiel bei der Regelung der Höhe der Abfindung für ausscheidende Gesellschafter. Die Komplementär-GmbH wird in der Regel über kein Vermögen verfügen, das über das Stammkapital hinausgeht, so daß es genügt, für das Ausscheiden aus der GmbH als Abfindung den Buchwert des betroffenen Anteils zu vereinbaren.

3. Zu den einzelnen Vorschriften

Die besonderen Bestimmungen der beteiligungsidentischen GmbH & Co. KG dienen dem Gleichlauf der Beteiligung an der KG und an der GmbH.

III. Zusätzliche Bestimmungen für die Einheits-GmbH & Co. KG

§ 4
Gesellschaften, Einlagen, Haftsummen

(1)–(4) wie Vertragsmuster I

Zusätzlich:

(5) Zusätzlich zu der Geldeinlage gemäß Abs. 2 verpflichtet sich jeder Kommanditist, seinen Geschäftsanteil an der Komplementärin voll einbezahlt und frei von Rechten Dritter in der gesetzlich vorgeschriebenen Form an die KG abzutreten, und zwar
a) Herr/Frau ... seinen/ihren Geschäftsanteil
   mit einer Stammeinlage von DM ...
b) Herr/Frau ... seinen/ihren Geschäftsanteil
   mit einer Stammeinlage von DM ...
c) Herr/Frau ... seinen Geschäftsanteil
   mit einer Stammeinlage von DM ...
d) ...

Erläuterungen zu § 4:

1. Allgemeines
2. Haftungsprobleme
3. Gründungsvarianten
4. Form des KG-Vertrages

1. Allgemeines

Gegenüber einer beteiligungsidentischen GmbH & Co. KG hat die Einheitsgesellschaft den **Vorteil**, daß bei der Abfassung ihrer Gesellschaftsverträge die Bestimmungen entfallen können, die der Aufrechterhaltung der gleichen Beteiligung an der Hauptgesellschaft und an der Komplementär-GmbH dienen[211]. Ist die KG nämlich die alleinige Gesellschafterin ihrer Komplementär-GmbH, so sind alle Kommanditisten stets im gleichen Verhältnis an der Komplementär-GmbH beteiligt, in dem sie an der KG beteiligt sind. **Probleme** wirft die Einheitsgesellschaft jedoch in zwei Bereichen auf, zum einen im Bereich der **Willensbildung** bei der Komplementär-GmbH und zum anderen im **haftungsrechtlichen** Bereich. Auf das Problem der Willensbildung bei der Komplementär-GmbH wird nachfolgend bei den Erläuterungen zu § 8a, S. 130, eingegangen.

2. Haftungsprobleme

Das haftungsrechtliche Problem besteht darin, daß die wechselseitige Beteiligung die Aufbringung und Erhaltung des Stammkapitals der GmbH und die Leistung der Einlagen in die KG nicht beeinträchtigt werden dürfen. Dies bedeutet im einzelnen, daß die Kommanditisten ihre Hafteinlagen weder ganz noch teilweise dadurch erbringen können, daß sie der KG ihre Geschäftsanteile an der Komplementär-GmbH übertragen.[212] Abzuraten ist auch von der Gestaltung, daß die Kommanditisten ihre Hafteinlagen in Geld erbringen und anschließend die KG mit den Einlagen die Geschäftsanteile an ihrer Komplementär-GmbH erwirbt. Vorzuziehen ist die Gestaltung, daß die Kommanditisten ihre **Geschäftsanteile** an der Komplementär-GmbH als **weitere Einlage** neben ihrer Kommanditeinlage erbringen.[213] Diese Gestaltung ist auch in Abs. 5 des Mustervertrages gewählt worden.

3. Gründungsvarianten

Auch zur Neugründung einer Einheitsgesellschaft ist die Errichtung einer KG und einer GmbH erforderlich. Einzelheiten siehe oben S. 54 ff. Zusätzlich zu den dort genannten Gründungsvarianten besteht die Möglichkeit, daß die GmbH von einem Kommanditisten im eigenen Namen, aber für Rechnung aller Kommanditisten und im Verhältnis ihrer Einlage in die KG gegründet wird; anschließend überträgt der Gründungskommanditist die Geschäftsanteile an der GmbH auf die KG.

4. Form des KG-Vertrages

Die Verpflichtung der Kommanditisten gemäß Abs. 5 des Mustervertrages, die Geschäftsanteile an der Komplementär-GmbH auf die KG zu übertragen hat zur Folge, daß der KG-Vertrag der **notariellen** Form bedarf (§ 15 Abs. 4 Satz 1 GmbH-Gesetz).

§ 8
Geschäftsführung und Vertretung

(1) Zur Geschäftsführung und Vertretung in der Gesellschaft ist die Komplementärin allein berechtigt und verpflichtet, soweit in § 8a nicht etwas anderes bestimmt ist.

(2)–(3) wie Vertragsmuster I

- Variante 1 zu Abs. 3

Zusätzlich:
0) Verfügungen über die Geschäftsanteile der Komplementär-GmbH

Zusätzlich:

§ 8a
Wahrnehmung der Gesellschafterrechte
in der persönlich haftenden Gesellschafterin

(1) Die Komplementärin ist von der Geschäftsführung und Vertretung ausgeschlossen, soweit es um die Wahrnehmung der Gesellschafterrechte an der persönlich haftenden Gesellschafterin selbst geht. Die Wahrnehmung der Rechte der Gesellschaft in der persönlich haftenden Gesellschafterin wird den Kommanditisten übertragen und diesen insoweit Geschäftsführungsbefugnis und Vertretungsmacht eingeräumt.

(2) Die Geschäftsführung und die Vertretung der KG bei der Wahrnehmung der Rechte in der Komplementär-GmbH erfolgt wie folgt: Die Kommanditisten haben über die zu treffende Maßnahme einen Beschluß zu fassen. Der Beschluß wird anschließend von einem oder mehreren Kommanditisten, die hierzu von den Kommanditisten bestimmt werden, ausgeführt.

(3) Für die Einberufung der Versammlung der Kommanditisten, den Tagungsort, die Beschlußfähigkeit, die Vertretung/Beratung durch Dritte, die Leitung der Gesellschafterversammlung, die Protokollierung etc. gilt § 10 des Gesellschaftsvertrages der KG entsprechend.

(4) Beschlüsse in der Kommanditistenversammlung werden mit folgenden Mehrheiten gefaßt:
 a) soweit nachstehend nichts anderes bestimmt ist, werden Beschlüsse mit der einfachen Mehrheit der Stimmen aller anwesenden oder vertretenen Kommanditisten gefaßt;
 b) folgende Beschlüsse bedürfen einer Mehrheit von drei Vierteln aller in der Gesellschaft vorhandenen Stimmen:
  – Bestellung und Abberufung von Geschäftsführern der persönlich haftenden Gesellschafterin,
  – Weisungen an die Geschäftsführer der persönlichen Gesellschafterin, soweit sie die Unternehmensführung und Unternehmenspolitik der KG betreffen;
 c) Beschlüsse der Kommanditisten, die Verfügungen über Geschäftsanteile an der persönlich haftenden Gesellschafterin, die Änderung des Gesellschaftsvertrages der persönlich haftenden Gesellschafterin oder

deren Auflösung zum Gegenstand haben, bedürfen der Einstimmigkeit.

(5) Je DM ... des festen Kapitalkontos eines Kommanditisten gewähren eine Stimme.

Erläuterungen zu § 8 a:

1. Gestaltungsvarianten   2. Kommanditistenversammlung/
Kommanditistenbeschlüsse

1. Gestaltungsvarianten

In der Literatur werden verschiedene Wege erörtert, um das Problem der Willensbildung in der Komplementär-KG bei einer Einheitsgesellschaft zu lösen. Es wird vorgeschlagen:
- Den Kommanditisten **Vollmacht** für die Ausübung des Stimmrechts in der Komplementär-GmbH zu erteilen.[214]
- Im Gesellschaftsvertrag der Komplementär-GmbH wird als weiteres Organ ein **Beirat** gebildet, dessen Mitglieder die jeweiligen Kommanditisten der KG sind. Dem Beirat werden alle Rechte eingeräumt, mit denen nach den dispositiven gesetzlichen Bestimmungen statt der Gesellschafterversammlung ein anderes Organ betraut werden kann, insbesondere die Bestellung und Abberufung der Geschäftsführer, die Erteilung von Weisungen an sie, die Feststellung des Jahresabschlusses etc.[215]
- Es wird vereinbart, daß hinsichtlich der Willensbildung in der Komplementär-GmbH die Kommanditisten **geschäftsführungs-** und **vertretungsbefugt** sind.[216]

Der Mustervertrag folgt der dritten Möglichkeit.

2. Kommanditistenversammlung/Kommanditistenbeschlüsse

Für die Einberufung der Versammlung der Kommanditisten und für die Beschlußfassung der Kommanditisten bestehen die gleichen Probleme wie bei einer mehrköpfigen Geschäftsführung. Es muß daher geregelt werden, wer zu Kommanditistenversammlungen einlädt, mit welcher Frist etc. Der Mustervertrag löst das Problem durch die analoge Anwendung der entsprechenden Vorschriften der KG. Dies ist zweckmäßig. Zwar ist die Versammlung der Kommanditisten nicht mit der Gesellschafterversammlung der KG identisch. Beide unterscheiden sich aber nur dadurch, daß an der Gesellschafterversammlung auch die Komplementär-GmbH teilnahmeberechtigt ist. Dieser rechtliche Unterschied fällt aber kaum ins Gewicht, da die Komplementär-GmbH vom Stimmrecht, soweit zulässig, in der Regel ausgeschlossen ist. Der Mustervertrag sieht für die Beschlußfassung in der Kommanditistenversammlung grundsätzlich das Mehrheitsprinzip vor, unterscheidet aber zwischen Beschlüssen, die mit der einfachen Mehrheit der abgegebenen Stimmen und Beschlüssen, die mit einer Dreiviertelmehrheit aller vorhandenen Stimmen gefaßt werden müssen. Darüber hinaus ist für bestimmte Beschlüsse Einstimmigkeit vorgesehen. Ob diese Dreiteilung im Einzelfall zweckmäßig ist, muß jeweils geprüft werden.

§ 18
Ausschluß von Gesellschaftern

(1)–(6) wie Vertragsmuster I

Zusätzlich:

(7) Die Komplementärin kann ausgeschlossen werden, wenn an der Komplementärin eine andere Person als die Gesellschaft beteiligt ist, ohne daß alle anderen Kommanditisten der Beteiligung vorher zugestimmt haben.

Erläuterungen zu § 18:

Die zusätzliche Bestimmung (Abs. 7) ermöglicht den Kommanditisten den Ausschluß der Komplementär-GmbH, wenn an dieser – gegen den Willen der Kommanditisten – andere Gesellschafter beteiligt sind.

IV. Gesellschaftsvertrag einer Komplementär-GmbH

§ 1
Firma, Sitz, Geschäftsjahr

(1) Die Firma der Gesellschaft lautet:

„..."

(2) Sitz der Gesellschaft ist...

(3) Geschäftsjahr ist das Kalenderjahr.

- Variante:

(3) Das Geschäftsjahr beginnt am ... und endet am ... des darauffolgenden Kalenderjahres.

Erläuterungen zu § 1:

1. Firma   3. Geschäftsjahr
2. Sitz

1. Firma

Die Bildung der Firma einer GmbH wird durch § 4 GmbH-Gesetz geregelt. Die Firma gehört zum notwendigen Inhalt des Gesellschaftsvertrages (§ 3 Abs. 1 Nr. 1 GmbHG) und wird in das Handelsregister eingetragen. Gründungsgesellschafter haben die Wahl zwischen einer **Sachfirma**, einer **Personenfirma** oder einer **gemischten** Firma, wobei ein relativ weiter Gestaltungsspielraum besteht. Eine Sachfirma ist nach dem Gegenstand des Unternehmens zu bilden. Die Firma muß sich jedoch nicht vollständig mit ihm decken, sondern nur von ihm entlehnt sein. Erstreckt sich der Unternehmensgegenstand auf mehrere Geschäftszweige, kann die Firma auf einen der Tätigkeitsbereiche beschränkt werden. Die Firma muß hinreichend unterscheidungskräftig sein. Bei allgemein gehaltenem Firmenkern muß die Firma einen individualisierenden Zusatz enthalten. Aus diesem Grund ist als Firma eine bloße Branchen- bzw. Gattungsbezeichnung für Waren oder Dienstleistungen ohne individuellen Zusatz unzulässig, auch wenn sie den Unternehmensgegenstand zutreffend kennzeichnen würde. In einer Personenfirma können die Namen aller, einiger Gesellschafter oder nur eines Gesellschafters aufgenommen werden. Der Name ist bei natürlichen Personen in der Regel der Familienna-

§ 1 Firma, Sitz, Geschäftsjahr

me. Die Beifügung von **Vornamen** ist nicht notwendig, aber zulässig. Bei der Bildung der Firmen der KG und ihrer Komplementärin kollidiert der Grundsatz der Unterscheidbarkeit aller Firmen einer Gemeinde (§ 30 Abs. 1 HGB) mit dem Grundsatz, daß die Firma der GmbH & Co. KG aus dem vollständigen Namen des persönlich haftenden Gesellschafters gebildet werden muß (§ 19 HGB). Dem Rechtsformzusatz (GmbH & Co. KG) allein kommt keine ausreichende Unterscheidungskraft zur Vermeidung einer Verwechselungsgefahr zu.[221] Die Rechtsprechung ließ es daher zu, daß in der Firma der KG Zusätze wie „Verwaltungs-", „Beteiligungs-" etc. weggelassen werden, wenn es sich bei den üblichen Firmenbestandteilen der Firma der Komplementär-GmbH um ihre wesentlichen und unterscheidungskräftigen Teile handelt und die Firma der GmbH auch ohne diese Zusätze als Sachfirma zulässig wäre.[222] Ist dieser Ausweg nicht möglich, kann wie folgt verfahren werden: Die KG und ihre Komplementär-GmbH nehmen ihre Sitze an verschiedenen Orten[223] oder der Firma der KG wird neben dem Bestandteil „& Co." noch ein weiterer, individualisierender Zusatz beigefügt.[224]

2. Sitz

Die Wahl des Sitzes einer GmbH ist gesetzlich nicht geregelt. Regelmäßig wird dies der Ort sein, an dem sie einen Betrieb oder die Geschäftsleitung/Verwaltung hat. Notwendig ist dies jedoch nicht.[225] Allerdings darf der Sitz nicht rechtsmißbräuchlich gewählt werden, etwa nur, um die Zuständigkeit eines bestimmten Registergerichts mit eintragungsfreundlicher Praxis zu erreichen.[226] Der Sitz ist wesentlich für die Zuständigkeit des Registergerichts und des Prozeßgerichts. Sitz kann nur ein Ort innerhalb Deutschlands sein, da andernfalls keine Anmeldung zum Handelsregister nach § 7 GmbHG möglich ist.[227] Eine Sitzverlegung erfordert eine Satzungsänderung (§ 53 GmbHG).

3. Geschäftsjahr

Die Gesellschafter können die zeitliche Lage des Geschäftsjahres frei regeln. Fehlt im Gesellschaftsvertrag eine Regelung, dann entspricht das Geschäftsjahr dem Kalenderjahr.[228] Das Geschäftsjahr ist bedeutsam im Hinblick auf die Vorschriften über die Aufstellung des Inventars und des Jahresabschlusses (vgl. § 240 Abs. 2 Satz 1 und §§ 242 f. HGB). Steuerrechtlich entspricht dem Geschäftsjahr das Wirtschaftsjahr (§ 4a EStG). Die **Umstellung** des Wirtschaftsjahres auf einen vom Kalenderjahr abweichenden Zeitraum ist steuerrechtlich nur wirksam, wenn sie im Einvernehmen mit der Finanzverwaltung vorgenommen wird (§ 4a Abs. 1 Nr. 2 Satz 2 EStG, § 8b EStDV). Dagegen bedarf die Umstellung des Wirtschaftsjahres auf das Kalenderjahr nicht der Zustimmung der Finanzverwaltung.

§ 2
Gegenstand des Unternehmens

Gegenstand des Unternehmens ist die Geschäftsführung und Vertretung der ... GmbH & Co. KG mit dem Sitz in ... (im folgenden „Hauptgesellschaft") genannt, als deren persönlich haftende Gesellschafterin. Gegenstand der Hauptgesellschaft ist ...

Erläuterungen zu § 2:

1. Allgemeines
2. Gegenstand des Unternehmens bei einer Komplementär-GmbH

1. Allgemeines

Die Angabe des Gegenstandes des Unternehmens[229] ist notwendiger Inhalt der Satzung einer GmbH (§ 3 Abs. 1 Nr. 2 GmbHG). Die Angabe des Gegenstandes muß den Tätigkeitsbereich der Gesellschaft in groben Zügen erkennen lassen und die Zuordnung zu einem Geschäftszweig als Sachbereich des Wirtschaftslebens bzw. eine Einordnung im nicht wirtschaftlichen Bereich ermöglichen.[230] Formeln wie „Handelsgeschäfte aller Art" sind unzulässig.

2. Gegenstand des Unternehmens bei einer Komplementär-GmbH

Streitig ist, ob es für den Gegenstand des Unternehmens einer Komplementär-GmbH ausreicht, als Unternehmensgegenstand die Geschäftsführung und Vertretung der GmbH & Co. KG aufzuführen. Die Rechtsprechung[231] verlangt, daß im Gegenstand des Unternehmens der Komplementär-GmbH der Gegenstand des Unternehmens der KG angegeben wird.

§ 3
Stammkapital

(1) Das Stammkapital der Gesellschaft beträgt DM ... (in Worten Deutsche Mark ...).
(2) An dem Stammkapital sind beteiligt:
    a) Herr/Frau ...
        mit einer Stammeinlage von   DM ...
    b) Herr/Frau
        mit einer Stammeinlage von   DM ...

§ 3 Stammkapital

  c) Herr/Frau
     mit einer Stammeinlage von   DM...
(3) Die Stammeinlagen sind vor Anmeldung zum Handelsregister in voller Höhe einzuzahlen.

- Variante:
  (3) Die Stammeinlagen sind in Höhe von ... % vor Anmeldung zum Handelsregister, im übrigen auf Anforderung der Geschäftsführung einzuzahlen.

Zusätzlich für die beteiligungsidentische GmbH:
(4) Der Anteil des jeweiligen Gesellschafters am Stammmkapital soll seinem jeweiligen prozentualen Anteil am Kommanditkapital der Hauptgesellschaft entsprechen. Jeder Gesellschafter ist verpflichtet, allen Maßnahmen zuzustimmen und alle Handlungen vorzunehmen, die erforderlich sind, um diese Beteiligungsgleichheit zu erhalten oder wiederherzustellen, wenn sie verlorengegangen ist, wobei Maßstab die jeweilige Beteiligung an der Hauptgesellschaft ist.

Erläuterungen zu § 3:

1. Stammkapital/Stammeinlagen
2. Namen der Gesellschafter
3. Fälligkeit der Einlagen
4. Beteiligungsidentische GmbH

1. Stammkapital/Stammeinlagen

Der Gesellschaftsvertrag muß die Höhe des Stammkapitals und die Höhe der Stammeinlagen angeben (§ 2 Abs. 1 Nr. 3 und 4 GmbHG). Das Stammkapital[233] ist ein durch den Gesellschaftsvertrag bestimmter Geldbetrag und entspricht der Summe der bei der Gründung aufzubringenden Einlagen. Das Stammkapital kann nur durch Satzungsänderung geändert werden. Es muß mindestens DM 50 000,- betragen (§ 5 Abs. 1 GmbHG). Die Stammeinlagen legen die Beträge fest, mit denen sich einzelne Gesellschafter an der GmbH beteiligen. Der Betrag der Stammeinlage kann für jeden Gesellschafter verschieden bestimmt werden. Jeder Gründer muß und kann nur eine Stammeinlage übernehmen. Diese muß mindestens DM 500,- betragen und im übrigen durch die Zahl 100 teilbar sein (§ 5 Abs. 1 bis 3 GmbHG). Vom Begriff der Stammeinlage ist der Begriff des Geschäftsanteils zu unterscheiden.[234] Unter Geschäftsanteil versteht man die durch den Erwerb des Geschäftsanteils begründete Rechtsstellung des Gesellschafters und die sich hieraus ergebende Gesamtheit seiner Rechte und Pflichten. Der Nennbetrag jedes Geschäftsanteils gibt Aufschluß über die Beteiligungsverhältnisse unter den Gesellschaftern. Deshalb ist der Geschäftsanteil normalerweise Maßstab für die Rechte und Pflichten, die von der Höhe der Beteiligung abhängen, wie der Gewinnanspruch (§ 29 Abs. 3 GmbHG), Stimmrechte (§ 47 Abs. 2 GmbHG), Ausfallhaftung (§§ 24, 31 Abs. 3 GmbHG), Nachschußpflicht (§ 26 Abs. 2 und 3 GmbHG), Anteil am Auseinandersetzungsguthaben (§ 72 GmbHG).

2. Namen der Gesellschafter

Im ersten Gesellschaftsvertrag einer GmbH sind mit den Stammeinlagen auch die Namen der Gesellschafter anzugeben. Für spätere Neufassungen der Satzung gilt § 3 Abs. 1 Nr. 4 GmbHG nur eingeschränkt. Die Angabe der ursprünglichen Gesellschafter mit ihren Stammeinlagen kann jedenfalls dann entfallen, wenn die Einlagen voll geleistet sind.[235]

3. Fälligkeit der Einlagen

Nach dem Gesetz beschließt die Gesellschafterversammlung über die Einforderung von Einlagen, sofern der Gesellschaftsvertrag nichts Abweichendes bestimmt (§ 46 Nr. 2 GmbHG). Vor der Anmeldung ist jedoch mindestens ein Viertel der auf jede Stammeinlage zu leistenden Geldeinlage einzubezahlen (§ 7 Abs. 2 Satz 1 GmbHG). Insgesamt muß auf das Stammkapital vor Anmeldung so viel einbezahlt werden, daß der Gesamtbetrag der einbezahlten Geldeinlagen zuzüglich des Gesamtbetrages der Stammeinlagen, für die Sacheinlagen zu leisten sind, DM 25 000,– erreicht (§ 7 Abs. 2 Satz 2 GmbHG). Der Gesellschaftsvertrag kann die Fälligkeit statt von einem Gesellschafterbeschluß von einer Entscheidung der Geschäftsführung abhängig machen (vgl. die Variante zu Abs. 3 des Mustervertrages).

4. Beteiligungsidentische GmbH

Abs. 4 dient dem Gleichlauf der Beteiligung an der KG und an der GmbH. Bei einer beteiligungsidentischen GmbH & Co KG ist eines der Hauptprobleme bei der Abfassung der beiden Gesellschaftsverträge deren Verzahnung. Es muß sichergestellt sein, daß die gleichen Gesellschafter im gleichen Verhältnis an der GmbH und an der KG beteiligt sind. Jede Veränderung der Beteiligung an einer Gesellschaft muß zu einer entsprechenden Veränderung der Beteiligung an der anderen Gesellschaft führen. Abs. 4 des Mustervertrages dient diesem Ziel.

§ 4
Dauer der Gesellschaft, Kündigung

(1) Die Gesellschaft beginnt mit der Eintragung im Handelsregister. Ihre Dauer ist unbestimmt.

§ 4 Dauer der Gesellschaft, Kündigung

(2) Die Gesellschaft kann mit einer Frist von ... Monaten zum Ende eines Geschäftsjahres gekündigt werden, erstmals jedoch zum 31.12. ...
- Variante:
(2) Die Gesellschaft kann mit einer Frist von ... Monaten zum Ende eines Geschäftsjahres gekündigt werden, erstmals jedoch zum 31.12. ... Wird sie nicht gekündigt, verlängert sie sich jeweils um weitere fünf Jahre.

(3) Die Kündigung hat durch eingeschriebenen Brief an die Gesellschaft zu Händen der Geschäftsführung zu erfolgen. Für die Rechtzeitigkeit der Kündigung ist der Tag der Aufgabe des Kündigungsschreibens zur Post maßgeblich. Die Geschäftsführung hat die anderen Gesellschafter unverzüglich von der Kündigung zu verständigen.
- Variante:
(3) Die Kündigung hat durch eingeschriebenen Brief an die anderen Gesellschafter zu erfolgen. Für die Rechtzeitigkeit der Kündigung ist der Tag der Aufgabe des Kündigungsschreiben zur Post maßgeblich.

(4) Durch die Kündigung wird die Gesellschaft nicht aufgelöst. Der Geschäftsanteil des Gesellschafters der gekündigt hat, ist vielmehr einzuziehen oder gemäß § 13 Abs. 3 dieses Vertrages abzutreten. Kündigt ein Gesellschafter, so sind die übrigen Gesellschafter verpflichtet, zum Zeitpunkt der Wirksamkeit der Kündigung den Geschäftsanteil des kündigenden Gesellschafters entweder einzuziehen oder gemäß § 13 Abs. 3 dieses Vertrages abzutreten. Wird der Geschäftsanteil nicht bis zum Ablauf der Kündigungsfrist eingezogen oder abgetreten, so hat der betroffene Gesellschafter das Recht zu verlangen, daß sein Geschäftsanteil von den anderen Gesellschaftern im Verhältnis ihrer Geschäftsanteile oder – soweit dies rechtlich möglich ist – von der Gesellschaft erworben wird; für die Berechnung des Kaufpreises, die Fälligkeiten etc. gilt § 14 dieses Vertrages entsprechend.

Erläuterungen zu § 4:
1. Entstehung einer GmbH
2. Vor-GmbH
3. Dauer
4. Kündigung

1. Entstehung einer GmbH

Die Gründung einer GmbH vollzieht sich in folgenden **sieben** Schritten:
– notarieller Abschluß des Gesellschaftsvertrages (§ 2 Abs. 1 GmbHG); der Vertrag ist von sämtlichen Gesellschaftern zu unterzeichnen, die Unterzeichnung durch Bevollmächtigte ist nur auf Grund einer notariell errichteten oder beglaubigten Vollmacht zulässig (§ 2 Abs. 2 GmbHG);
– die Bestellung eines oder mehrerer Geschäftsführer (§ 6 GmbHG);
– die Leistung auf die Stammeinlagen (§ 7 Abs. 2 und 3 GmbHG);
– die Anmeldung zum Handelsregister (§ 7 Abs. 1 GmbHG);

- die registergerichtliche Prüfung;
- die Eintragung; mit ihr entsteht die GmbH (§ 11 Abs. 1 GmbHG);
- die Bekanntmachung (§§ 9c, 10 GmbHG).

2. Vor-GmbH

Von der Entstehung der GmbH (Eintragung im Handelsregister) ist die Errichtung einer GmbH zu unterscheiden.[236] Letztere erfolgt bereits durch Abschluß des Gesellschaftsvertrages. In dem Stadium zwischen Errichtung und Eintragung in das Handelsregister besteht die GmbH als sogenannte „Vorgesellschaft" oder „Vor-GmbH". Die Vorgesellschaft ist eine Personenvereinigung eigener Art, die bis auf die noch fehlende Rechtsfähigkeit bereits die künftige GmbH vorwegnimmt.[237] Auf sie sind neben dem Gesellschaftsvertrag bereits die Normen des GmbH-Rechts anzuwenden, soweit diese nicht gerade die Rechtsfähigkeit voraussetzen oder sonst mit den Beschränkungen auf das Gründungsstadium nicht vereinbar sind.[238] Die für die Vorgesellschaft begründeten **Verbindlichkeiten** gehen bei Eintragung der GmbH auf diese über. Gleichzeitig erlischt die persönliche Haftung der Gesellschafter, ausgenommen die Differenzhaftung.[239]

3. Dauer

Die Dauer einer GmbH ist nach dem Gesetz **unbestimmt**. Der Gesellschaftsvertrag kann eine zeitliche Beschränkung vorsehen (§ 3 Abs. 2 GmbHG); dies ist jedoch unüblich.

4. Kündigung

Das Gesetz sieht **keine Kündigung** der GmbH vor. Räumt der Gesellschaftsvertrag den Gesellschaftern jedoch ein Kündigungsrecht ein (wie im Mustervertrag), ist streitig, ob die Ausübung des Kündigungsrechtes zur **Auflösung** der Gesellschaft oder zum **Ausscheiden** des kündigenden Gesellschafters führt.[240] Es empfiehlt sich daher, in dem Gesellschaftsvertrag klarzustellen, welche Folge eine Kündigung hat. Der Mustervertrag bestimmt dementsprechend in § 4 Abs. 4, daß durch die Kündigung die Gesellschaft nicht aufgelöst wird. Bei **Personengesellschaften** scheidet der kündigende Gesellschafter – wenn dies der Gesellschaftsvertrag vorsieht – automatisch mit dem Zeitpunkt aus der Gesellschaft aus, an dem die Kündigungsfrist endet. Sein Anteil am Gesellschaftsvermögen wächst den übrigen Gesellschaftern an (§ 738 Abs. 1 Satz 1 BGB). Beim Ausscheiden eines **GmbH-Gesellschafters** findet dagegen **keine Anwachsung** statt. Der ausscheidende Gesellschafter muß seinen Geschäftsanteil entweder übertragen oder der Geschäftsanteil des ausgeschiedenen Gesellschafters muß von den übrigen Gesellschaftern eingezogen werden. Der

§ 4 Dauer der Gesellschaft, Kündigung

Gesellschaftsvertrag sollte daher regeln, was mit dem Geschäftsanteil des betroffenen Gesellschafters zu geschehen hat. Für den betroffenen Gesellschafter besteht hierbei das Risiko, daß die anderen Gesellschafter untätig bleiben und seinen Geschäftsanteil weder einziehen noch abtreten. Der Mustervertrag verpflichtet daher die anderen Gesellschafter, den Geschäftsanteil des Gesellschafters, der gekündigt hat, entweder einzuziehen oder abzutreten. Für den Fall, daß die anderen Gesellschafter dieser Verpflichtung nicht nachkommen, sieht der Mustervertrag vor, daß der betroffene Gesellschafter verlangen kann, daß die anderen Gesellschafter seinen Geschäftsanteil im Verhältnis ihrer Geschäftsanteile erwerben oder – nach Wahl des betroffenen Gesellschafters – die Gesellschaft seinen Geschäftsanteil erwirbt, soweit dies zulässig ist.

§ 5
Vertretung und Geschäftsführung

(1) Die Gesellschaft hat einen oder mehrere Geschäftsführer. Durch Beschluß der Gesellschafterversammlung kann jedem Geschäftsführer auch Einzelvertretungsbefugnis erteilt werden. Ist nur ein Geschäftsführer bestellt, vertritt dieser die Gesellschaft allein.
(2) Durch Beschluß der Gesellschafterversammlung kann jedem Geschäftsführer generell oder im Einzelfall Befreiung von den Beschränkungen des § 181 BGB erteilt werden. Für Geschäfte zwischen der Hauptgesellschaft und der GmbH sind sie in jedem Fall von den Beschränkungen des § 181 BGB befreit.
(3) Bei der Führung der Geschäfte der Hauptgesellschaft haben die Geschäftsführer das Gesetz, den jeweiligen Gesellschaftsvertrag der Hauptgesellschaft und der GmbH und die Weisungen der Gesellschafterversammlung zu beachten.
- Variante:
(3) Bei der Führung der Geschäfte der Hauptgesellschaft haben die Geschäftsführer das Gesetz, den jeweiligen Gesellschaftsvertrag der Hauptgesellschaft und die Weisungen der Gesellschafterversammlung zu beachten. Die Gesellschafter können den Geschäftsführern jedoch hinsichtlich der Geschäftsführung der Hauptgesellschaft keine Weisungen gemäß §§ 37 Abs. 1, 46 Ziff. 6 GmbHG erteilen.
(4) Geschäfte der GmbH mit Dritten, die nicht der Geschäftsführung der Hauptgesellschaft zuzuordnen sind, bedürfen der vorherigen Zustimmung der Gesellschafterversammlung.
(5) Sind mehrere Geschäftsführer bestellt, führen sie die Geschäfte gemeinschaftlich; Beschlüsse werden mit der Mehrheit aller Stimmen gefaßt. Jeder Geschäftsführer hat eine Stimme.

- Variante:
  (5) Sind mehrere Geschäftsführer bestellt, führt jeder Geschäftsführer, unbeschadet seiner Verantwortlichkeit für das Wohl der gesamten Gesellschaft, die Geschäfte innerhalb der ihm zugewiesenen Aufgaben allein.

Zusätzlich für die Einheits-GmbH:
(6) Gehören die Geschäftsanteile an der Gesellschaft einer Kommanditgesellschaft, deren persönlich haftende Gesellschafterin die GmbH ist, wird die Wahrnehmung der Gesellschafterrechte den jeweiligen Kommanditisten der GmbH & Co. KG übertragen, soweit dies gesetzlich zulässig ist. Insbesondere ist den Kommanditisten die Wahrnehmung der Rechte aus den Geschäftsanteilen zu übertragen, wenn es sich handelt um:
   a) Feststellung des Jahresabschlusses und Verwendung des Ergebnisses,
   b) Einforderung von Einzahlungen auf die Stammeinlagen,
   c) Bestellung und Abberufung von Geschäftsführern sowie deren Entlastung,
   d) Erteilung von Weisungen an die Geschäftsführung.
(7) In den Fällen des Absatzes 6 sind ... Kommanditisten der GmbH & Co. KG zur Vertretung der GmbH & Co. KG als Gesellschafterin der Gesellschaft bei der Beschlußfassung berechtigt. Die Rechtsstellung der vertretungsberechtigten beschlußfassenden Kommanditisten der GmbH & Co. KG ergibt sich aus deren Eintragung im Handelsregister der GmbH & Co. KG.

Erläuterungen zu § 5:

1. Vertretung
2. Geschäftsführung
3. Befreiung von § 181 BGB
4. Weisungen hinsichtlich der Geschäftsführung bei der Hauptgesellschaft
5. Einheits-GmbH & Co. KG

1. Vertretung

Die Vertretungsmacht der Geschäftsführer ist im Außenverhältnis unbeschränkbar (§ 37 Abs. 2 GmbHG). Die Vertretungsmacht kann nach außen weder durch die Satzung noch durch Gesellschafterbeschluß noch durch Anstellungsverträge oder auf sonstige Weise beschränkt werden. Interne Beschränkungen der Geschäftsführer können nur in Ausnahmefällen auf das Außenverhältnis gegenüber Dritten durchschlagen.[241] Für GmbH & Co. KG gilt: Für Rechtsgeschäfte zwischen GmbH und KG gelten Innenbeschränkungen, wenn die Gesellschafter beider Gesellschaften weitgehend identisch sind. Für Rechtsgeschäfte zwischen GmbH oder KG einerseits und Kommanditisten andererseits gelten Innenbeschränkungen, wenn die KG Gesellschafterin der GmbH ist und die Kommanditisten bestimmenden Einfluß in der KG haben.[242] Die Formulierung in Abs. 1 entspricht den Anforderungen, die von den meisten

§ 4 Dauer der Gesellschaft, Kündigung

Registergerichten an die Formulierung der Vertretungsbefugnis gestellt werden. Viele Registergerichte verlangen insbesondere, daß der Gesellschaftsvertrag ausdrücklich die Bestimmung enthält, daß – wenn nur ein Geschäftsführer bestellt ist – dieser die Gesellschaft alleine vertritt (eine Selbstverständlichkeit).

2. Geschäftsführung

Zwischen der Geschäftsführung (Innenverhältnis) und der Vertretungsmacht (Außenverhältnis) ist streng zu unterscheiden. Die Frage, wie sich die Geschäftsführungsbefugnis auf mehrere Geschäftsführer verteilt, ist gesetzlich nicht geregelt. Nach herrschender Meinung[243] steht die Geschäftsführungsbefugnis mehreren Geschäftsführern nur gemeinschaftlich zu (**Gesamtgeschäftsführung**). Dies bedeutet, daß Entscheidungen der Geschäftsführer **einstimmig** gefaßt werden müssen.[244] Die **Satzung** kann diese Frage abweichend regeln, zum Beispiel Mehrheitsentscheidungen zulassen, Ressortverteilungen vorgeben etc. Soweit die Satzung keine bindenden Regelungen vorgibt, können die Gesellschafter die Geschäftsführungsbefugnis auch durch Gesellschafterbeschluß regeln, zum Beispiel in Form einer Geschäftsordnung. Solange keine durch die Gesellschafter erlassene Geschäftsordnung besteht, können sich auch die Geschäftsführer selbst eine Geschäftsordnung geben und darin die Geschäftsführungsbefugnis regeln.[245] Die Mustersatzung bietet in § 5 Abs. 5 und dessen Variante je eine Formulierung für eine Gesamtgeschäftsführung und eine Einzelgeschäftsführung an. Sollen Mehrheitsbeschlüsse möglich sein, ist es wichtig, die **Stimmenmehrheit** zu definieren. Es ist möglich, einzelnen Gesellschaftern ein unentziehbares Sonderrecht zur Geschäftsführung einzuräumen.[246] Die Vereinbarung eines Sonderrechts auf Geschäftsführung schließt jedoch eine Abberufung des Geschäftsführers aus wichtigem Grund nicht aus.

3. Befreiung von § 181 BGB[247]

Siehe zunächst die Erläuterungen bei der KG, S. 69. Die Satzung kann eine Befreiung der oder einzelner Geschäftsführer von den Beschränkungen des § 181 BGB ausdrücklich anordnen oder die Gesellschafterversammlung zu einer generellen Befreiung oder einer Befreiung im Einzelfall ermächtigen.[248] Die Mustersatzung kombiniert in Abs. 2 beide Möglichkeiten.

4. Weisungen hinsichtlich der Geschäftsführung bei der Hauptgesellschaft

Die Gesellschafter einer GmbH können den Geschäftsführern Weisungen hinsichtlich ihrer Geschäftsführung erteilen. Dies wirft das Problem auf, daß die Geschäftsführer auch hinsichtlich der Geschäftsführung bei der Hauptgesellschaft den Weisungen der Gesellschafterversammlung der Komplementär-GmbH unterliegen.[249] Zur Vermeidung von Streitigkeiten, sollte dieses Problem in der **Satzung** der GmbH geregelt werden[250] (vgl. die Variante zu Abs. 3 Satz 2 des Mustervertrages).

5. Einheits-GmbH & Co. KG

Es stellt sich die Frage, ob neben den gesellschaftsvertraglichen Regelungen im Gesellschaftsvertrag der KG über die Willensbildung bei der GmbH auch noch die Aufnahme von entsprechenden Bestimmungen in den Gesellschaftsvertrag der GmbH notwendig oder jedenfalls zweckmäßig ist. In der Literatur wird empfohlen, die Wahrnehmung der Gesellschafterrechte in der Komplementär-GmbH auch in der Satzung der GmbH zu regeln, da eine entsprechende Bestimmung den Nachweis der Vertretungsmacht gegenüber dem Registergericht erleichtern würde.[251] Da eine entsprechende Bestimmung jedenfalls unschädlich ist, empfiehlt sich deren Aufnahme in die **Satzung** der GmbH. Im übrigen siehe die Erläuterungen zu den zusätzlichen Bestimmungen einer Einheits-GmbH & Co. KG in dem Gesellschaftsvertrag der KG, oben S. 127 ff.

§ 6
Geschäftsführer

(1) Geschäftsführer werden von der Gesellschafterversammlung bestellt und abberufen, soweit dieser Vertrag nichts Abweichendes bestimmt.

(2) Gesellschafter, die allein oder zusammen über mindestens ... % des Stammkapitals verfügen, haben das Recht, jeweils einen Geschäftsführer zu bestellen und abzuberufen.

(3) Der Gesellschafter ... hat Anspruch darauf, als Geschäftsführer bestellt zu werden; er kann nicht vor der Vollendung seines ... Lebensjahres abberufen werden, es sei denn, es liegt ein wichtiger Grund für seine Abberufung vor.

§ 6 Geschäftsführer

Erläuterungen zu § 6:
1. Allgemeines
2. Bestellung und Abberufung der Geschäftsführer nach dem Gesetz
3. Vertragliche Abweichungen

1. Allgemeines

Der Geschäftsführer ist – neben der Gesellschafterversammlung – eines der beiden gesetzlich vorgesehenen Organe der GmbH. Die GmbH hat einen oder mehrere Geschäftsführer (§ 6 Abs. 1 GmbHG). Die Satzung kann – muß aber nicht – Bestimmungen über die Anzahl der Geschäftsführer treffen. Bereits im **Gründungsstadium** der GmbH ist die Bestellung des Geschäftsführers notwendig, um die Handlungsfähigkeit der Vorgesellschaft zu gewährleisten. Geschäftsführer müssen unbeschränkt geschäftsfähige natürliche Personen sein. Personen mit **Konkursstrafe** oder brancheneinschlägigen **Berufsverboten** können nicht Geschäftsführer sein (§ 6 Abs. 2 GmbHG).

2. Bestellung und Abberufung der Geschäftsführer nach dem Gesetz

Die Bestellung der Geschäftsführer obliegt, sofern der Gesellschaftsvertrag keine abweichende Bestimmung trifft, der **Gesellschafterversammlung** (§ 6 Abs. 3, § 46 Nr. 5 GmbHG). Die Abberufung des Geschäftsführers kann jederzeit frei ohne Vorliegen besonderer Gründe erfolgen (§ 38 Abs. 1 GmbHG), soweit die Satzung nichts Abweichendes bestimmt. Etwas anderes gilt, wenn die GmbH in der Regel mehr als 2000 Arbeitnehmer beschäftigt und für sie das Mitbestimmungsgesetz gilt.[252]

3. Vertragliche Abweichungen

Die **Satzung** kann die Kompetenz für die Bestellung von Geschäftsführern anderweitig regeln.[253] So ist es möglich, Gesellschaftern, die allein oder zusammen über einen bestimmten Prozentsatz des Stammkapitals verfügen, das Recht zu geben, jeweils einen Geschäftsführer zu bestellen und abzuberufen (ein Formulierungsbeispiel findet sich in Abs. 2 der Mustersatzung). Es ist auch möglich, einzelnen Gesellschaftern ein unentziehbares **Sonderrecht** zur Geschäftsführung einzuräumen[254] (Formulierungsbeispiel siehe Abs. 3 der Mustersatzung). Das Bestehen eines derartigen Sonderrechts schließt jedoch eine Abberufung des Geschäftsführers aus wichtigem Grund nicht aus.[255]

§ 7
Gesellschafterversammlungen

(1) Eine Gesellschafterversammlung ist alljährlich innerhalb der jeweiligen gesetzlichen Fristen (§ 42a Abs. 2, Abs. 1 GmbHG, ordentliche Gesellschafterversammlung) abzuhalten, im übrigen nach Bedarf. Der Abhaltung einer Gesellschafterversammlung bedarf es nicht, wenn sich alle Gesellschafter mit einer schriftlichen, fernmündlichen oder sonstigen Art der Abstimmung einverstanden erklären.

(2) Jeder Geschäftsführer kann eine Gesellschafterversammlung einberufen. Die Einberufung hat unter gleichzeitiger Bekanntgabe der Tagesordnung und des Tagungslokals mittels eingeschriebenen Briefes, der mindestens 14 Tage vor dem Termin der Gesellschafterversammlung an die Gesellschafter zur Absendung gebracht sein muß, zu erfolgen. Die Einladung ist mit ihrer Aufgabe zur Post bewirkt. Der Tag der Absendung der Einladung (Poststempel) und der Tag der Versammlung werden bei der Fristberechnung nicht mitgezählt. Ist der Aufenthalt eines Gesellschafters unbekannt oder kann er aus anderen Gründen nicht ordnungsgemäß geladen werden, so ruht bis zur Beseitigung dieses Zustandes sein Stimmrecht.

(3) Gesellschafterversammlungen finden jeweils am Sitz der Gesellschaft statt.

(4) Die Gesellschafterversammlung ist beschlußfähig, wenn die anwesenden und vertretenen Gesellschafter ...% aller Stimmen auf sich vereinigen. Ist eine ordnungsgemäß einberufene Gesellschafterversammlung beschlußunfähig, so ist eine neue Gesellschafterversammlung mit gleicher Tagesordnung unter Einhaltung der in Abs. 2 genannten Form- und Fristvorschriften einzuberufen. Diese Gesellschafterversammlung ist ohne Rücksicht auf die Zahl der Stimmen der anwesenden und vertretenen Gesellschafter beschlußfähig. Darauf ist in der Einladung hinzuweisen.

(5) Jeder Gesellschafter kann sich auf Gesellschafterversammlungen nur durch einen anderen Gesellschafter oder seinen Ehegatten oder durch einen Abkömmling vertreten lassen.

- Variante:

(5) Jeder Gesellschafter kann sich auf Gesellschafterversammlungen von anderen Gesellschaftern oder von einem zur Berufsverschwiegenheit verpflichteten, sachverständigen Dritten vertreten lassen.

(6) Die Gesellschafterversammlungen werden von dem ältesten anwesenden Gesellschafter geleitet, der zur Leitung bereit ist. Ist kein Gesellschafter bereit, die Leitung zu übernehmen, wird die Gesellschafterversammlung von dem ältesten anwesenden Geschäsführer geleitet, der zur Übernahme der Leitung bereit ist.

§ 7 Gesellschafterversammlungen

- Variante 1:
  (6) Die Gesellschafterversammlungen werden durch den Vorsitzenden geleitet, den die Gesellschafter/Vertreter aus ihrer Mitte mit einfacher Mehrheit der Stimmen der erschienenen und vertretenen Gesellschafter wählen. Bis zur Wahl wird die Versammlung von dem ältesten anwesenden Gesellschafter bzw. Vertreter eines Gesellschafters geleitet.
- Variante 2:
  (6) Die Gesellschafterversammlung wird von dem ältesten anwesenden Gesellschafter bzw. Vertreter eines Gesellschafters geleitet, der zur Leitung bereit ist.

(7) Über die Gesellschafterversammlung ist ein Protokoll zu fertigen, das von dem Leiter der Gesellschafterversammlung zu erstellen ist. Abschriften des Protokolls sind allen Gesellschaftern unverzüglich zuzuleiten. Das Protokoll hat mindestens die anwesenden und vertretenen Gesellschafter, etwaige Verzichte auf die Einhaltung von Form- und Fristvorschriften, alle Anträge und alle Beschlüsse einschließlich der jeweiligen Abstimmungsergebnisse zu enthalten.

(8) Werden Beschlüsse außerhalb von Gesellschafterversammlungen gefaßt, ist der Wortlaut des Beschlußantrages und das Ergebnis der Abstimmung in einem Protokoll festzuhalten. Das Protokoll ist von der Geschäftsführung zu erstellen; Abschriften des Protokolls sind den Gesellschaftern unverzüglich zuzuleiten.

Erläuterungen zu § 7:

1. Allgemeines
2. Einladungen
3. Ladungsfristen
4. Tagesordnung
5. Einberufungsmängel
6. Beschlußfähigkeit
7. Versammlungsleitung
8. Protokoll

1. Allgemeines

Das GmbHG bestimmt, daß Beschlüsse der Gesellschaft in Versammlungen gefaßt werden (§ 48 Abs. 1 GmbHG). Die gesetzlichen Regelungen über die Einberufung einer Gesellschafterversammlung finden sich in den §§ 49 bis 51 GmbHG. Nach der dispositiven gesetzlichen Regelung erfolgt die Einberufung durch die Geschäftsführer (§ 49 GmbHG). Nach herrschender Meinung kann die Einberufung durch jeden einzelnen Geschäftsführer erfolgen, gleichgültig wie die Geschäftsführung und die Vertretung geregelt sind.[256] Die Mustersatzung stellt klar, daß jeder Geschäftsführer eine Versammlung einberufen kann.

2. Einladungen

Einladungen haben nach dem Gesetz durch eingeschriebenen Brief zu erfolgen (§ 51 Abs. 1 GmbHG). Die Satzung kann jedoch die Einberufung erleichtern und mündliche, telefonische oder telegraphische Einladungen zulassen.

3. Ladungsfristen

Im Gesetz ist eine Einladungsfrist von einer Woche vorgesehen (§ 51 Abs. 1 Satz 2 GmbHG). Diese dürfte jedoch in der Regel zu kurz sein. Aus diesem Grund sieht das Muster eine Einladungsfrist von 14 Tagen vor. Abweichend von der gesetzlichen Regelung für den Fristbeginn und die Fristberechnung stellt das Formular außerdem nicht auf den zu erwartenden Zugang, sondern auf den der Absendung des Einladungsschreibens ab.

4. Tagesordnung

Mit der Einladung soll auch die Tagesordnung mitgeteilt werden (§ 51 Abs. 2 GmbHG). Wird gegen diese Bestimmung verstoßen, ist die Einberufung nicht unwirksam; die Bekanntmachung der Tagesordnung kann noch später nachgeholt werden, allerdings nur bis drei Tage vor der Gesellschafterversammlung.

5. Einberufungsmängel

Ist eine Versammlung nicht ordnungsgemäß einberufen, so können Beschlüsse nur gefaßt werden, wenn sämtliche Gesellschafter anwesend sind (§ 51 Abs. 3 GmbHG).

8. Beschlußfähigkeit

Siehe die Kommentierung zu der entsprechenden Vorschrift des KG-Vertrages, S. 75.

7. Versammlungsleitung

Das GmbHG enthält keine Bestimmungen über die Leitung von Gesellschafterversammlungen.[257] Regelungen, wie sie das Formular in Abs. 6 vorschlägt, sind jedoch zweckmäßig, insbesondere bei einem größeren Gesellschafterkreis. Die Frage, welcher Gesellschafter die Versammlung leitet, ist durchaus von praktischer Bedeutung. Regelmäßig stellt der Versammlungsleiter nach einem Abstimmungsvorgang fest, ob und mit welchem Inhalt ein Beschluß gefaßt wurde. Besteht darüber Streit – etwa wegen Meinungsverschiedenheiten über die Beschlußfähigkeit etc. –, kann der Versammlungsleiter darüber, wenn auch nur vorläufig, mit Verkündigung des Beschlußergebnisses entscheiden.

8. Protokoll

Eine Protokollierung des Ablaufes einer Gesellschafterversammlung ist nur für **Einmann**-Gesellschaften im Gesetz vorgeschrieben (§ 48 Abs. 3 GmbHG). In anderen Fällen sind Niederschriften über die Beschlüsse nur dann erforderlich, wenn **satzungsändernde** Beschlüsse gefaßt werden; diese sind **notariell** zu beurkunden (§ 43 Abs. Satz 1 1. HS GmbHG). Die Satzung kann die generelle Protokollierung und die Form des Protokolls vorschreiben.[258] Von dieser Möglichkeit wird im Mustervertrag (Absätze 7 und 8) Gebrauch gemacht, wobei zwischen der Protokollierung von normalen Gesellschafterversammlungen und der Erstellung von Protokollen für Beschlüsse, die außerhalb von Gesellschafterversammlungen gefaßt werden, unterschieden wird.

§ 8
Gesellschafterbeschlüsse

(1) Gesellschafterbeschlüsse werden mit der einfachen Mehrheit der abgegebenen Stimmen gefaßt, soweit der Vertrag oder das Gesetz nicht eine andere Mehrheit zwingend vorschreibt.

(2) Folgende Beschlüsse können in jedem Fall nur mit den Stimmen aller vorhandenen Gesellschafter gefaßt werden:
 a) Aufnahme neuer Gesellschafter,
 b) Zustimmung zu Verfügungen über Geschäftsanteile, zur Belastung von Geschäftsanteilen und zu Verfügungen über sonstige Ansprüche gegen die Gesellschaft,
 c) Auflösung der Gesellschaft,
 d) Änderungen des Gesellschaftsvertrages,
 e) Beschlüsse, die eine Nachschußpflicht begründen.

(3) Je DM 100,- eines Geschäftsanteils gewähren eine Stimme.

(4) Die Stimmen eines Gesellschafters, dessen Stimmrecht ausgeschlossen ist, werden bei der Abstimmung nicht berücksichtigt.

(5) Gesellschafterbeschlüsse können nur innerhalb von einem Monat nach Zugang des Protokolls durch Klage angefochten werden.

Erläuterungen zu § 8:

1. Mehrheitserfordernisse
2. Stimmrechte
3. Stimmrechtsausschluß

3. Nichtigkeit und Anfechtbarkeit von Gesellschafterbeschlüssen

1. Mehrheitserfordernisse

Anders als bei Personengesellschaften gilt im Recht der GmbH grundsätzlich das **Mehrheitsprinzip**. Beschlüsse werden mit der **einfachen Mehrheit** der **abgegebenen** Stimmen gefaßt (§ 47 Abs. 1 GmbHG). Das Gesetz sieht jedoch in einer Reihe von Fällen eine **qualifizierte** Mehrheit von drei Vierteln der abgegebenen Stimmen vor; der wichtigste Fall ist hierbei die Satzungsänderung (§ 53 Abs. 2 GmbHG). In der Satzung können andere Mehrheitserfordernisse vorgesehen werden. Zu den verschiedenen Arten von Mehrheiten vergleiche die Erläuterungen zu § 11 des KG-Mustervertrages (S. 79). Es ist zulässig, an Stelle der einfachen Mehrheit der abgegebenen Stimmen qualifizierte Mehrheiten oder Einstimmigkeit vorzuschreiben.[259] Der Mustervertrag sieht in Abs. 1 die gesetzliche Mehrheit vor.

2. Stimmrechte

Die Formulierung in Abs. 3 des Mustervertrages entspricht der gesetzlichen Rechtslage (§ 47 Abs. 2 GmbHG). Die Satzung kann das Stimmrecht jedoch abweichend regeln, zum Beispiel das Stimmrecht von der Leistung der Einlagen abhängig machen, an die Höhe der geleisteten Einlagen anknüpfen, nach Köpfen verteilen, einzelnen Gesellschaftern ein Mehrstimmrecht verleihen, ein Höchststimmrecht vorschreiben (z. B. „kein Gesellschafter kann mehr als ... Stimmen haben") etc.

3. Stimmrechtsausschluß

§ 47 Abs. 4 GmbHG enthält zwei Fälle von gesetzlichen Stimmverboten, nämlich **Insichgeschäfte** und **Richten in eigener Sache**. Die Bestimmung ist teilweise dispositiv.[260] Der Gesellschaftsvertrag kann Stimmverbote einschränken oder erweitern, abdingbar ist jedoch nur das Stimmverbot bei Insichgeschäften. Satzungsfest ist dagegen das Stimmverbot, soweit es dem Gesellschafter verwehrt, als Richter in eigener Sache tätig zu werden.

4. Nichtigkeit und Anfechtbarkeit von Gesellschafterbeschlüssen

Nach traditioneller Auffassung finden die **aktienrechtlichen** Vorschriften über die Anfechtbarkeit und Nichtigkeit (§§ 241 ff. AktG) entsprechende Anwendung, wenn ein Gesellschafterbeschluß einen Mangel aufweist, es sei denn, Besonderheiten der GmbH erfordern eine Abweichung. Einzelheiten hierzu können nicht dargestellt werden. Insoweit ist auf die gängigen Erläuterungswerke zu verweisen.[261] Nach herrschender Meinung gilt die Monatsfrist gemäß § 246 Abs. 1 AktG nicht unmittelbar, sondern nur als Leitbild. Gesellschafterbeschlüsse sind ab Kenntnis der Beschlußfassung innerhalb angemessener Frist, die an den Besonderheiten des Einzelfalls zu messen ist, anzufechten. Die Frist kann in keinem Fall kürzer als einen Monat, jedoch nicht länger als drei Monate sein. Es empfiehlt sich daher, in der Satzung eine Regelung zu treffen, die die Rechtsunsicherheit über die Länge der Anfechtungsfrist beseitigt. Diese Funktion hat Abs. 5 des Mustervertrages.

§ 9
Jahresabschluß, Gewinnverwendung, Gewinnverteilung

(1) Die Aufstellung des Jahresabschlusses erfolgt unter Beachtung der Grundsätze ordnungsgemäßer Buchführung innerhalb der gesetzlichen Fristen.
(2) Für die Verwendung des Ergebnisses gelten die Vorschriften des GmbH-Gesetzes, insbesondere § 29 GmbHG.
(3) Die Verteilung des Gewinns erfolgt nach dem Verhältnis der Geschäftsanteile.

Erläuterungen zu § 9:

1. Allgemeines
2. Aufstellen des Jahresabschlusses
3. Feststellung des Jahresabschlusses
4. Verwendungsbeschluß

1. Allgemeines

Anders als bei einer normalen GmbH haben die Vorschriften über den Jahresabschluß, die Gewinnverwendung und die Gewinnverteilung bei einer Komplementär-GmbH keine wesentliche Bedeutung. Bei der Komplementär-GmbH fallen in der Regel keine hohen Gewinne an, es entsteht damit keine Ermittlungs- oder Verteilungsproblematik. Ausführliche Erläuterungen hierzu finden sich für den interessierten Leser in dem Buch von Reichert, GmbH-Vertrag, das in der gleichen Reihe erschienen ist, unter den Erläuterungen zu § 16.

2. Aufstellung des Jahresabschlusses

Der Jahresabschluß besteht aus der Bilanz, der Gewinn- und Verlustrechnung sowie einem einzelne Bilanzpositionen erläuternden Anhang. Er wird ergänzt durch einen sogenannten Lagebericht. Die Bilanz ist grundsätzlich innerhalb der ersten drei Monate des Geschäftsjahres aufzustellen. Eine Ausnahme gilt lediglich für die sogenannte kleine GmbH (§ 267 Abs. 1 HGB), für die die Frist nach Maßgabe eines ordnungsgemäßen Geschäftsganges auf höchstens sechs Monate verlängert ist. Der Gesellschaftsvertrag kann diese Frist nicht verlängern, auch nicht für kleine Gesellschaften generell eine Frist von sechs Monaten vorsehen. Ein Verstoß gegen die Aufstellungsfrist kann nach § 43 Abs. 2 GmbHG zu Schadensersatzpflichten des Geschäftsführers gegenüber der Gesellschaft führen.

3. Feststellung des Jahresabschlusses

Der von der Geschäftsführung aufgestellte Jahresabschluß wird von der Gesellschafterversammlung festgestellt (§§ 29 Abs. 2, 46 Nr. 1 GmbHG). Der Gesellschaftsvertrag kann die Geschäftsführer ermächtigen, über die Verwendung des Jahresergebnisses ganz oder teilweise zu entscheiden.

4. Verwendungsbeschluß

Grundsätzlich ist ein Beschluß über die Verwendung des Gewinnes erforderlich.[262] Dieser ist innerhalb von acht Monaten, bei kleinen Gesellschaften innerhalb von elf Monaten zu fassen. Erst mit dem Verwendungsbeschluß entstehen die Auszahlungsansprüche der Gesellschafter.[263] Der **Gesellschaftsvertrag** kann aber vom Erfordernis eines Verwendungsbeschlusses befreien.[264] Die maßgeblichen Entscheidungen fallen dann mit dem Feststellungsbeschluß. Anders als bei einer KG wird der Verlust einer GmbH weder handelsrechtlich noch steuerrechtlich den Gesellschaftern zugerechnet.

§ 10
Verfügungen über Geschäftsanteile und sonstige Ansprüche gegen die Gesellschaft

(1) Jede entgeltliche oder unentgeltliche Verfügung über Gesellschaftsanteile oder Ansprüche des Gesellschafters gegen die Gesellschaft bedürfen der vorherigen Zustimmung der Gesellschaft, wobei im Innenverhältnis die vorherige Zustimmung der Gesellschafterversammlung erforderlich ist. Verfügungen sind jedoch nur mit Wirkung zum Ende eines Geschäftsjahres der Gesellschaft zulässig.

(2) Abs. 1 gilt nicht für Verfügungen zugunsten von anderen Gesellschaftern.

(3) § 17 GmbHG bleibt unberührt.

Zusätzlich für die beteiligungsidentische GmbH:

(3) Ein Gesellschafter kann über seinen Geschäftsanteil nur verfügen, wenn er gleichzeitig zugunsten desselben Erwerbers im gleichen Verhältnis über seinen Anteil an der Hauptgesellschaft verfügt.

§ 10 Verfügungen über Geschäftsanteile 151

Erläuterungen zu § 10:
1. Gesetzliche Rechtslage
2. Vertragspraxis
3. Teilung von Geschäftsanteilen
4. Beteiligungsidentische GmbH

1. Gesetzliche Rechtslage

Geschäftsanteile sind veräußerlich und vererblich (§ 15 Abs. 1 GmbHG). Die Veräußerung kann erschwert werden (§ 15 Abs. 5 GmbHG), sie kann sogar ausgeschlossen[265] werden, obwohl das im Gesetz nicht ausdrücklich bestimmt ist. Die Veräußerung ist **formbedürftig**, um den Handel mit Geschäftsanteilen zu erschweren (§ 15 Abs. 3 und 4 GmbHG).

2. Vertragspraxis

Die Vertragspraxis macht in weitem Umfang von der Möglichkeit Gebrauch, die Abtretung von Geschäftsanteilen durch entsprechende Bestimmungen in der Satzung zu erschweren (**Vinkulierung**). Die häufigste Vinkulierung erfolgt in der Form eines Genehmigungsvorbehaltes entweder zu Gunsten der GmbH oder zu Gunsten der Gesellschafterversammlung oder der Gesellschafter. Wird die Zustimmung der Gesellschafter vorgesehen, so ist klarzustellen, ob damit ein Mehrheitsbeschluß der Gesellschafterversammlung oder die Zustimmung aller anderen Gesellschafter einzeln gemeint ist.[266] Wird in der Satzung die Abtretung an die Zustimmung der Gesellschaft geknüpft, so wird sie von den Geschäftsführern in vertretungsberechtigter Zahl durch formlose, aber empfangsbedürftige Willenserklärung gegenüber dem Veräußerer oder Erwerber erteilt bzw. versagt.[267] Ob die Geschäftsführer zuvor die Meinung der Gesellschafter oder gar einen Beschluß der Gesellschafterversammlung einholen müssen, bestimmt die Satzung; im Zweifel ist ein Beschluß der Gesellschafterversammlung erforderlich.[268] Die Satzung kann auch Kriterien für die Erteilung bzw. Versagung festlegen. Hat die Gesellschafterversammlung entschieden, so ist der Geschäftsführer intern gebunden. Ergeht die Erklärung gegenüber dem Erwerber, ist sie nach außen wirksam, auch wenn kein Gesellschafterbeschluß vorliegt.[269]

3. Teilung von Geschäftsanteilen

Anders als die Abtretung des ganzen Geschäftsanteils bedarf die Veräußerung von Teilen eines Geschäftsanteils nach dem Gesetz der **Genehmigung** der Gesellschafter (§ 17 Abs. 1 GmbHG). Die Genehmigung bedarf der schriftlichen Form etc. (§ 17 Abs. 2 GmbHG). Der Gesellschaftsvertrag kann bestimmen, daß für die Veräußerung von Teilen eines Geschäftsanteils an andere Gesellschafter sowie für die Teilung von Geschäftsanteilen verstorbener Gesellschafter unter den Erben eine Genehmigung der Gesellschaft nicht erforderlich ist. Eine Teilung kann nur in den Fällen der Veräußerung oder der Vererbung stattfinden. Der Gesellschaftsvertrag kann die Teilung grundsätzlich verbieten (§ 17 Abs. 6 GmbHG). Abs. 3 der Mustersatzung stellt klar, daß die Veräußerung von Teilen eines Geschäftsanteils nur mit Genehmigung der Gesellschaft stattfinden kann.

4. Beteiligungsidentische GmbH

Abs. 4 des Mustervertrages ist bei einer beteiligungsidentischen GmbH erforderlich, damit der Gleichlauf der Beteiligung an der Hauptgesellschaft und an der Komplementär-GmbH gewährleistet wird.

§ 11
Vorkaufsrecht

(1) Veräußert einer der Gesellschafter seinen Geschäftsanteil, steht den anderen Gesellschaftern ein Vorkaufsrecht im Verhältnis ihrer Stammeinlagen zu. Für das Vorkaufsrecht gelten die Vorschriften der §§ 504 ff. BGB entsprechend, wobei das Vorkaufsrecht innerhalb von einem Monat nach Zugang der Mitteilung über den rechtswirksamen Abschluß und den gesamten Inhalt des gesamten Kaufvertrages auszuüben ist.

(2) Macht ein Gesellschafer von seinem Vorkaufsrecht nicht oder nicht fristgerecht Gebrauch, geht das Vorkaufsrecht auf vorkaufswillige Kommanditisten im Verhältnis ihrer Stammeinlagen über. Abs. 1 Satz 2 gilt entsprechend.

Zusätzlich für die beteiligungsidentische GmbH:

(3) Das Vorkaufsrecht gemäß Abs. 1 und 2 kann nur zusammen mit dem Vorkaufsrecht gemäß § 16 des Gesellschaftsvertrages der Hauptgesellschaft ausgeübt werden.

Erläuterungen zu § 11:

Siehe die Erläuterungen zu § 16 des KG-Vertrages (S. 97)

Abs. 3 des Mustervertrages dient wiederum dem Gleichlauf der Beteiligung an der Hauptgesellschaft und der Komplementär-GmbH.

§ 12
Vererbung von Geschäftsanteilen

(1) Im Falle des Todes eines Gesellschafters wird die Gesellschaft mit seinen Erben oder Vermächtnisnehmern hinsichtlich des Geschäftsanteils fortgesetzt.

- Variante:
(1) Geht ein Geschäftsanteil von Todes wegen auf eine oder mehrere Personen über, die nicht Gesellschafter, Ehegatten oder Abkömmlinge eines Gesellschafters oder Ehegatten von Abkömmlingen eines Gesellschafters sind, so kann die Gesellschafterversammlung unter Ausschluß des Stimmrechts des betroffenen Gesellschafters innerhalb von drei Monaten nach Kenntnis des Erbfalls und der Erben die Einziehung oder die Übertragung des Geschäftsanteils beschließen. § 13 Abs. 3 dieses Vertrages gilt entsprechend.

(2) Sind mehrere Rechtsnachfolger vorhanden, so ist ihnen die Ausübung der Gesellschaftsrechte nur durch einen Bevollmächtigten gestattet. Dieser Bevollmächtigte ist von der Gemeinschaft der Rechtsnachfolger gegenüber der Gesellschaft innerhalb von drei Monaten nach dem Tod des Gesellschafters zu benennen. Bis zur Benennung des Bevollmächtigten ruht das Stimmrecht aus den Geschäftsanteilen, die auf die Rechtsnachfolger übergegangen sind.

(3) Hat ein verstorbener Gesellschafter Testamentsvollstreckung hinsichtlich seiner Beteiligung angeordnet, so werden die Rechte des in die Gesellschaft eingetretenen Nachfolgers in seinem Namen durch den Testamentsvollstrecker ausgeübt. Der Bestellung eines Bevollmächtigten bedarf es in diesen Fällen erst ab dem Ende der Testamentsvollstreckung.

Erläuterungen zu § 12:

1. Grundsätze
2. Vertragspraxis
3. Testamentsvollstreckung
4. Beteiligungsidentische GmbH

1. Grundsätze

Anders als der Anteil an einer KG geht der Geschäftsanteil eines verstorbenen GmbH-Gesellschafters mit dessen Tod ohne weiteres und mit allen Rechten und Pflichten auf den Erben oder die Erbengemeinschaft über. Das kann durch die Satzung nicht ausgeschlossen und auch nicht geändert werden.[270] Nachfolgeklauseln wie bei einer KG (vgl. S. 102) mit dem Inhalt, daß nur bestimmte Erben oder nur ein Erbe Gesellschafter werden sollen/soll, sind nicht möglich.[271] Die Miterben können die Rechte aus dem geerbten Geschäftsanteil nur gemeinschaftlich ausüben (§ 18 Abs. 1 GmbHG). Ob aber der oder die Erben auch Gesellschafter bleiben, bestimmt die **Satzung**[272] (vgl. Ziff. 2).

2. Vertragspraxis

Soll die Gesellschaft nicht mit allen Erben/Vermächtnisnehmern eines verstorbenen Gesellschafters fortgesetzt werden, muß im **Gesellschaftsvertrag** Vorsorge getroffen werden. Diese Vorsorge kann darin bestehen, daß der Gesellschaftsvertrag eine Bestimmung enthält, daß beim Tod eines Gesellschafters die GmbH den Anteil einziehen kann oder muß. Die Satzung kann die Erben auch verpflichten, den Anteil auf einen von ihnen oder auf einen Dritten zu übertragen (Nachfolgeklausel). Die Mustersatzung enthält in Abs. 1 eine Regelung, die die gesetzliche Rechtslage wiedergibt und in Abs. 2 eine Nachfolgeklausel.

3. Testamentsvollstreckung

Testamentsvollstreckung an einem Geschäftsanteil ist möglich.[273] Der Testamentsvollstrecker ist berechtigt und verpflichtet, alle Rechte aus dem Anteil, auch die Verwaltungsrechte, wahrzunehmen. Die Satzung kann die Ausübung der Verwaltungsrechte durch einen Testamentsvollstrecker ausschließen, sie stehen dann dem Erben zu.[274]

4. Beteiligungsidentische GmbH

Bei einer beteiligungsidentischen GmbH ist es wichtig, daß der Gesellschaftsvertrag der Komplementär-GmbH die Möglichkeit vorsieht, die Beteiligung aller Gesellschafter an ihre Beteiligung an der Hauptgesellschaft anzupassen. In der Regel geschieht dies dadurch, daß die Einziehung von Geschäftsanteilen in der Satzung für den Fall zugelassen wird, daß beim Tod eines Gesellschafters die Beteiligung an der KG und der Geschäftsanteil entweder an verschiedene Personen fallen oder nicht im gleichen Verhältnis auf dieselben Personen übergehen (vgl. hierzu § 13 Abs. 2 lit. f. der Mustersatzung).

§ 13
Einziehung von Geschäftsanteilen

(1) Mit Zustimmung des betroffenen Gesellschafters kann der Geschäftsanteil jederzeit eingezogen werden.

(2) Die Gesellschafterversammlung kann die Einziehung eines Geschäftsanteils beschließen, wenn
    a) ein wichtiger Grund im Sinne von § 133 HGB in der Person eines Gesellschafters eintritt;
    b) eine Auflösungsklage eines Gesellschafters rechtskräftig abgewiesen worden ist;

§ 13 Einziehung von Geschäftsanteilen

c) über das Vermögen eines Gesellschafters das Konkursverfahren eröffnet wird oder die Eröffnung des Konkursverfahrens mangels Masse abgelehnt wird oder wenn ein Gesellschafter ein gerichtliches Vergleichsverfahren über sein Vermögen beantragt;
d) die Einzelzwangsvollstreckung in den Geschäftsanteil eines Gesellschafters oder eines seiner sonstigen Gesellschaftsrechte oder seine Ansprüche gegen die Gesellschaft betrieben wird, und zwar mit Ablauf einer Frist von drei Monaten nach Zustellung des Pfändungs- oder/und Überweisungsbeschlusses, falls die Zwangsvollstreckung nicht innerhalb dieses Zeitraumes aufgehoben worden ist;
e) ein Gesellschafter verstirbt, insbesondere wenn ein Dritter ganz oder teilweise Rechtsnachfolger hinsichtlich des Geschäftsanteils wird, der nicht Gesellschafter, Ehegatte oder Abkömmling des verstorbenen Gesellschafters ist.

Zusätzlich für die beteiligungsidentische GmbH:
f) ein Rechtsnachfolger nicht im selben Umfang gleichzeitig Gesellschafter der Hauptgesellschaft wird, soweit dies zur Herstellung von gleichen Beteiligungsverhältnissen in beiden Gesellschaften erforderlich ist;
g) der Gesellschafter seinen Gesellschaftsanteil an der Hauptgesellschaft ganz oder teilweise abtritt, ohne gleichzeitig seinen Geschäftsanteil im selben Verhältnis an den gleichen Erwerber abzutreten;
h) der Gesellschafter nicht mehr Gesellschafter der Hauptgesellschaft ist;
i) der prozentuale Gesellschaftsanteil eines Gesellschafters am Kommanditkapital der Hauptgesellschaft niedriger oder höher ist als sein prozentualer Anteil am Stammkapital dieser Gesellschaft, soweit dies zur Herstellung von gleichen Beteiligungsverhältnissen in beiden Gesellschaften erforderlich ist.

(3) Statt der Einziehung kann die Gesellschafterversammlung beschließen, daß der Anteil ganz oder teilweise auf einen oder mehrere Gesellschafter und/oder Dritte abgetreten wird. In diesen Fällen ist der betroffene Gesellschafter verpflichtet, seinen Geschäftsanteil ganz oder teilweise unverzüglich gemäß dem gefaßten Beschluß in notarieller Form abzutreten. Der betroffene Gesellschafter bevollmächtigt bereits jetzt für diesen Fall die jeweiligen Geschäftsführer jeweils einzeln, die Abtretung vorzunehmen. Das Recht zur Einziehung des ganzen Geschäftsanteils oder eines Teils des Geschäftsanteils des betroffenen Gesellschafters bleibt unberührt.

Erläuterungen zu § 13:

1. Allgemeines
2. Verfahren
3. Einziehungsersatz
4. Abfindung

1. Allgemeines zur Einziehung

§ 34 GmbHG regelt die Einziehung von Geschäftsanteilen, ohne allerdings Voraussetzungen und Wirkungen erschöpfend zu regeln. Einziehung (Amortisation) bedeutet Vernichtung des Geschäftsanteils und der entsprechenden Mitgliedschaftsrechte.[275] Das Stammkapital ändert sich hierdurch jedoch nicht, vielmehr vermehren sich der Nennbetrag jedes verbliebenen Gesellschaftsanteils (str.) und die auf diese entfallenden Stimmrechte. Die Einziehung kann stattfinden entweder mit Zustimmung oder auf Antrag des Gesellschafters (freiwillige Einziehung) oder gegen den Willen des Betroffenen als sogenannte „Zwangseinziehung". Voraussetzung der Zwangseinziehung ist, daß die Voraussetzungen der Einziehung (Gründe) in der Satzung genannt sein müssen. Die Gründe müssen so genau formuliert sein, daß sie die mit der Klausel konkret verbundenen Risiken für den einzelnen Gesellschafter deutlich machen.[276] Insbesondere bei einer Einziehung ohne volle Abfindung müssen Voraussetzungen und Rechtsfolgen so deutlich erkennbar sein, daß sich ein Gesellschafter darauf einstellen und das Vorliegen der Voraussetzungen rechtlich überprüfen kann. **Einziehungsgründe** sind üblicherweise Insolvenz des Gesellschafters, Pfändung des Geschäftsanteils, wichtiger Grund in der Person eines Gesellschafters, Erbfälle, Erwerb von Geschäftsanteilen durch Familienfremde etc. Streitig ist, ob auch ein Mehrheitsbeschluß als Einziehungsgrund ausreichend ist.[277] Der Katalog der Einziehungsgründe in Abs. 2 der Mustersatzung enthält die üblichen Einziehungsgründe. Im Einzelfall ist der Katalog jedoch den jeweiligen Umständen anzupassen. Für eine beteiligungsidentische GmbH sind die Einziehungsgründe in Abs. 2 lit. f bis i wichtig.

2. Verfahren

Die Einziehung bedarf eines Gesellschafterbeschlusses (§ 46 Nr. 4 GmbHG) und dessen formfreie Mitteilung an den betroffenen Gesellschafter.[278] Für die Beschlußfassung genügt die einfache Mehrheit, falls die Satzung nichts anderes bestimmt. Die Einziehung ist wirksam, sobald sie dem betroffenen Gesellschafter von den Geschäftsführern in vertretungsberechtigter Zahl mitgeteilt wird.

3. Einziehungsersatz

Statt der Einziehung und unter den gleichen Voraussetzungen kann die Satzung (auch wahlweise) vorsehen, daß die Gesellschafterversammlung beschließen kann, daß der betroffene Gesellschafter seinen Anteil ganz oder teilweise auf einen oder mehrere Gesellschafter/Dritte abtreten muß.[279] Die Mustersatzung macht in Abs. 3 von dieser Möglichkeit Ge-

§ 14 Abfindung

brauch. Die Satzung könnte aber auch die Kaduzierungsregeln (§§ 21 ff. GmbHG) für anwendbar erklären.

4. Abfindung

Enthält der Gesellschaftsvertrag keine eigene Regelung, so ist der **Verkehrswert** als Abfindung geschuldet.[280] Der Gesellschaftsvertrag kann jedoch eine andere Art oder Höhe der Abfindung festsetzen. Einzelheiten sind streitig, vgl. die nachfolgenden Erläuterungen zu § 14.

§ 14
Abfindung

(1) Wird ein Geschäftsanteil ganz oder teilweise eingezogen oder gemäß § 13 Abs. 3 dieses Vertrages an einen Gesellschafter oder an einen Dritten ganz oder teilweise abgetreten, so erhält der betroffene Gesellschafter bzw. seine Rechtsnachfolger eine Abfindung.

(2) Die Abfindung entspricht dem Saldo des auf die betreffende Stammeinlage eingezahlten Nominalbetrages zuzüglich bzw. abzüglich des auf die betroffene Stammeinlage entfallenden Anteils des Gesellschafters an Rücklagen sowie an etwaigen Gewinnvorträgen bzw. Verlustvorträgen.

(3) Wird ein Geschäftsanteil im Laufe eines Jahres eingezogen oder abgetreten, ist der betroffene Gesellschafter am Ergebnis des laufenden Geschäftsjahres nicht beteiligt.

(4) Das Abfindungsguthaben ist innerhalb von sechs Wochen ab dem Zeitpunkt der Einziehung bzw. ab dem Zeitpunkt der Abtretung auszuzahlen. Bis zum Ablauf der 6-Wochen-Frist ist es nicht zu verzinsen.

Erläuterungen zu § 14:

1. Allgemeines
2. Besteuerung
3. Ergebnisverteilung im Jahre der Einziehung
4. Fälligkeit/Verzinsung

1. Allgemeines

Vergleiche zunächst die Erläuterungen zu § 20 des Gesellschaftsvertrages der KG, S. 111. Der von der Einziehung betroffene Gesellschafter hat grundsätzlich Anspruch auf eine **volle** Abfindung, wenn die Satzung keine Einschränkung enthält.[281] Die Satzung kann Art und Höhe der Abfindung, Berechnungsverfahren und Modalitäten der Auszahlung regeln, Abfindungen ganz ausschließen. Ebenso kann sie grundsätzlich für verschiedene Einziehungsfälle die Abfindung **unterschiedlich** regeln.[282] Aus Gründen des Bestandsschutzes der Gesellschaft und zur Verringerung der

Bewertungsprobleme wird häufig vereinbart, daß maßgeblich die Bewertung in der vorausgehenden oder folgenden Jahresbilanz sein soll, oder es wird als Abfindung der Vermögensteuerwert oder der „Buchwert" vereinbart. Abfindungsregelungen sind im Rahmen der Vertragsfreiheit wirksam, jedoch darf die Abfindungsbeschränkung weder geeignet sein, den Gesellschafter von einem Austritt aus wichtigem Grund abzuhalten noch der Willkür der übrigen Gesellschafter auszuliefern.[283] Eine schematische Grenzziehung ist nicht möglich. Die Grundsätze über die Abfindungsregelung bei Personengesellschaften lassen sich nicht ohne weiteres auf die GmbH übertragen.[284] Bei Komplementär-GmbHs sind Abfindungsregelungen meistens jedoch unproblematisch, da die Komplementär-GmbH in der Regel über keine stillen Reserven verfügen wird.

2. Besteuerung

Die einkommensteuerrechtliche Behandlung von Abfindungen ist streitig.[285] Die herrschende Meinung steht auf dem Standpunkt, daß eine Veräußerung im Sinne von §§ 16 bzw. 17 EStG vorliegt. Nach anderer Auffassung sind Abfindungen Ausschüttungen, die beim Anteilseigner zu Einkünften im Sinne von § 20 Abs. 1 Nr. 1 EStG führen. Im Falle einer Buchwertabfindung stellt sich daher die Frage, ob der Abfindungsberechtigte an einem etwaigen Körperschaftsteuerguthaben zu beteiligen ist.

3. Ergebnisverteilung im Jahre der Einziehung

Abs. 3 der Mustersatzung stellt klar, daß der betroffene Gesellschafter am Ergebnis des laufenden Geschäftsjahres – abweichend von der Regel des § 101 Nr. 2, 2. HS BGB – nicht beteiligt ist.

4. Fälligkeit/Verzinsung

Der Abfindungsanspruch ist mit dem Ausscheiden fällig. Ist dies nicht gewollt, sollte die Satzung Bestimmungen über die Fälligkeit und die Verzinsung enthalten. Bei einer Komplementär-GmbH ist es in der Regel nicht erforderlich, das Abfindungsguthaben in Raten auszuzahlen.

§ 15
Liquidation der Gesellschaft

(1) Die Liquidation erfolgt durch die Geschäftsführer, soweit die Gesellschafterversammlung nichts Abweichendes beschließt.
(2) Das nach Befriedigung der Gläubiger verbleibende Vermögen der Gesellschaft ist im Verhältnis der Stammeinlagen auf die Gesellschafter zu verteilen.

Erläuterungen zu § 15:
1. Allgemeines   2. Schlußverteilung

1. Allgemeines

Ist eine Gesellschaft aufgelöst, schließt sich daran ihre Liquidation (Abwicklung) an. Diese ist für GmbHs in den Vorschriften der §§ 66 ff. GmbHG geregelt. Nach der gesetzlichen Regel des § 66 Abs. 1 GmbHG sind grundsätzlich alle Geschäftsführer Liquidatoren. Durch Gesellschaftsvertrag oder Beschluß der Gesellschafter kann etwas anderes bestimmt werden. Die Liquidatoren haben grundsätzlich dieselben Rechte und Pflichten wie die Geschäftsführer, beschränkt jedoch auf die Zwecke der Liquidation. Einzelheiten des Liquidationsverfahrens können hier nicht dargestellt werden. Es ist hier auf die einschlägigen Erläuterungsbücher zu verweisen.

2. Schlußverteilung

Nach Ablauf des Sperrjahres und Befriedigung oder Sicherstellung aller Gläubiger kann die Schlußverteilung stattfinden, wenn sich ein Liquidationsguthaben ergeben hat. Maßgebend ist das Verhältnis der Geschäftsanteile, der Gesellschaftsvertrag kann jedoch ein anderes Verhältnis für die Verteilung bestimmen (§ 72 GmbHG). Der Anspruch geht grundsätzlich auf Geldzahlung. Durch Gesellschaftsvertrag oder Beschluß aller Gesellschafter kann auch bestimmt werden, daß Sachwerte übertragen werden.

§ 16
Veröffentlichungen

Bekanntmachungen der Gesellschaft erfolgen nur im Bundesanzeiger.

Erläuterungen zu § 16:
1. Allgemeines   2. Vertragspraxis

1. Allgemeines

Bekanntmachungen erfolgen gemäß den Bestimmungen des GmbH-Gesetzes grundsätzlich entweder in den öffentlichen Blättern, die im Gesellschaftsvertrag für die Bekanntmachungen der Gesellschaft bestimmt werden oder, wenn der Vertrag solche Blätter nicht bestimmt, durch die für die Bekanntmachungen des zuständigen Registergerichts bestimmten öffentlichen Blätter (vgl. § 30 Abs. 2 Satz 2, § 58 Abs. 1 Nr. 1, § 65 Abs. 2

Satz 1, § 73 Abs. 1 GmbHG). Eine Ausnahme macht lediglich die Vorschrift des § 52 Abs. 2 Satz 2 GmbHG, in der bestimmt wird, daß die spätere Bestellung eines Aufsichtsrats sowie der Wechsel von Aufsichtsratsmitgliedern im Bundesanzeiger **und** in den im Gesellschaftsvertrag für die Bekanntmachungen bestimmten anderen öffentlichen Blätter bekannt zu machen sind.

2. Vertragspraxis

Die Vertragspraxis zeigt, daß grundsätzlich der Bundesanzeiger als Veröffentlichungsorgan für Bekanntmachungen von GmbHs bestimmt wird. Diese Bestimmung ist für die Gesellschaft kostengünstiger. Zum einen deshalb, weil verschiedene Registergerichte ihre Bekanntmachungen nicht nur in einem Gesellschaftsblatt, sondern in mehreren veröffentlichen, zum anderen wird hierdurch die Vorschrift des § 52 Abs. 2 Satz 2 GmbHG unterlaufen. Wird nämlich auch im Gesellschaftsvertrag der Bundesanzeiger zur Veröffentlichungsstelle bestimmt, ist im Falle einer späteren Bestellung bzw. eines Wechsels eines Aufsichtsratsmitgliedes eine Veröffentlichung nur im Bundesanzeiger erforderlich.

§ 17
Schiedsgericht

Zur Entscheidung über alle Streitigkeiten, die sich zwischen der Gesellschaft auf der einen Seite und den Gesellschaftern auf der anderen Seite oder zwischen Gesellschaftern untereinander auf Grund des Gesellschaftsverhältnisses – auch über die Rechtswirksamkeit des Gesellschaftsvertrages oder einzelner seiner Bestimmungen – ergeben, ist unter Ausschluß des ordentlichen Rechtswegs ein Schiedsgericht zu berufen. Über die Zuständigkeit, die Zusammensetzung und das Verfahren haben die Gesellschafter in einer gesonderten Urkunde eine Vereinbarung getroffen.

Erläuterungen zu § 17:

1. Hinweis　　　　　2. Besonderheiten der GmbH

1. Hinweis

Siehe die Erläuterungen zu § 24 des KG-Vertrages (S. 120).

§ 18 Schlußbestimmungen

2. Besonderheiten der GmbH

Die Formvorschriften des § 1027 Abs. 1 ZPO sollen für Schiedsgerichte, die in GmbH-Satzungen vereinbart werden, nicht gelten.[286] Dies bedeutet, daß ein etwaiger Schiedsvertrag in der gleichen Urkunde enthalten sein kann, mit der die GmbH gegründet wird.

§ 18
Schlußbestimmungen

(1) Sollten einzelne oder mehrere Bestimmungen dieses Vertrages ganz oder teilweise nichtig, anfechtbar oder nicht durchführbar sein, so gelten die übrigen Bestimmungen gleichwohl. Eine unwirksame oder nichtige Bestimmung ist durch Gesellschafterbeschluß durch eine solche Bestimmung zu ersetzen, die die Parteien bei Kenntnis des Mangels zum Zeitpunkt des Vertragsabschlusses vereinbart hätten, um den gleichen wirtschaftlichen Erfolg zu erzielen.
(2) Im übrigen gelten die gesetzlichen Bestimmungen. Zwingende gesetzliche Vorschriften gehen der Satzung vor.
(3) Die Kosten der Beurkundung des Gesellschaftsvertrages, der Bekanntmachung, der Anmeldung der Gesellschaft und ihrer Eintragung im Handelsregister, die anfallenden Steuern und die Kosten der Gründungsberatung trägt die Gesellschaft bis zu einem geschätzten Betrag von DM ... Etwa darüber hinausgehende Gründungskosten tragen die Gesellschafter.

Erläuterungen zu § 18:

1. Salvatorische Klauseln   2. Gründungsaufwand

1. Salvatorische Klauseln

Siehe hierzu die Erläuterungen zu § 25 des KG-Vertrages (S. 121).

2. Gründungsaufwand

Gründungsaufwand, der zu Lasten der GmbH an Gründer oder sonstige Personen gezahlt werden soll, ist in der Satzung als Gesamtbetrag gesondert festzusetzen.[287] Dies gilt auch, wenn die Verpflichtung der Gründer abbedungen werden soll, der GmbH die Gründungskosten zu erstatten, die sie im Außenverhältnis – allein oder neben den Gründern – geschuldet oder bezahlt hat.

V. Schiedsgerichtsvertrag

1. Herr/Frau ...
2. Herr/Frau ...
3. Herr/Frau ...
4. ...

sind Gesellschafter der GmbH & Co. KG und haben in § ... des Gesellschaftsvertrages der ... GmbH & Co. KG die ausschließliche Zuständigkeit eines Schiedsgerichts vereinbart. Demgemäß vereinbaren die Gesellschafter – für sich und ihre jeweiligen Rechtsnachfolger – folgenden Schiedsgerichtsvertrag:

§ 1

Alle Streitigkeiten, die sich zwischen der Gesellschaft und einem oder mehreren ihrer Gesellschafter untereinander oder unmittelbar aus dem jeweiligen Gesellschaftsvertrag der ... GmbH & Co. KG, seiner Auslegung und/oder seiner Ausführung ergeben sollten, werden unter Ausschluß der ordentlichen Gerichtsbarkeit – soweit ein solcher Ausschluß möglich ist – ausschließlich und abschließend durch ein Schiedsgericht entschieden. Das Schiedsgericht entscheidet auch über seine eigene Zuständigkeit und die Wirksamkeit seiner Einsetzung.

Erläuterungen zu § 1:

1. Wesen, Vorteile eines Schiedsgerichts
2. Arten
3. Schiedsrichtervertrag
4. Schiedsgutachtenvertrag
5. Zuständigkeit

1. Wesen, Vorteile eines Schiedsgerichts

Das Schiedsgericht entscheidet bürgerliche Rechtsstreitigkeiten **anstelle eines Staatsgerichts**, sofern für die Geltendmachung des Anspruches der ordentliche Rechtsweg zulässig ist. Einen Instanzenzug zwischen Schieds- und Staatsgericht gibt es nicht. Der **Vorteil** eines Schiedsgerichts ist, daß bei einem Schiedsgericht die Möglichkeit besteht, Schiedsrichter zu ernennen, die das **Vertrauen** der Parteien genießen und die sachverständig sind. Schiedsgerichtsverfahren können **kostengünstiger** sein im Vergleich zum voll ausgeschöpften Instanzenzug der ordentlichen Gerichtsbarkeit. Schiedsgerichte entscheiden in der Regel **schneller** als staatliche Gerichte. Da die mündliche Verhandlung vor den Schiedsgerichten nicht öffentlich ist, ist es möglich, Streitigkeiten **diskreter** abzuwickeln als vor staatlichen Gerichten.

2. Arten

Das **Gelegenheits-Schiedsgericht** wird für einzelne Streitigkeiten gebildet, das **institutionelle** Schiedsgericht ist bei einer wirtschaftlichen Institution für bestimmte Streitigkeiten dauernd eingerichtet. So ist z. B. bei dem deutschen Ausschuß für Schiedsgerichtswesen ein ständiges Schiedsgericht gebildet, das auf der Grundlage eines besonderen Statuts nach entsprechender Vereinbarung und auf Anrufung tätig wird (Adresse: Deutscher Ausschuß für Schiedsgerichtswesen, Postfach 1446, 5300 Bonn 1). Eine entsprechende Schiedsklausel könnte wie folgt lauten:

„Alle Rechtsstreitigkeiten, die sich aus diesem Vertrag einschließlich dessen Gültigkeit sowie der Gültigkeit des Schiedsvertrages ergeben, sollen unter Ausschluß des ordentlichen Rechtsweges durch ein Schiedsgericht nach dem Statut des ständigen Schiedsgerichts beim deutschen Ausschuß für Schiedsgerichtswesen, 5300 Bonn, Adenauer Allee 148, endgültig entschieden werden."

3. Schiedsrichtervertrag

Von dem Schiedsgerichtsvertrag zwischen den Parteien ist der Schiedsrichtervertrag zwischen den Parteien einerseits und den Schiedsrichtern andererseits zu unterscheiden.[288] Er kommt zwischen **allen** Parteien und **jedem** Schiedsrichter zustande, gleichgültig, welche Partei ihn ernannt hat. Die Wirksamkeit des Schiedsrichtervertrages ist unabhängig von der Wirksamkeit der Schiedsklauseln. Der Schiedsrichter hat mit Beendigung des Verfahrens Anspruch auf die vereinbarte, sonst auf die übliche **Vergütung** und auf **Auslagenersatz** (§§ 612, 670 BGB), und zwar gegen beide Parteien als Gesamtschuldner (§ 427 BGB) sowie im Zweifel Anspruch auf Vorschuß.[289] Der Schiedsrichtervertrag endet entweder mit jederzeit zulässiger **Kündigung** durch beide Parteien oder aus wichtigem Grund durch den Schiedsrichter sowie mit der erfolgreichen Ablehnung und mit Erlöschen des Schiedsvertrages.[290] Für **Arbeitsrechtsstreitigkeiten** enthalten die §§ 101 ff. ArbGG eigene Vorschriften über Schiedsgerichtsvertrag und schiedsrichterliches Verfahren.

4. Schiedsgutachtenvertrag

Während das Schiedsgericht anstelle des Staatsgerichts endgültig entscheidet, vereinbaren die Parteien im Schiedsgutachtenvertrag, daß ein Schiedsgutachter **Tatsachen** festzustellen hat, von denen die Entscheidung einer Streitigkeit abhängt. Ob die Parteien einen Schiedsvertrag oder einen Schiedsgutachtenvertrag gewollt haben, ist im Einzelfall durch Auslegung zu ermitteln.

5. Zuständigkeit

Die Zuständigkeit des Schiedsgerichtes ist genau zu bezeichnen, da sie sich auf ein bestimmtes Rechtsverhältnis und die aus ihm entspringenden Rechtsstreitigkeiten beziehen muß (§ 1026 ZPO).

§ 2

Das Schiedsgericht besteht aus drei Personen, nämlich aus zwei Schiedsrichtern (Beisitzern) und einem Obmann (Vorsitzender). Jede Partei (Parteiengruppe) ernennt einen Schiedsrichter. Sind sich mehrere Gesellschafter untereinander einig, bilden sie eine Parteiengruppe. Die Schiedsrichter benennen ihrerseits den Obmann. Können sie sich über die Person des Obmanns nicht einigen, so hat auf ihren Antrag der Präsident der Anwaltskammer für ... den Obmann zu benennen. Der Obmann muß die Befähigung zum Richteramt haben.

Erläuterungen zu § 2:

1. Mehrköpfige Schiedsgerichte   3. Ernennung
2. Einzelschiedsrichter

1. Mehrköpfige Schiedsgerichte

Schiedsgerichte, die aus drei Personen bestehen, kommen in der Praxis am häufigsten vor. Ein **dreiköpfiges** Schiedsgericht bietet in der Regel die Gewähr für eine gründliche Erfassung und Berücksichtigung aller tatsächlichen und rechtlichen Aspekte eines Streitfalls. Schiedsgerichte mit einer größeren Anzahl von Schiedsrichtern sind kostspieliger und schwerfälliger.

2. Einzelschiedsrichter

Die Vereinbarung eines **Einzelschiedsrichters** ist möglich, empfiehlt sich jedoch nur für weniger bedeutsame Streitigkeiten.

3. Ernennung

Die Ernennung der beiden Schiedsrichter durch die Parteien und die Bestellung eines Obmanns durch die ernannten Schiedsrichter ist das in der Praxis am häufigsten vorkommende Verfahren.

Schiedsgerichtsvertrag

§ 3

Die das Schiedsgericht anrufende Partei hat der Gegenpartei ihren Schiedsrichter schriftlich unter gleichzeitiger Darlegung ihres Anspruches zu bezeichnen und sie aufzufordern, binnen einer Frist von drei Wochen ihrerseits einen Schiedsrichter zu bestellen. Wird innerhalb dieser Frist von der anderen Partei der Schiedsrichter nicht benannt, so benennt ihn auf Antrag der betreibenden Partei der Präsident der Anwaltskammer für ...

Erläuterungen zu § 3:
1. Schiedsklage 2. Frist

1. Schiedsklage
Nach dem Gesetz ist eine **Schiedsklage** nicht erforderlich.

2. Frist
Die **Frist** für die Benennung eines Schiedsrichters durch den Schiedsbeklagten beträgt lediglich eine Woche (§ 1029 Abs. 1 ZPO). Diese Frist ist in der Regel zu kurz. Sie wurde im Muster durch eine Frist von drei Wochen ersetzt. Das Muster sieht ferner vor, daß der geltend gemachte Anspruch schriftlich zu begründen ist (Schiedsklage).

§ 4

Das Schiedsgericht tagt am Ort des Sitzes der Gesellschaft.

Erläuterungen zu § 4:
Die Bestimmung über den **Ort**, an dem das Schiedsgericht tagt, ist aus praktischen Gründen empfehlenswert, damit jeder Schiedsrichter und jede Partei von vornherein weiß, wo der Ort der mündlichen Verhandlung sein wird.

§ 5

Das Schiedsgericht entscheidet nach freiem und billigem Ermessen. Zwingende gesetzliche Vorschriften der ZPO hinsichtlich des Verfahrens hat das Schiedsgericht zu beachten.

Erläuterungen zu § 5:

Die Parteien können das anzuwendende **materielle Recht** vereinbaren (z. B. ausländisches Recht). Sie können auch Entscheidungen nach Billigkeit oder freiem Ermessen der Schiedsrichter, also ohne Bindung an das Gesetz vereinbaren oder dem Schiedsgericht eine weitergehende Befugnis zur Rechtsgestaltung einräumen als das Staatsgericht sie besitzt.[291] Die Grenze setzt § 1041 Abs. 1 Nr. 2 ZPO dahingehend, daß ein Schiedsspruch unwirksam ist, wenn die Anerkennung zu einem Ergebnis führt, das mit wesentlichen Grundsätzen des deutschen Rechts offensichtlich unvereinbar ist, insbesondere wenn die Anerkennung mit den Grundrechten unvereinbar ist.

§ 6

Der Schiedsspruch ist schriftlich niederzulegen und zu begründen. Das Schiedsgericht entscheidet auch über die Kostentragung und die Festsetzung der Kosten unter Anwendung der Vorschriften der ZPO, des Gerichtskostengesetzes und der BRAGO.

Erläuterungen zu § 6:

Der Schiedsspruch muß unter Angabe des Tages der Abfassung von den Schiedsrichtern **unterzeichnet** werden (§ 1039 ZPO). Der Vertrag sollte klarstellen, daß das Schiedsgericht auch über die **Kosten** entscheidet, und nach welchen Regeln die Kostenentscheidung zu treffen ist.

§ 7

Gericht der Niederlegung und das für das sonstige Verfahren zuständige staatliche Gericht ist das für den Sitz der GmbH zuständige Landgericht.

Erläuterungen zu § 7:

Vgl. §§ 1045, 1046 ZPO.

§ 8

Wird ein Schiedsspruch aufgehoben, gilt der Schiedsvertrag weiter.

Schiedsgerichtsvertrag

Erläuterungen zu § 8:

Ohne diese Bestimmung könnte das schiedsrichterliche Verfahren nicht von neuem **eröffnet** werden. Der Streit würde vielmehr durch das ordentliche Gericht entschieden.

§ 9

Sollten einzelne oder mehrere Bestimmungen dieses Schiedsvertrages unwirksam oder nichtig sein oder werden, so gelten die übrigen Bestimmungen gleichwohl. An die Stelle einer unwirksamen oder nichtigen Bestimmung tritt diejenige wirksame, die die Parteien bei Kenntnis des Mangels zum Zeitpunkt des Vertragsabschlusses vereinbart hätten, um den gleichen Erfolg zu erzielen. Gleiches gilt, wenn der Schiedsvertrag eine Lücke enthält.

Erläuterungen zu § 9:

Hierzu gelten die Erläuterungen zu § 25 des KG-Vertrages entsprechend.

D. Checklisten

1. Checkliste GmbH & Co. KG

1. Firma?
2. Sitz?
3. Geschäftsjahr = Kalenderjahr?
4. Gegenstand?
5. Dauer? Beginn?
6. Kündigung:
   – Frist? Erstmals zum?
   – Form?
   – Adressat?
7. Gesellschafter, Einlagen:
   – Wer sind die Gesellschafter?
   – Art, Höhe, Fälligkeit der Einlagen?
   – Haftsumme höher, gleich oder niedriger als Einlage?
   – Verzinsung der Einlagen als Gewinnvoraus?
8. Beteiligung am Vermögen?
9. Gesellschafterkonten?
10. Geschäftsführung:
    – Durch welche Gesellschafter? Jeder allein, zu zweit etc?
    – Katalog zustimmungspflichtiger Geschäfte? Wer muß zustimmen?
    – Besondere Pflichten des Geschäftsführers?
      • regelmäßige Information der anderen Gesellschafter?
      • Aufstellung von Finanz-, Ergebnis- und Investitionsplänen?
    – Vergütung (Aufwand oder Gewinnvoraus)?
    – Befreiung von § 181 BGB?
11. Gesellschafterversammlung:
    – Wer kann einberufen?
    – Form und Frist der Einberufung? Ort?
    – Leitung?
    – Beschlußfähigkeit?
    – Folgen einer beschlußunfähigen Gesellschafterversammlung?
    – Vertretung in Gesellschafterversammlungen?
    – Berater in Gesellschafterversammlungen?
    – Niederschrift?
    – Widerspruch gegen Niederschrift?

12. **Gesellschafterbeschlüsse:**
    – Arten (auch schriftlich, telefonisch)?
    – Mehrheiten (grundsätzlich? In besonderen Fällen?)
    – Anzahl der Stimmen pro Gesellschafter?
    – Ausschluß des Stimmrechts?
    – Ausschlußfrist für Klage gegen Gesellschafterbeschlüsse?
13. **Jahresabschluß:**
    – Grundsätze für die Aufstellung (Handelsrecht? Steuerrecht, soweit nicht zwingendes Handelsrecht entgegensteht)?
    – Aufstellungsfrist?
    – Behandlung von Vergütungen an Gesellschafter?
    – Prüfung?
14. **Ergebnisverteilung/Ergebnisverwendung:**
    – Gewinnvoraus für Komplementärin?
    – Maßstab (Kapitalkonten)?
    – Rücklagen?
15. **Entnahmen:**
    – Vergütung/Aufwendungsersatz für Geschäftsführung?
    – Ohne Zustimmung (Steuern)?
    – Mit Zustimmung der Gesellschafterversammlung (Mehrheit)?
16. **Verfügungen** über Gesellschaftsanteile/**Ansprüche** gegen die Gesellschaft:
    – In welchen Fällen mit und ohne Zustimmung?
    – Wer muß zustimmen? Gesellschafterversammlung, alle anderen Gesellschafter, einzelne Gesellschafter?
    – Folgen der Verweigerung der Zustimmung?
17. **Anbietungspflicht:**
    – In welchen Fällen? Für wen?
    – Verfahren?
    – Ausübungsfristen?
    – Kaufpreisbegrenzung?
18. **Vorkaufsrechte:**
    – Für wen? In welchen Fällen?
    – Verfahren? Geltung der §§ 504 ff. BGB?
    – Ausübungsfristen?
19. **Tod eines Gesellschafters:**
    – Fortsetzung mit allen oder einzelnen Erben?
    – Ausscheiden aller Erben?
    – Eintrittsrecht einzelner Erben?
    – Testamentsvollstreckung zulässig?
20. **Ausschluß von Gesellschaftern?**
    – Durch Gesellschafterbeschluß?
    – Tatbestände?

D. Checkliste KG

21. **Ausscheiden von Gesellschaftern:**
    - Tatbestände?
    - Folgen für die verbleibenden Gesellschafter?
22. **Abfindung**
    - Bewertungsmethode?
    - Bewertungsstichtag?
    - Höhe der Abfindung?
    - Ermäßigung der Abfindung in besonderen Fällen?
    - Fälligkeit? Ratenzahlungen? Termine?
    - Verzinsung (Zinssatz, ab wann)?
    - Streckung der Auszahlung möglich? In welchen Fällen?
    - Vorzeitige Auszahlung zulässig?
    - Befreiung von oder Sicherheitsleistung wegen Gesellschaftsschulden?
    - Folge von späteren Außenprüfungen auf Abfindungen?
    - Schiedsgutachter bei Streitigkeiten über die Höhe der Abfindung? Kostenträger?
23. **Aufsichtsrat (Beirat):**
    - Aufgaben?
    - Zahl der Aufsichtsräte (Beiräte)?
    - Bestellung der Aufsichtsräte (Beiräte):
      • Wahl durch Gesellschafterversammlung?
      • Entsendung durch einzelne Gesellschafter/Gesellschaftergruppen?
      • Amtszeit?
      • Ersetzung weggefallener Mitglieder?
      • Wiederwahl?
    - Organisation des Aufsichtsrats (Beirats):
      • Vorsitz, Stellvertreter?
      • Aufgaben des Vorsitzenden?
      • Beschlußfähigkeit?
      • Mehrheiten?
      • zusätzliche Stimme des Vorsitzenden bei Stimmengleichheit?
      • Abstimmungsarten (auf Versammlungen, telefonisch, schriftlich, per Fax)?
      • Protokollierung von Beschlüssen? Inhalt des Protokolls?
    - Vergütung?
      • für Vorsitzende?
      • für andere Mitglieder?
24. **Güterstandsklausel?**
25. **Nachvertragliches Wettbewerbsverbot?**
    - Dauer?
    - Vereinbarkeit mit § 1 GWB?

26. **Auflösung:**
    - Wer soll Liquidator sein?
    - Mehrheit für Auflösungsbeschluß?
    - Maßstab für Verteilung des Liquidationsergebnisses?
27. **Schiedsgerichtsklausel?** Gesonderte Urkunde erforderlich?
28. **Teilnichtigkeitsklausel?**
29. Wer trägt die **Kosten** des Vertrages?
30. **Notarielle** Beurkundung des Vertrages erforderlich?
31. **Pfleger** für Minderjährige erforderlich?
32. **Vormundschaftsgerichtliche Genehmigung** erforderlich?
33. **Zustimmung** des Ehegatten erforderlich?

Zusätzlich für beteiligungsidentische GmbH & Co. KG:

34. Unterscheidet sich die Firma der KG ausreichend von der Firma der GmbH?
35. Kündigung der GmbH gilt gleichzeitig als Kündigung der KG?
36. Befreiung der GmbH und/oder der Geschäftsführer der GmbH von den Beschränkungen des § 181 BGB für Geschäfte mit der KG?
37. Weisungsrecht der Kommanditisten der KG gegenüber der Komplementärin?
38. Entsprechen die Regelungen über die Einberufung von Gesellschafterversammlungen, Ankaufsrechte, Vorkaufsrechte, die Verfügung über Gesellschaftsanteile und über Ansprüche gegen die KG, den Tod eines Gesellschafters den entsprechenden Regelungen bei der GmbH?
39. Scheidet ein Gesellschafter aus der KG aus, wenn er nicht gleichzeitig im selben Umfang Gesellschafter der GmbH wird oder nur über seinen Anteil an der GmbH verfügt, oder wenn sein Geschäftsanteil an der GmbH eingezogen oder statt dessen abgetreten wird?
40. Enthalten KG-Vertrag und GmbH-Satzung die gleiche Schiedsklausel?

2. Checkliste GmbH

1. **Firma?**
2. **Sitz?**
3. **Geschäftsführung:**
   - Gesamtgeschäftsführung?
   - Vorsitzender? Funktionen?
   - Einzelgeschäftsführungsberechtigung? Für alle Geschäftsführer? Für einzelne?
   - Entsendungsrecht für einzelne Gesellschafter/Gesellschaftergruppen?
   - Vorschlagsrecht für einzelne Gesellschafter/Gesellschaftergruppen?
   - Katalog zustimmungspflichtiger Geschäfte? Wer muß zustimmen (Gesellschafterversammlung, einzelne Gesellschafter/Gesellschaftergruppen)?
   - Besondere Pflichten der Geschäftsführer?
   - Regelmäßige Information der anderen Gesellschafter?
   - Aufstellung von Finanz-, Ergebnis- und Investitionsplänen?
   - Vertretung beim Abschluß von Dienstverträgen mit Geschäftsführern?
   - Sonderrecht zur Geschäftsführung (Für wen? Auch für Rechtsnachfolger? Bis zu welchem Alter? Unter welchen sonstigen Voraussetzungen?)
4. **Vertretung:**
   - Gesamtvertretung, Einzelvertretungsberechtigung?
   - Befreiung von § 181 BGB (allgemein/aufgrund gesondertem Gesellschafterbeschluß)?
5. **Aufsichtsrat (Beirat)?**
   - Aufgaben?
   - Zahl der Mitglieder?
   - Bestellung der Mitglieder
     - Wahl durch Gesellschafterversammlung?
     - Entsendung durch einzelne Gesellschafter/Gesellschaftergruppen?
   - Amtszeit?
   - Ersetzung weggefallener Mitglieder?
   - Wiederwahl zulässig?
   - Organisation des Aufsichtsrats (Beirat):
     - Vorsitz? Stellvertreter?
     - Aufgaben des Vorsitzenden?
     - Beschlußfähigkeit?
     - Mehrheiten?
     - Zusätzliche Stimme des Vorsitzenden bei Stimmengleichheit?

- Beschlußfassung (auf Versammlungen, telefonisch, schriftlich, per Fax)?
- Vergütung?
  - für Vorsitzenden?
  - für andere Mitglieder?
6. **Gesellschafterversammlung:**
   - Frist für ordentliche Gesellschafterversammlungen (§ 42 a GmbHG)?
   - Wer kann einberufen?
   - Form und Frist der Einberufung? Ort?
   - Verzicht auf Form- und Fristerfordernisse möglich?
   - Verzicht auf Abhaltung einer Gesellschafterversammlung möglich?
   - Beschlußfähigkeit?
   - Folgen einer beschlußunfähigen Gesellschafterversammlung?
   - Vertretung in Gesellschafterversammlungen?
   - Berater in Gesellschafterversammlungen zulässig?
   - Leitung? Funktion des Leiters?
   - Niederschrift? Inhalt (Gang der Verhandlung? Beschlüsse?)?
   - Frist für Widerspruch gegen Niederschrift?
7. **Gesellschafterbeschlüsse:**
   - Mehrheiten (grundsätzlich, in besonderen Fällen)?
   - Anzahl der Stimmen pro Gesellschafter?
   - Ausschluß des Stimmrechts über § 47 Abs. 4 GmbHG hinaus?
   - Ausschlußfrist für Klage gegen Gesellschafterbeschlüsse?
8. **Jahresabschluß:**
   - Grundsätze der Aufstellung (nur Handelsrecht/Steuerrecht soweit zulässig)?
   - Aufstellungsfrist?
   - Prüfung?
9. **Ergebnisverteilung/Ergebnisverwendung:**
   - Abweichung von § 29 Abs. 1 und 2 GmbHG?
   - Abweichung von § 29 Abs. 3 und GmbHG?
10. **Abschlagsdividende:**
    - Zwischenbilanz erforderlich?
    - Wann Rückzahlung? Verzinsung?
11. **Verfügungen über Gesellschaftsanteile/Ansprüche gegen die Gesellschaft?**
    - Grundsätzlich Genehmigung erforderlich?
    - Wer muß zustimmen (Gesellschaft, Gesellschafterversammlung, einzelne Gesellschafter, Aufsichtsrat/Beirat)?
    - Ausnahmen von der Genehmigungspflicht für Verfügungen zugunsten von Gesellschaftern, Ehegatten, Abkömmlingen, Treugebern/Treuhändern?
    - Bleibt § 17 GmbHG unberührt?

D. Checkliste GmbH

12. **Anbietungspflicht?**
    - In welchen Fällen? Für wen?
    - Verfahren?
    - Ausübungsfristen?
    - Kaufpreisbegrenzung?
13. **Vorkaufsrechte?**
    - Für wen? In welchen Fällen?
    - Verfahren? Geltung der §§ 504 ff. BGB?
    - Ausübungsfristen?
14. **Tod eines Gesellschafters:**
    - Fortsetzung mit allen oder einzelnen Erben?
    - Ausscheiden aller Erben?
    - Eintrittsrecht einzelner Erben?
    - Testamentsvollstreckung zulässig?
15. **Einziehung von Geschäftsanteilen?**
    - Mit Zustimmung des betroffenen Gesellschafters?
    - Zwangseinziehung (Tatbestände)?
    - Gesellschafterbeschluß erforderlich? Stimmrecht des betroffenen Gesellschafters? Mehrheiten?
    - Abtretung statt Einziehung?
    - Wer trägt die Kosten der Einziehung/Abtretung?
    - Verpflichtung zur Befreiung von Gesellschaftsschulden?
16. **Abfindung:**
    - Bewertungsmethode?
    - Bewertungsstichtag?
    - Höhe der Abfindung? Körperschaftsteuerguthaben zu berücksichtigen?
    - Ermäßigung der Abfindung in besonderen Fällen?
    - Fälligkeit? Ratenzahlungen? Termine?
    - Verzinsung (ab wann? Zinssatz?)
    - Vorzeitige Auszahlung zulässig?
    - Streckung der Auszahlungen möglich? In welchen Fällen?
    - Folgen von späteren Außenprüfungen auf Berechnung der Abfindung?
    - Schiedsgutachter bei Streitigkeiten über die Höhe der Abfindung? Kostenträger?
17. **Güterstandsklausel?**
18. **Wettbewerbsverbot?**
    - Für wen?
    - Zeitgleich mit Gesellschafterstellung/nachvertraglich?
    - Vertragsstrafe?
19. **Auflösung:**
    - Wer soll Liquidator sein?
    - Mehrheit für Auflösungsbeschluß?

– Maßstab für Verteilung des Liquidationsergebnisses?
20. **Schiedsgerichtsklausel?** Gesonderte Urkunde erforderlich?
21. **Teilnichtigkeitsklausel?**
22. **Wer trägt Kosten** des Vertrages?
23. **Pfleger für minderjährige Gesellschafter** erforderlich?
24. **Vormundschaftliche Genehmigung** erforderlich?
25. **Zustimmung des Ehegatten** erforderlich?

3. Checkliste Schiedsgerichtsvertrag (für drei Schiedsrichter)

1. **Zuständigkeit** (für welche Streitigkeiten)?
2. **Zusammensetzung** des Schiedsgerichts:
   - Anzahl der Beisitzer?
   - Wer bestellt Beisitzer?
   - Frist für Gegenpartei zur Benennung ihres Schiedsrichters?
   - Wer ernennt Schiedsrichter, wenn Gegenpartei säumig?
   - Wer bestellt Obmann? (Beisitzer, hilfsweise der Präsident eines Gerichts?)
   - Qualifikation des Obmanns?
3. **Klageerhebung:**
   - Form (schriftlich)?
   - Wann zu erheben? Mit Benennung des Schiedsrichters durch die Klagepartei?
4. **Ort** des Schiedsgerichts?
5. **Verfahren** des Schiedsgerichts:
   - Geltung der ZPO?
   - Vorschüsse?
6. **Entscheidung** des Schiedsgerichts:
   - Anwendbares Recht?
   - Form der Entscheidung (schriftlich mit Begründung)?
   - Kostenentscheidung?
7. **Berufung** zum Oberschiedsgericht zulässig?
8. **Gericht der Niederlegung** des Schiedsspruches und das für das sonstige Verfahren zuständige Gericht?
9. **Folgen** der Aufhebung des Schiedsspruches?
10. **Teilnichtigkeitsklausel?**
11. **Räumliche Trennung** vom Hauptvertrag und gesonderte Unterzeichnung gem. § 1027 ZPO erforderlich?

E. Weiterführende Hinweise zu Literatur und Rechtsprechung

1. Zur zivilrechtlichen Beurteilung der GmbH & Co. bis zur Entscheidung des Reichsgerichts vom 4.7.1922 (RGZ 105, 101 ff.) vgl. bei Hesselmann/Tillmann, Handbuch, RdNr. 6 ff. und bei Hennerkes/Binz, Die GmbH & Co., S. 6 ff.
2. Vgl. zur Entwicklung der Rechtspr. des Bundesfinanzhofes bei Hesselmann/Tillmann, Handbuch, RdNr. 26 ff.; zu den steuerlichen Problemen einer GmbH & Co. KG vgl. L. Schmidt, Einkommensteuerrecht, § 15, Anm. 109 ff.
3. K. Schmidt, Gesellschaftsrecht, § 56 II 3c (S. 1227); Baumbach/Duden/Hopt, HGB, Anh. § 177a I 3 A.
4. K. Schmidt, Gesellschaftsrecht, § 56 II 3e (S. 1229f.); Hennerkes/Binz (FN 1), S. 215 ff.; Hesselmann/Tillmann, Handbuch, RdNr. 131 ff.; Baumbach/Duden/Hopt, HGB, Anh. § 177a, I 3 C.
5. K. Schmidt, Gesellschaftsrecht, § 56 II 3d (S. 1228f.); Baumbach/Duden/Hopt, Anh. § 177a, I 3 A; Sudhoff, Gesellschaftsvertrag, S. 53f.
6. K. Schmidt, Gesellschaftsrecht, § 56 II 3f (S. 1230); Hesselmann/Tillmann, Handbuch, RdNr. 137; Hennerkes/Binz (FN 1), S. 204 ff.; Baumbach/Duden/Hopt, Anh. § 177a I 3 D.
7. BFH v. 25.2.1991, BStBl 1991 II 691 (= DStR 1991, 506); vgl. hierzu Meyer-Scharenberg, DStR 1991, 919 ff. und L. Schmidt, DStR 1991, 505 ff.; zur zivilrechtlichen Zulässigkeit vgl. Baumbach/Duden/Hopt, Anh. § 177a I 3 D.

7a. BStBl 1992 I 146
8. K. Schmidt, Gesellschaftsrecht, § 57 I 2a (S. 1253); Hennerkes/Binz (FN 1), S. 222 ff.; Hesselmann/Tillmann, Handbuch, RdNr. 754 ff.; Baumbach/Duden/Hopt, Anh. § 177a, Anm. I 3 E.
9. Einzelheiten siehe bei L. Schmidt, § 15 Anm. 119 ff.
10. L. Schmidt, EStR, § 15, Anm. 111.
11. Einzelheiten siehe bei L. Schmidt, EStR, § 15, Anm. 46.
12. Vgl. hierzu Koch, Die Entwicklung des Gesellschaftsrechts in den Jahren 1989/1990, NJW 1992, 406f.
13. Vgl. hierzu Hesselmann/Tillmann, Handbuch, RdNr. 59 ff.
14–20 einstweilen frei
21. Vgl. Hennerkes/Binz (FN 1), S. 16f.; Hesselmann/Tillmann, Handbuch, RdNr. 122 ff.
22. Zur Umwandlung einer GmbH in eine GmbH & Co. vgl. Hesselmann/Tillmann, Handbuch, RdNr. 1368 ff.
23. K. Schmidt, Gesellschaftsrecht, § 56 III 2 (S. 1232); Baumbach/Duden/Hopt, Anh. § 177a, Anm. II 1 A und II 2 B; BGH vom 9.3.1981, BGHZ 80, 129 ff.–131 (= GmbHR 1981, 114).
24. Hesselmann/Tillmann, Handbuch, RdNr. 123; Sudhoff, Gesellschaftsvertrag, S. 21; Baumbach/Duden/Hopt, § 105, Anm. 2 B.
25. Vgl. Hesselmann/Tillmann, Handbuch, RdNr. 127; K. Schmidt, Gesellschaftsrecht, § 56 III 3 (S. 1233 ff.).
26. Baumbach/Duden/Hopt, Anh. § 177a Anm. II 2; K. Schmidt, Gesellschaftsrecht, § 56 III 3 (S. 1233f.); Hesselmann/Tillmann, Handbuch, RdNr. 167 ff.
27. Baumbach/Duden/Hopt, § 105, Anm. 1 C, D und § 161 Anm. 2 A; BGH v. 19.2.1990, DB 1990, 982, a. A. K. Schmidt, DB 1990, 93, 94 ff.

28. Einzelheiten siehe bei Baumbach/Duden/Hopt, § 105 Anm. 1 B; Hesselmann/Tillmann, Handbuch, RdNr. 1122; Sudhoff, Gesellschaftsvertrag, S. 21.
29. Hesselmann/Tillmann, Handbuch, RdNr. 1126; Palandt-Diederichsen, § 1822, RdNr. 14; Sudhoff, Gesellschaftsvertrag, S. 21.
30. BGH v. 2. 7. 1990, NJW 1990, 2616 ff.
31. BGH v. 24. 9. 1952, BGHZ 7, 178; Seer, DStR 1988, 601.
32. BdF v. 8. 12. 1975, BB 1976, 21.
33. Zur Firma der KG in der GmbH & Co. vgl. Baumbach/Duden/Hopt, § 19 Anm. 3 B, C u. D; Hesselmann/Tillmann, Handbuch, RdNr. 223 ff.; Hennerkes/Binz aaO (FN 1) S. 159 ff.
34. Baumbach/Duden/Hopt, § 171, Anm. 1 A.
35. Baumbach/Duden/Hopt, aaO.
36. Baumbach/Duden/Hopt, § 120 Anm. 3 A; MünchHdb. KG/v. Falkenhausen, § 19, RdNr. 1 ff.; K. Schmidt, Gesellschaftsrecht, § 47 III 2 (S. 1017 ff.).
37. Baumbach/Duden/Hopt, § 120, Anm. 3 C.
38. Einzelheiten zu den einzelnen Gesellschafterkonten s. Baumbach/Duden/Hopt, § 120 Anm. 3 D; MünchHdb. KG/v. Falkenhausen, § 19, RdNr. 46 ff.; Huber, ZGR 1988, 1 ff.
39. Baumbach/Duden/Hopt, § 167, Anm. 3.
40. Einzelheiten s. MünchHdb. KG/v. Falkenhausen, § 19, RdNr. 59 ff.
41. L. Schmidt, EStR, § 15 a, Anm. 3 mit Rspr.-nachw.
42. L. Schmidt, aaO (FN 41).
43. Zum Begriff des „Anteils am Verlust der KG" vgl. L. Schmidt, EStR, § 15 a, Anm. 20.
44. L. Schmidt, EStR, § 15 a, Anm. 17.
45. Einzelheiten s. MünchHdb. KG/v. Falkenhausen, § 19, RdNr. 62 ff.
46–49 einstweilen frei
50. Baumbach/Duden/Hopt, § 132, Anm. 3.
51. Baumbach/Duden/Hopt, § 164, Anm. 1 B.
52. Hesselmann/Tillmann, Handbuch, RdNr. 426 f.; Baumbach/Duden/Hopt, Anh. § 177 a, Anm. 2 D.
53. L. Schmidt, EStR, § 15, Anm. 116 mit Nachw. zur BFH-Rspr.
54. Hesselmann/Tillmann, Handbuch, RdNr. 301.
55. L. Schmidt, § 15, Anm. 116 m. w. Nachw.; wird von der vereinbarten Kostenerstattung abgewichen, droht die Gefahr einer verdeckten Gewinnausschüttung (Hesselmann/Tillmann, Handbuch, RdNr. 1007).
56. L. Schmidt, EStR, § 15, Anm. 115.
57. L. Schmidt, aaO (FN 56).
58. L. Schmidt, aaO (FN 56).
59. L. Schmidt, aaO (FN 56).
59a Zum Meinungsstand s. Blanke, UR 1990, 137 ff.–138 ff.; s. auch Schuhmann, GmbHR 1988, 151 ff.
59b BFH v. 17. 8. 1980, BStBl 1990, 622 (= UR 1980, 202); die Finanzverwaltung ist diesem Urteil gefolgt, BdF v. 12. 9. 1988, UR 1988, 362.
59c BFH v. 14. 12. 1978, BStBl II 79, 288; Hennerkes/Binz, aaO (FN 1), S. 365 ff.; Einzelheiten zur Organschaft s. Abschn. 21 UStR 1988.
59d bejahend Hennerkes/Binz, aaO (FN 1), 366 f.
59e vgl. hierzu Schuhmann, aaO (FN 59a), 153 f.
60. Baumbach/Duden/Hopt, § 119, Anm. 2 B; Palandt/Thomas, § 705, RdNr. 5.
61. Baumbach/Duden/Hopt, § 119, Anm. 2 B.
62. Baumbach/Duden/Hopt, Anh. § 177 a, Anm. VIII 3 C.
63. Baumbach/Duden/Hopt, § 119, Anm. 1 D; Sudhoff, DB 1966, 1463.
64. Baumbach/Duden/Hopt, § 119, Anm. 2 C, str.
65. Baumbach/Duden/Hopt, § 119, Anm. 3 E.

66–70 einstweilen frei
71. Baumbach/Duden/Hopt, § 243, Anm. 3 A; OLG Düsseldorf v. 27.9.1979, NJW 1980, 1292.
72. Empfehlungen der Bundessteuerberaterkammer zum Ausweis des EK in der Handelsbilanz der Personenhandelsgesellschaft, Juni 1989.
73. BGH v. 24.3.1980, BGHZ 76, 338.
74. Baumbach/Duden/Hopt, § 116, Anm. 1 C u. § 164, Anm. 1 B.
75. vgl. L. Schmidt, EStR, § 15, Anm. 116 mit Nachw. der BFH-Rspr.
76. BFH v. 24.7.1990, BB 1990, 2025 m. w. Nachw.; Döllerer, DStR 1991, 1033 f.
76a Zum Begriff der verdeckten Gewinnausschüttung vgl. Streck, KStG, § 8, Anm. 65; L. Schmidt, EStR, § 20, Anm. 18 b.
76b Zum Begriff der verdeckten Einlage vgl. Streck, KStG, § 8, Anm. 41, m. weiteren Lit.- Nachw. vor Anm. 40; Döllerer, Verdeckte Gewinnausschüttung und verdeckte Einlagen bei Kapitalgesellschaften, 2. Aufl., Heidelberg 1990, passim insbes. S. 173 ff.
76c BFH v. 23.8.1990, BStBl II 1991, 172 (= DStR 1991, 179).
77. Baumbach/Duden/Hopt, Anh. § 177a IV 3 B.
78. L. Schmidt, § 15, Anm. 131 mit Nachw. der BFH-Rspr.
79. L. Schmidt, § 15, Anm. 123 mit zahlreichen Hinweisen auf Einzelfälle, die vom BFH entschieden wurden; weitere Einzelfälle finden sich in Abschn. 138a EStR.
80. MünchKom/Ulmer, § 122, RdNr. 9.
81. L. Schmidt, EStR, § 15, Anm. 69.
82. L. Schmidt, EStR, § 15, Anm. 69.
83. Dies ist zulässig, Baumbach/Duden/Hopt, § 122, Anm. 4 B; s. dort auch zu den erforderlichen Mehrheiten eines entsprechenden Gesellschafterbeschlusses.
84. Zum gleichen Problem bei der Abtretung eines Gesellschaftsanteils vgl. RdNr. 156.
85. L. Schmidt, EStR, § 15, Anm. 72 mit Nachw. zur Rspr. u. Lit.
86. So L. Schmidt, EStR, § 16, Anm. 79 b a. E., nach meiner Auffassung inkonsequent zu seiner sonstigen Rechtsmeinung in § 15, Anm. 72 u. § 16, Anm. 79 b.
86a Zur Problematik in handels- und steuerrechtlicher Sicht, Sommer, BB 1987, 307 ff.
86b L. Schmidt, EStR, § 15, Anm. 72 b mit Nachw. zur Rspr. u. Lit.
87. vgl. hierzu K. Schmidt, Gesellschaftsrecht, § 45 III 2 (S. 971 ff.); MünchHdb. KG/Piehler, § 33 RdNr. 1.
88. Baumbach/Duden/Hopt, § 124, Anm. 2 B; K. Schmidt, Gesellschaftsrecht, § 45 III 2 (S. 972); MünchHdb. KG/Piehler, § 33 RdNr. 2.
89. MünchHdb. KG/Piehler, § 32, RdNr. 2; Baumbach/Duden/Hopt, § 124, Anm. 2 B; K. Schmidt, Gesellschaftsrecht, § 45 III 2 b (S. 972 f.).
90. S. hierzu MünchHdb. KG/Piehler, § 33 RdNr. 9 u. 55 ff.
91. MünchHdb. KG/Piehler, § 33 RdNr. 27 mit Nachw. z. Meinungsstand in FN 59; Kempermann, NJW 1991, 684; Schultze, NJW 1991, 1936 f.
92. MünchHdb. KG/Piehler, § 33 RdNr. 20.
93. L. Schmidt, EStR, § 16, Anm. 79 b u. § 15, Anm. 72 mit Rspr.-Nachw.; zu diesem Problem beim Eintritt eines neuen Gesellschafters in eine Personengesellschaft während eines Wirtschaftsjahres vgl. Sommer, BB 1987, 307 ff.
94. MünchHdb. KG/Piehler, § 33 RdNr. 29 ff.; Baumbach/Duden/Hopt, § 24, Anm. 2 B; Steuerliches Vertrags- und Formularbuch, Muster A.6.10.
95. Vgl. MünchHdb. KG/Piehler, § 33 RdNr. 36 ff.; Baumbach/Duden/Hopt, § 172, Anm. 3.
96. Hahn in Beck'sches Rechtshandbuch für Steuerberater, lit. G, RdNr. 746.
97. Hahn, aaO (FN 96).
98. Hahn, aaO (FN 96).
99. Hahn, aaO (FN 96).
100. Hahn, aaO (FN 96), RdNr. 747 ff.
101. Hahn, aaO (FN 96), RdNr. 749 u. 754.

102. Hahn, aaO (FN 96), RdNr. 751.
103. Hahn, aaO (FN 96), RdNr. 751.
104. Hahn, aaO (FN 96), RdNr. 751.
105. Hahn, aaO (FN 96), RdNr. 755.
106. Palandt/Putzo, Vorbem. vor § 504, RdNr. 11.
107. Palandt/Putzo, Vorbem. vor § 504, RdNr. 11.
108. Palandt/Putzo, Vorbem. vor § 504, RdNr. 11.
109–120 einstweilen frei
121. Zur Problematik bei Personengesellschaften allgemein: Winkler in Beck'sches Rechtshandbuch für Steuerberater 1991, lit. E, RdNr. 216 ff.; K. Schmidt, Gesellschaftsrecht, § 45 V (S. 980 ff.); ausf. Literaturhinweise s. b. K. Schmidt, auf S. 980 u. im MünchHdb KG/Klein, § 44 vor RdNr. 1.
122. Baumbach/Duden/Hopt, § 139, Anm. 1 A, 2; MünchHdb, KG/Klein, § 42, RdNr. 4, § 43 RdNr. 42 ff. u. § 44 RdNr. 137 ff.; Hesselmann/Tillmann, Handbuch, RdNr. 615 ff.
123. Baumbach/Duden/Hopt, § 139, Anm. 2 A; Palandt/Edenhofer, § 1922, RdNr. 16 u. 20.
124. einstweilen frei
125. Palandt/Edenhofer, § 1922, RdNr. 14; Winkler, aaO (FN 121), RdNr. 222; K. Schmidt, Gesellschaftsrecht, § 45 V 2 (S. 982 ff.).
126. Palandt/Edenhofer, § 1922, RdNr. 15; Winkler, aaO (FN 121), RdNr. 227 f.; MünchHdb. KG/Klein, § 44 RdNr. 32 ff.; K. Schmidt, Gesellschaftsrecht, § 45 V 3 (S. 984 ff.).
127. Palandt/Edenhofer, § 1922, RdNr. 18; Winkler, aaO (FN 121), RdNr. 233 ff.; MünchHdb. KG/Klein, § 44 RdNr. 34 ff.; K. Schmidt, Gesellschaftsrecht, § 45 V 4 (S. 990 ff.).
128. BGH v. 10.2. 1977, BGHZ 68, 237, str., vgl. Palandt/Edenhofer, § 1922, RdNr. 18.
129. Palandt/Edenhofer, § 1922, RdNr. 18; Winkler, aaO (FN 121), RdNr. 23 ff., MünchHdb. KG/Klein, § 44 RdNr. 86 ff.; K. Schmidt, Gesellschaftsrecht, § 45 V 5 (S. 993 ff.).
130. Winkler, aaO (FN 121), RdNr. 239.
131. Winkler, aaO (FN 121), RdNr. 242 mit einer Musterklausel in RdNr. 244; MünchHdb. KG/Klein, § 44, RdNr. 39 ff.
132. Staudinger/Kanzleiter, § 2301, RdNr. 50.
133. Vgl. K. Schmidt, Gesellschaftsrecht, § 45 V 3 c (S. 988 ff.) mit Lit.-Hinw. in FN 75; Baumbach/Duden/Hopt, § 139, Anm. 4.
134. BGH v. 3.7. 1989, NJW 1989, 3152; hierzu und zu den Folgerungen aus diesem Beschluß s. Ulmer, NJW 1990, 73 ff.
135. BFH v. 5.7. 1990, BStBl 1990 II 847 ff.
136. BFH v. 5.7. 1990, BStBl 1990 II 837 ff.; kritisch zu diesem Urteil Söffing, FR 1991, 242 ff.
137. Söffing, DB 1991, 773 ff. u. 828 ff.; ders. DStR 1991, 201 ff., ders., 13. Deutscher Steuerberatertag 1990 in Köln, Protokoll, Bonn 1991, S. 141 ff.; Märkle/Franz, BB, Beilage 5 zu Heft 5/1991; Meincke, NJW 1991, 198 ff.; Ruban, DStR 1991, 65 ff.; Paus, DStR 1991, 225 ff.; ders. FR 1991, 69 ff.; Niepoth, DB 1991, 249 ff.
138. BFH v. 13.12. 1990, DStR 1991, 455 m. Anm. v. L. Schmidt, 456 f.
139. U. a. BFH v. 24.4. 1991, FR 1991, 561; BFH v. 10.4. 1991, BB 1991, 1837.
140. Baumbach/Duden/Hopt, § 140, Anm. 1 A.
141. Baumbach/Duden/Hopt, § 140, Anm. 1 A.
142. Baumbach/Duden/Hopt, § 140, Anm. 1 B.
143. Baumbach/Duden/Hopt, § 140, Anm. 1 A.
144. Baumbach/Duden/Hopt, § 140, Anm. 1 A.
145. Baumbach/Duden/Hopt, § 140, Anm. 4.
146. Vgl. BGH v. 20.6. 1983, DB 1983, 1970 für den Geschäftsanteil an einer GmbH; diese Rechtsprechung ist nach m. A. auf eine Personengesellschaft entsprechend anzuwenden.

Weiterführende Hinweise zu Literatur und Rechtsprechung 183

147. Baumbach/Duden/Hopt, § 138, Anm. 5 A; Palandt/Thomas, § 738 RdNr. 5.
148. H. M. Palandt/Thomas, § 738 RdNr. 4; K. Schmidt, § 50 IV 1 (S. 1086); a. A. Baumbach/Duden/Hopt, § 138, Anm. 5 B.
149. Palandt/Thomas, § 738 RdNr. 5; Baumbach/Duden/Hopt, § 138, Anm. 5 C.
150. K. Schmidt, § 50 IV 1 d (S. 1088).
151. Vgl. Sanfleber, S. 65 ff.; Großfeld, passim; Moxter, S. 33 ff.
152. Einzelheiten vgl. bei K. Schmidt, Gesellschaftsrecht, § 50 IV 2 (S. 1092 ff.) mit Lit.-Hinw. auf S. 1092; Baumbach/Duden/Hopt, § 138, Anm. 5 I; Palandt/Thomas, § 738 RdNr. 7.
153. Sanfleber, S. 78.
154. Vgl. K. Schmidt, Gesellschaftsrecht, § 50 IV 2 a (S. 1093); Baumbach/Duden/Hopt, § 138, Anm. 5 I.
155. Baumbach/Duden/Hopt, § 138, Anm. 5 I; K. Schmidt, Gesellschaftsrecht, § 50 IV 2 a (S. 1093).
156. Sanfleber, S. 139 mit Rspr.-Nachw. in FN 330.
157. Baumbach/Duden/Hopt, § 138, Anm. 5 I; Palandt/Thomas, § 738 RdNr. 7.
158. Vgl. hierzu Sanfleber, S. 91 ff.
159. Palandt/Thomas, § 738, RdNr. 6.
159a. MünchHdb. KG/Pichler, § 40, RdNr. 25 m. w. Nachw.
160. Einzelheiten vgl. bei L. Schmidt, EStR, § 16, Anm. 80 ff., Sanfleber, S. 157 ff.
161. MünchHdb. KG/Weipert, § 11, RdNr. 1.
162. MünchHdb. KG/Weipert, § 11, RdNr. 4.
163. MünchHdb. KG/Weipert, § 11, RdNr. 7.
164. MünchHdb. KG/Weipert, § 11, RdNr. 12; Baumbach/Duden/Hopt, Anh. § 177a III, 1 a. E.
165. Zum Wettbewerbsverbot für die Komplementär-GmbH, ihrer Gesellschafter und ihrer Geschäftsführer vgl. MünchHdb. KG/Mattfeld, § 12 RdNr. 44 ff.
166. MünchHdb. KG/Mattfeld, § 12 RdNr. 49.
167. einstw. frei
168. MünchHdb. KG/Mattfeld, § 12 RdNr. 34 ff.
169. MünchHdb. KG/Mattfeld, § 12 RdNr. 37 ff.
170. BGH v. 5. 12. 1983, BGHZ 89, 162 ff., 165.
171. MünchHdb. KG/Mattfeld, § 12 RdNr. 51 f.
172. Vgl. hierzu eingehend MünchHdb. KG/Mattfeld, § 12 RdNr. 83 ff.
173. MünchHdb. KG/Mattfeld, § 12 RdNr. 91.
174. OLG Celle v. 17. 7. 1985 WuW/E OLG 3699/3701-Marktspiegel; OLG Hamburg v. 10. 5. 1984, WuW/E OLG 3320/3324-Dieselmotoren m. w. Nachw.
175. Thomas/Putzo, § 1025 Vorbem. Anm. 1.
176. Vgl. hierzu Sommer/Weitbrecht, GmbHR 1991, 449 ff.
177. Sommer/Weitbrecht, aaO (FN 176), 452.
178. Hesselmann/Tillmann, Handbuch, RdNr. 865 ff.
179. Gesetz v. 22. 2. 1990, BGBl I, 266.
180–200 einstw. frei
201. Vgl. Hesselmann/Tillmann, Handbuch, RdNr. 107 ff.; Hennerkes/Binz, aaO (FN 1), S. 48 ff.; zu anderen Gestaltungsmöglichkeiten vgl. Hennerkes/Binz, aaO (FN 1), S. 57 f.
202–210 einstw. frei
211. Esch, BB 1991, 1131; Hesselmann/Tillmann, Handbuch, RdNr. 131; Hennerkes/Binz, aaO (FN 1), S. 215 ff., Sudhoff, Gesellschaftsvertrag, S. 61.
212. Hesselmann/Tillmann, Handbuch, RdNr. 132.
213. Hennerkes/Binz, aaO (FN 1), S. 220; Hesselmann/Tillmann, Handbuch, S. 61.
214. Scholz/K. Schmidt, GmbHG, § 45, Anm. 59; Hachenburg (Mertens), GmbHG, § 13 Anh. I Anm. 17a E.; K. Schmidt, DB 1984, 279.

215. Sudhoff, Gesellschaftsvertrag, S. 60; Riegger in Müchner Vertragshandbuch, Bd. 1, Gesellschaftsrecht, Anm. 13 b zu Muster III/9 (S. 237).
216. Hesselmann/Tillmann, aaO (FN 1), 217; Riegger, aaO (FN 215), Anm. 13 c (S. 237 f.).
217–220 einstw. frei
221. BGH v. 14.7.1966, BGHZ 46,7.
222. BGH v. 16.3.1981, BGHZ 1980, 353; OLG Celle v. 16.6.1976, BB 1976, 1094; Hesselmann/Tillmann, Handbuch, RdNr. 224; MünchHdb. KG/Bezzenberger, § 1 RdNr. 240.
223. Hesselmann/Tillmann, Handbuch, RdNr. 225.
224. Hennerkes/Binz, aaO (FN 1), S. 163; MünchHdb. KG/Bezzenberger, § 1 RdNr. 247.
225. Baumbach/Hueck, § 3 RdNr. 6.
226. Baumbach/Hueck, § 3 RdNr. 6.
227. Baumbach/Hueck, § 3 RdNr. 5.
228. Baumbach/Hueck, § 41 RdNr. 38.
229. Zum Unterschied zwischen dem Gegenstand des Unternehmens und dem Gesellschaftszweck vgl. Baumbach/Hueck, § 3 RdNr. 9.
230. Baumbach/Hueck, § 3 RdNr. 10.
231. Baumbach/Hueck, § 3 RdNr. 11 mit Rspr.-Nachw.; a. A. die h. M. in der Literatur, Nachw. s. b. Baumbach/Hueck, § 3 RdNr. 10.
232. einstw. frei
233. Zur Bedeutung des Stammkapitals als Haftungsfonds/Garantieziffer vgl. Baumbach/Hueck, § 3 RdNr. 6.
234. Baumbach/Hueck, § 3 RdNr. 19.
235. Baumbach/Hueck, § 3 RdNr. 20, str.
236. Baumbach/Hueck, § 11 RdNr. 3.
237. Baumbach/Hueck, § 11 RdNr. 6.
238. Baumbach/Hueck, § 11 RdNr. 6.
239. Baumbach/Hueck, § 11 RdNr. 25.
240. Zum Streitstand vgl. Baumbach/Hueck, § 60 RdNr. 46.
241. Einzelheiten s. b. Baumbach/Hueck, § 37 RdNr. 25 ff.
242. Baumbach/Hueck, § 37 RdNr. 30.
243. einstw. frei
244. Baumbach/Hueck, § 37 RdNr. 16.
245. Baumbach/Hueck, § 37 RdNr. 18.
246. Baumbach/Hueck, § 6 RdNr. 15 u. § 38 RdNr. 5.
247. Einzelheiten s. b. Baumbach/Hueck, § 35 RdNr. 73 ff.
248. Baumbach/Hueck, § 35 RdNr. 79.
249. Zum Meinungsstand vgl. Esch, NJW 1988, 1554 f.
250. So Esch, NJW 1988, 1559.
251. Esch, BB 1991, 1132 f.
252. Einzelheiten s. b. Baumbach/Hueck, § 52 RdNr. 190 ff.
253. Baumbach/Hueck, § 6 RdNr. 18, § 35 RdNr. 6 u. § 46 RdNr. 63.
254. Baumbach/Hueck, § 6 RdNr. 15 u. § 38 RdNr. 5.
255. Baumbach/Hueck, § 6 RdNr. 15.
256. Baumbach/Hueck, § 49 RdNr. 2 m. w. Nachw. der Rspr. u. Lit.
257. Einzelheiten zu den Aufgaben eines Versammlungsleiters s. b. Baumbach/Hueck, § 48 RdNr. 9 ff.
258. Baumbach/Hueck, § 48 RdNr. 13.
259. Baumbach/Hueck, § 47 RdNr. 15.
260. Baumbach/Hueck, § 47 RdNr. 73.
261. Vgl. z. B. Baumbach/Hueck, Anh. § 47; Lutter/Hommelhoff, Anh. § 47.
262. Lutter/Hommelhoff, § 29 RdNr. 20.
263. Lutter/Hommelhoff, § 29 RdNr. 38.

Weiterführende Hinweise zu Literatur und Rechtsprechung

264. Lutter/Hommelhoff, § 29 RdNr. 20.
265. H. M. Lutter/Hommelhoff, § 15 RdNr. 1.
266. Lutter/Hommelhoff, § 15 RdNr. 20.
267. Lutter/Hommelhoff, § 15 RdNr. 19.
268. Lutter/Hommelhoff, § 15 RdNr. 19.
269. Lutter/Hommelhoff, § 15 RdNr. 19.
270. Lutter/Hommelhoff, § 15 RdNr. 3.
271. Lutter/Hommelhoff, § 15 RdNr. 3.
272. Lutter/Hommelhoff, § 15 RdNr. 3.
273. Lutter/Hommelhoff, § 15 RdNr. 6.
274. Lutter/Hommelhoff, § 15 RdNr. 6.
275. Lutter/Hommelhoff, § 34 RdNr. 2.
276. Lutter/Hommelhoff, § 34 RdNr. 17.
277. Lutter/Hommelhoff, § 34 RdNr. 18.
278. Lutter/Hommelhoff, § 34 RdNr. 6 u. 12.
279. Lutter/Hommelhoff, § 34 RdNr. 20.
280. Lutter/Hommelhoff, § 34 RdNr. 27.
281. Lutter/Hommelhoff, § 34 RdNr. 27; Baumbach/Hueck, § 34 RdNr. 18.
282. Baumbach/Hueck, § 34 RdNr. 19.
283. Baumbach/Hueck, § 34 RdNr. 21.
284. Baumbach/Hueck, § 34 RdNr. 21.
285. Zum Meinungsstand vgl. L. Schmidt, EStG § 17, Anm. 19 d m. w. Nachw.
286. Thomas/Putzo, § 1048, Anm. 1; Baumbach/Hueck, § 13 RdNr. 7.
287. BGH v. 20. 2. 1989, BGHZ 107, 1 (= WM 1989, 573).
288. Thomas/Putzo, Vorbem. § 1025, Anm. 4.
289. Thomas/Putzo, Vorbem. § 1025, Anm. 4 c.
290. Thomas/Putzo, Vorbem. § 1025, Anm. 4 d.
291. Thomas/Putzo, Vorbem. § 1038, Anm. 3.

F. Literaturverzeichnis

Authenrieth, Karlheinz	Zwangsgeld bei Verstoß gegen die Veröffentlichungspflicht nach HGB bei kleinen Kapitalgesellschaften? DB 1988, 2581 f.
Baumbach/Duden/Hopt	HGB, 28. Auflage, München, 1989.
Baumbach/Hueck	GmbH-Gesetz, 15. Auflage, München 1988.
Binz, Mark K.	Die GmbH & Co., 8. Auflage, München 1992.
Binz, Mark K.	Haftungsverhältnisse im Gründungsstadium der GmbH & Co. KG, Köln, 1976.
Binz/Freudenberg	Informationsrechte in der GmbH & Co., BB 1991, 785 ff.
Blanke, Gernot	Die Tätigkeit als Geschäftsführer einer Personengesellschaft im Umsatzsteuerrecht, UStR 1990, 137 ff.
Brönner/Rux/Wagner	Die GmbH & Co. KG in Recht und Praxis, 5. Auflage, Freiburg, 1990.
Crezelius, Georg	Gestaltungsüberlegungen bei der Nachfolge im Unternehmensvermögen – Zivilrecht, Erbrecht, Besonderheiten bei GmbH-Anteilen, 13. Deutscher Steuerberatertag 1990, Protokoll, S. 129 ff.
ders.	Die werdende GmbH – Gesellschaftsrechtliche Grundlagen, bilanz- und steuerrechtliche Konsequenzen, DStR 1987, 743 ff.
Damrau-Schröter, Heike	Der Ausschluß eines (mißliebigen) GmbH-Gesellschafters, NJW 1991, 1927 ff.
Döllerer, Georg	Überhöhter Gewinnanteil der GmbH in einer GmbH & Co. als verdeckte Einlage, DStR 1991, 1033 ff.
ders.	Verdeckte Gewinnausschüttungen und verdeckte Einlagen bei Kapitalgesellschaften, Heidelberg, 1990.
Engel	Abfindungsklauseln – Eine systematische Übersicht, NJW 1986, 345 ff.
Esch, Günter	Die GmbH & Co. als „Einheitsgesellschaft", BB 1991, 1129 ff.
ders.	Weisungsrechte der Gesellschafter der GmbH & Co. KG, NJW 1988, 1553 ff.
Felix, Günter	Vermeidung der gewerblichen Prägung einer vermögensverwaltenden Personengesellschaft durch arbeitsvertragliches Geschäftsführungsrecht des Kommanditisten? DStR 1987, 231 f.
Figge, Gustav	Die Sozialversicherung des Gesellschafter-Geschäftsführers einer GmbH, DStZ 1990, 355 ff.
Flume, Werner	Die Abfindung nach der Buchwertklausel . . ., NJW 1979, 902 ff.
Gonella, Robert	Kann die GmbH & Co. KG Inhaberin sämtlicher Geschäftsanteile ihrer allein persönlich haftenden GmbH-Komplementärin sein? DB 1965, 1165 ff.
Groh, Manfred	Die Erbauseinandersetzung im Einkommensteuerrecht, DB 1990, 1235 ff.

ders.	Mitunternehmeranteile in der Erbauseinandersetzung, DB 1991, 724 ff.
Grossfeld, Bernhard	Unternehmens- und Anteilsbewertung im Gesellschaftsrecht, 1987.
Grossfeld/Brondics	Die Stellung des fakultativen Aufsichtsrats (Beirats) in der Gesellschaft mit beschränkter Haftung und in der GmbH & Co. KG, AG 1987, 293 ff.
Heinemann, Peter	Der Geltungsbereich des § 181 BGB für Rechtsbeziehungen zur GmbH und ihrem Vertretungsorgan und seine Steuerrelevanz, GmbHR 1985, 176 ff.
Hennerkes/Binz	Die GmbH & Co. KG, 7. Auflage, 1984.
Hesselmann/Tillmann	Handbuch der GmbH & Co., 17. Auflage 1981 (zit. Handbuch).
Hesselmann, Malte	Die GmbH & Co. – eine immer noch beachtenswerte Gesellschaftsform, BB 1987, 346 ff.
ders.	Die Komplementär-GmbH einer GmbH & Co. nach dem Bilanzrichtlinien-Gesetz, BB 1987, 1770 ff.
Hoffmann, Wolf-Dieter	Der Jahresabschluß der Komplementär-GmbH nach neuem Recht, BB 1986, 288 ff.
Hommelhoff/ Hartmann/Hillers	Satzungsklauseln zur Ergebnisverwendung der GmbH, DNotZ 1986, 323 ff.
Hörger/Kemper	GmbH & Co. KG – kein Gepräge bei Bestellung einer Kommanditisten-Kapitalgesellschaft zur Geschäftsführerin, DB 1987, 758 ff.
Huber, Ulrich	Gesellschafterkonten in der Personengesellschaft, ZGR 1988, 1 ff.
ders.	Der Ausschluß des Personengesellschafters ohne wichtigen Grund, ZGR 1980, 179 ff.
ders.	Vermögensanteil, Kapitalanteil und Gesellschaftsanteil in Personengesellschaften des Handelsrechtes, Heidelberg, 1970.
Ippen	Die GmbH & Co. KG als Inhaberin sämtlicher Geschäftsanteile ihrer allein persönlich haftenden GmbH-Komplementärin, Diss. Münster, 1967.
Kaufmann, Jürgen	Die Behandlung einer verdeckten Einlage in Form eines überhöhten Gewinnanteils der GmbH in einer GmbH & Co. KG, DStR 1991, 1517 ff.
Kempermann, Peter	Die Formbedürftigkeit der Abtretung einer Beteiligung an einer GmbH & Co. KG, NJW 1991, 684.
Klein, Eberhardt	Die Testamentsvollstreckung in Gesellschaftsbeteiligungen an offenen Handelsgesellschaften und Kommanditgesellschaften DStR 1992, 292 ff. (Teil I), 326 ff. (Teil II).
Klever, André	Die Umsatzsteuer in der Gründungsphase einer Kapitalgesellschaft, DB 1990, 1487 ff.
Löffler, Joachim	Zur Reichweite des gesetzlichen Wettbewerbsverbotes in der Kommanditgesellschaft, NJW 1986, 223 ff.
Löhr, Jörg-Andreas	Der Nießbrauch an Unternehmen und Unternehmensanteilen, Düsseldorf, 1989.
Lutter/Hommelhoff	GmbH-Gesetz, Kommentar, 13. Auflage, 1991.

Weiterführende Hinweise zu Literatur und Rechtsprechung 189

Märkle/Franz	Die Erbauseinandersetzung über Betriebsvermögen und die vorweggenommene Erbfolge, BB, Beilage 5 zu Heft 5/1991.
Mayer, Dieter	Neues zur Buchwertklausel in Personengesellschaftsverträgen, DB 1990, 1319 ff.
Meilicke, Wienand	Gestaltungen zur Vermeidung der Publizität, DB 1986, 2445 ff.
Meincke, Jens Peter	Erbauseinandersetzung und vorweggenommene Erbfolge im Einkommensteuerrecht, NJW 1991, 198 ff.
Meyer-Scharenberg, Dirk	Die doppelstöckige Personengesellschaft als Rechtsformalternative, DStR 1991, 919 ff.
Müller-Welser, H.-I.	Zur Bilanzierung der Verlustbeteiligung einer Komplementär-GmbH, DB 1978, 958.
Münchener Handbuch des Gesellschaftsrechts	Band 2, Kommanditgesellschaft/Stille Gesellschaft, München 1991 (zit.: MünchHdb. KG/Bearbeiter).
Palandt, Bürgerliches Gesetzbuch	51. Auflage, 1992 (zit.: Palandt/Bearbeiter).
Pelka (Hrsg.)	Beck's sches Rechtshandbuch für Steuerberater 1991.
Peter/Crezelius	Neuzeitliche Gesellschaftsverträge und Unternehmensformen, 5. Auflage 1987.
Priester, Hans-Joachim	Die Gestaltung von GmbH-Verträgen, 4. Auflage, 1990.
ders.	Nachfolgeklauseln im GmbH-Vertrag, GmbHR 1981, 206 ff.
van Randenborgh	Abfindungsklauseln in Gesellschaftsverträgen, BB 1986, 75 ff.
Rasner, Henning	Abfindungsklauseln in OHG- und KG-Verträgen, NJW 1983, 2905 ff.
Reichert, Jochem	Der GmbH-Vertrag, München, 1992.
ders.	Das Zustimmungserfordernis zur Abtretung von Geschäftsanteilen in der GmbH, Heidelberg, 1984.
Reichert/Winter	Die „Abberufung" und Ausschließung des geschäftsführenden Gesellschafters der Publikums-Personengesellschaft, BB 1988, 981 ff.
Reimann, Wolfgang	Formerfordernisse beim Abschluß von Gesellschaftsverträgen, DStR 1991, 154 ff.
Rosenau, Heinz	Die GmbH & Co. KG, ihre rechtliche Gestaltung und die steuerrechtlichen Folgen, DB Beilage Nr. 13 zu Heft Nr. 26 v. 2. 7. 1971.
Roth, Günter H.	GmbH-Gesetz, 2. Auflage, München, 1987.
Rowedder	GmbH-Gesetz, 2. Auflage, München, 1990.
Ruban, Reinhild	Erbauseinandersetzung über Betriebsvermögen nach dem Beschluß des Großen Senats v. 5. 7. 1990, DStR 1991, 65 ff.
Saenger, Ingo	Hinzuziehung von Stellvertreter oder Beistand bei Beschlußfassung und Kontrolle im Gesellschaftsrecht, NJW 1992, 348 ff.
Sanfleber, Martina	Abfindungsklauseln in Gesellschaftsverträgen, Düsseldorf, 1990.
Schmidt, Karsten	Gesellschaftsrecht, Köln, Berlin, Bonn, München, 1986.
ders.	Die GmbH & Co. – Eine Zwischenbilanz, GmbHR 1984, 272 ff.
ders.	Die Schenkung von Personengesellschaftsanteilen durch Einbuchung, BB 1990, 1992 ff.
ders.	Schiedsklauseln in Gesellschaftsverträgen der GmbH & Co. KG, GmbHR 1990, 16 ff.
Schmidt, Ludwig	Einkommensteuergesetz, 10. Auflage, München, 1991.
ders.	Die doppelstöckige Personengesellschaft nach dem Beschluß des Großen Senats, DStR 1991, 505 f.

Weiterführende Hinweise zu Literatur und Rechtsprechung

Scholz	Kommentar zum GmbH-Gesetz, 7. Auflage, Köln, 1986/88.
Schoor, Walter	Der Anstellungsvertrag des GmbH-Geschäftsführers, DStZ 1990, 355 ff.
Schuhmann, Helmut	Zu den Leistungsbeziehungen zwischen der GmbH & Co. KG und ihren Gesellschaftern in umsatzsteuerlicher Sicht, GmbHR 1988, 151 ff.
Schultze, Jörg-Martin	Die Reichweite des Formerfordernisses bei Veräußerung einer Beteiligung an einer GmbH & Co. KG, NJW 1991, 1936 f.
Schulze zur Wiesche	GmbH & Co. KG, Wiesbaden, 1985.
ders.	Die Familien-GmbH & Co. KG, WPg 1987, 433 ff.
Seer, Roman	Der minderjährige Kommanditist als Mitunternehmer bei schenkungsweiser Übertragung der Beteiligung durch seine Eltern, DStR 1988, 600 ff.
Söffing, Günther	Vererbung eines Mitunternehmeranteils mittels einfacher und qualifizierter Nachfolgeklausel in zivil- und steuerrechtlicher Sicht, DStR 1991, 798 ff.
ders.	Die ertragsteuerliche Beurteilung der Erbauseinandersetzung im unternehmerischen Bereich, 13. Deutscher Steuerberatertag 1990, Protokoll, S. 141 ff.
ders.	Die ertragsteuerliche Beurteilung der Erbauseinandersetzung im unternehmerischen Bereich, DStR 1991, 201 ff.
ders.	Erbauseinandersetzung in einkommensteuerlicher Sicht, DB 1991, 773 ff. (I) u. 828 ff. (II).
ders.	Anmerkung zum Urteil des BFH zum 13. 12. 1990, FR 1991, 242 f.
Sommer, Michael	Zur Ergebnisverteilung in gewerblich tätigen Personengesellschaften nach Aufnahme weiterer Gesellschafter während eines Geschäftsjahres, BB 1987, 307 ff.
ders.	Gesellschaftsverträge von KG's, in: Beck'sches Rechtshandbuch für Steuerberater 1991, lit. G, Ziff. V (RdNr. 201 ff.).
ders.	Gesellschaftsverträge von GmbH's, in: Beck'sches Rechtshandbuch für Steuerberater 1991, lit. G, Ziff. VII (RdNr. 351 ff.).
Sommer/Weitbrecht	Salvatorische Klauseln in GmbH-Verträgen, GmbHR 1991, 449 ff.
Soufleros, Ilias	Ausschließung und Abfindung eines GmbH-Gesellschafters, Köln, 1983.
Sudhoff, Heinrich	Der Gesellschaftsvertrag der GmbH & Co., 3. Auflage, München, 1975.
ders.	Gesellschafterbeschlüsse in der GmbH & Co., DB 1966, 1461 ff.
ders.	Die Berechnung des Auseinandersetzungsguthabens bei Personengesellschaften, ZGR 1972, 157 ff.
Sudhoff, Heinrich/ Sudhoff, Martin	Der Gesellschaftsvertrag der GmbH, München, 1992.
Streck, Michael	Körperschaftsteuergesetz, Kommentar, 3. Auflage, München, 1991.
Thomas/Putzo	ZPO, 17. Auflage, München, 1991.
Uhlenbrock, Wilhelm	Die Pflichten des Geschäftsführers einer GmbH oder GmbH & Co. KG in der Krise des Unternehmens, BB 1986, 1999 ff.
Ulmer, Peter	Testamentsvollstreckung am Kommanditanteil – Voraussetzungen und Rechtsfolgen, NJW 1990, 73 ff.
ders.	Probleme der Vererbung von Personengesellschaftsanteilen, JuS 1986, 856 ff.

Veltins, Michael	Der Gesellschaftsvertrag der Kommanditgesellschaft, München, 1992.
Weimar/Geitzhaus/Delp	Die Stiftung & Co. KG als Rechtsform der Unternehmung, BB 1986, 1999 ff.
Weitbrecht, Cornelius	Die Haftung der Gesellschafter bei materieller Unterkapitalisierung der GmbH, Köln, 1990.
Westermann, Harm-Peter	Haftungsfragen bei Gründung und Finanzierung der GmbH und GmbH & Co. KG, RWS-Skript 143.
Wiedemann/Heinemann	Der Widerruf der Schenkung einer Gesellschaftsbeteiligung, DB 1990, 1649 ff.

Sachregister

(Die Zahlen verweisen auf die Seiten)

Abberufung von Geschäftsführern 143
Abfindung, Abfindungsklauseln
- KG (s. auch Buchwertklauseln, Ertragswertklauseln) 111 ff.
- (GmbH) 157 ff.
Abtretung von
- Gesellschaftsanteilen (KG) 107
- Geschäftsanteilen (GmbH) 151
Allgemeine Nachfolgeklausel 102
(s. auch Fortsetzungsklausel, qualifizierte Nachfolgeklausel)
Anfechtung von Beschlüssen
- KG 80
- GmbH 148
Aufwand 72
Aufwendungsersatz 71
Auskunftsrechte 114
Ausscheiden aus KG 108
Ausschluß von Gesellschaftern aus einer KG 105 ff.
Auszahlungen
(s. auch Entnahmen) 91 f.

Beschlußfähigkeit 75
Bestellung von Geschäftsführern 143
Bestimmtheitsgrundsatz 79
Beteiligungsidentische GmbH & Co. KG 2, 124 ff.
Buchwertklauseln (s. auch Abfindung, Abfindungsklauseln) 112

Checklisten
- KG-Vertrag 169 ff.
- GmbH-Satzung 173 ff.
- Schiedsgerichtsvertrag 177 ff.

Doppelstöckige GmbH & Co. KG 2

Einheits-GmbH & Co. KG 2, 127 ff.
Einheitswert 113
Einlage des Komplementärs 59
(s. auch Geldeinlage, Sacheinlage)
Einmann-GmbH & Co. KG 2

Eintrittsklausel 103
(s. auch allgemeine + qualifizierte Nachfolgeklausel, Fortsetzungsklausel)
Eintrittsrecht 98
Einziehung von Geschäftsanteilen 154 ff.
Entnahmen 91 ff.
(s. auch Auszahlungen)
Erbauseinandersetzung 101
Erbschaftssteuer 104
Ergebnisverteilung KG 86 ff.
- Anteil der Komplementär-GmbH 86 f.
- bei Ausscheiden eines Gesellschafters 89
- bei Eintritt eines Gesellschafters 89
- in Familiengesellschaften 87
Ersetzungsklauseln 122
Ertragswertklauseln 112

Familiengesellschaften 55, 76, 87
Familien-GmbH & Co. KG 3
Firma
- KG 56 f.
- GmbH 132
Form
- Abtretungsvertrag KG-Anteil 95
- Gesellschaftsvertrag GmbH & Co. KG 54
- Satzung GmbH 137
Fortsetzungsklauseln 102
(s. auch allgemeine + qualifizierte Nachfolgeklausel, Eintrittsklausel)

Gegenstand des Unternehmens
- KG 58
- GmbH 134
Geldeinlage 61
(s. auch Einlage, Sacheinlage)
Genehmigung, vormundschaftliche 55
Geschäftsführung
- KG 68 f.
- GmbH 141

Geschäftsjahr
- KG 57
- GmbH 133
Gesellschafter (KG) 55
Gesellschafterbeschlüsse
- KG 78 ff.
- GmbH 147 ff.
 (s. auch Mehrheitsbeschlüsse,
 Mehrheiten)
Gesellschafterversammlungen
- KG 75 f.
- GmbH 145 ff.
Gesellschaftssteuer 123
Gewerbesteuer 7
Gewinnvoraus 72
GmbH & Co. Richtlinie 84
Grunderwerbsteuer 7, 123
Gründungsaufwand 161

Haftsumme 59
Haftung 54, 59
Haftungsvergütung 71

Informationsrechte 114

Jahresabschluß
- KG
 - Aufstellung 82
 - Aufstellungsgrundsätze 82 f.
 - Feststellung 83
 - Gliederung 83
 - Prüfung 83
 - Publizität 84
- GmbH
 - Aufstellung 149
 - Feststellung 150

Kapitalanteil 60
Kapitalerhöhung KG 62
Kapitalkonten 64
 (s. auch Verrechnungskonten,
 Kapitalverlustkonten,
 Rücklagekonten)
Kapitalverlustkonten 65
Kapitalverkehrsteuer 7
Komplementär 59
Kontrollrechte 114
Kosten
- Handelsregister 122
- Notar 122
- Rechtsanwalt 123
Kündigung
- der KG 66 f.

- der GmbH 138 f.
Kündigungsbeschränkungen (KG) 113

Leitung von
Gesellschafterversammlungen
- KG 76
- GmbH 146
Liquidation
- KG 119
- GmbH 159

Mehrheiten 79
Mehrheitsbeschlüsse 79
Minderjährige 55
Mindestkapital
- KG 60
- GmbH 135
Mitbestimmung 4
Mitunternehmer 8, 88

Nichtigkeit von
Gesellschafterbeschlüssen 148 f.
Nießbrauch 96 f.
 (s. auch Vorbehaltungsnießbrauch,
 Zuwendungsnießbrauch)

Optionsrecht 98

Pflichteinlage 59
Protokoll
- KG 76
- GmbH 147
Publikums-GmbH & Co. KG 3

Rücklagekonten 65
 (s. auch Kapitalkonten,
 Verrechnungskonten,
 Kapitalverlustkonten)

Salvatorische Klausel 121
Selbstkontrahieren
- KG 69
- GmbH 141
Sicherheitsleistung 113
Sitz
- KG 57
- GmbH 133
Stammkapital 135
Stammeinlagen 135
Stimmrecht
- der Komplementär-GmbH 80

Sachregister

- Mehrheiten 79
- in der GmbH 148
Stimmrechtsausschuß
- KG 80
- GmbH 148

Schenkung v. KG-Anteilen 55
Schenkungssteuer 114
Schiedsgerichtsvereinbarung 120
Schiedsgerichtsvertrag 162 ff.
Schiedsgutachtenvertrag 163
Schiedsrichtervertrag 163

Tagesordnung 146
Teilnichtigkeitsklausel
s. Salvatorische Klausel
Teilung von Geschäftsanteilen 151
Teilverfügungen 94
Testamentsvollstreckung
- KG-Beteiligung 104
- Geschäftsanteil 154

Umsatzsteuer 72 f.
Unternehmensbewertung 112
(s. auch Abfindung)

Verdeckte Einlage 87
Verdeckte Gewinnausschüttung 72, 87
Vererbung
- von Geschäftsanteilen 153 ff.
- von KG-Anteilen 100 ff.
Verfügungen über

- Geschäftsanteile 150 ff.
- KG-Anteile 93
Vermögenssteuer 7
Veröffentlichungen 159 f.
Verrechnungskonten 64
(s. auch Kapitalkonten,
Kapitalverlustkonten,
Rücklagekonten)
Vertretung
- GmbH 140
- KG 68 f.
Verzinsung der Abfindungsguthaben 113
Vorbehaltsnießbrauch 96
(s. auch Nießbrauch,
Zuwendungsnießbrauch)
Vor-GmbH 54
Vorkaufsrecht
- GmbH 152
- KG 97 ff.

Weisungsrecht 141 f.
Wettbewerbsverbot (KG) 116 f.
Widerspruchsrecht 70

Zugewinngemeinschaft 56
Zufluß des Ergebnisses (KG) 88
Zustimmungspflichtige Geschäfte 69
Zuwendungsnießbrauch 96
(s. auch Nießbrauch,
Vorbehaltsnießbrauch)
Zweck der KG 58

Buchanzeigen

In der Reihe „Beck'sche Musterverträge" sind bisher erschienen:

Band 1: Kopp
Arbeitsvertrag für Führungskräfte
– außertarifliche und leitende Angestellte –
Von Peter Kopp, Fachanwalt für Arbeitsrecht
1990. VI, 109 Seiten. Kartoniert DM 24,– ISBN 3-406-34522-0

Band 2: Jaeger
Der Anstellungsvertrag des GmbH-Geschäftsführers
Von Dr. Georg Jaeger, Rechtsanwalt und Fachanwalt für Arbeitsrecht
2. Auflage. ISBN 3-406-36981-2 In Vorbereitung für Ende 1992

Band 3: Sauren
Verwaltervertrag und Verwaltervollmacht im Wohnungseigentum
Von Dr. Marcel M. Sauren, Rechtsanwalt und Steuerberater
1990. VII, 68 Seiten. Kartoniert DM 19,80 ISBN 3-406-34518-2

Band 4: Graf von Westphalen
Allgemeine Verkaufsbedingungen
Von Dr. Friedrich Graf von Westphalen, Rechtsanwalt
1990. VII, 164 Seiten. Kartoniert DM 34,– ISBN 3-406-34521-2

Band 5: Graf von Westphalen
Allgemeine Einkaufsbedingungen
Von Dr. Friedrich Graf von Westphalen, Rechtsanwalt
1990. VI, 146 Seiten. Kartoniert DM 29,50 ISBN 3-406-34520-4

Band 6: Langenfeld
Die Gesellschaft bürgerlichen Rechts
Von Prof. Dr. Gerrit Langenfeld, Notar
2., durchgesehene Auflage. 1992
VI, 78 Seiten. Kartoniert DM 22,– ISBN 3-406-36968-5

Band 7: Brambring · **Der Ehevertrag**
Von Prof. Dr. Günter Brambring, Notar
1991. VI, 138 Seiten. Kartoniert DM 28,– ISBN 3-406-34615-4

Band 8: Reichert
Der Gesellschaftsvertrag der GmbH
Von Dr. Jochem Reichert, Rechtsanwalt
1992. VI, 174 Seiten. Kartoniert DM 35,– ISBN 3-406-35513-7

Band 9: Bengelsdorf
Aufhebungsvertrag und Abfindungsvereinbarungen
Von Dr. Peter Bengelsdorf, Geschäftsführer
1992. VI, 109 Seiten. Kartoniert DM 26,– ISBN 3-406-35874-8

Band 10: Grziwotz
Partnerschaftsvertrag für die nichteheliche Lebensgemeinschaft
Von Dr. Dr. Herbert Grziwotz, Notar
1992. V, 113 Seiten. Kartoniert DM 22,– ISBN 3-406-35644-3

Band 11: Ott · **Die Vereinsatzung**
Von Sieghart Ott, Rechtsanwalt
1992. IX, 78 Seiten. Kartoniert DM 19,80 ISBN 3-406-35517-X

Band 12: Kemper/Kisters-Kölkes
Betriebliche Altersversorgung
Von Dr. Kurt Kemper und Margret Kisters-Kölkes, Rechtsanwälte
1992. VI, 143 Seiten. Kartoniert DM 34,–
ISBN 3-406-36535-3

Band 13: Veltins
Der Gesellschaftsvertrag der Kommanditgesellschaft
Von Dr. Michael A. Veltins, Fachanwalt für Steuerrecht
1992. VI, 132 Seiten. Kartoniert DM 36,–
ISBN 3-406-36596-5

Band 15: Krenzler
Vereinbarungen bei Trennung und Scheidung
Von Dr. Michael Krenzler, Rechtsanwalt
1992. VII, 144 Seiten. Kartoniert DM 29,50
ISBN 3-406-36912-X

Verlag C. H. Beck München